AF762329

कम में ही है ज्यादा

डॉ. आदित्य गुप्ता

राजमंगल प्रकाशन

An Imprint of **Rajmangal Publishers**

ISBN : 978-9349988354

Published by :

Rajmangal Publishers

Rajmangal Prakashan Building,
1st Street, Ozone, Ramghat Road
Aligarh-202001, (UP) INDIA
Cont. No. +91- 7017993445
www.rajmangalpublishers.com
rajmangalpublishers@gmail.com
sampadak@rajmangalpublishers.in

प्रथम संस्करण : Nov. 2025 – पेपरबैक

प्रकाशक : राजमंगल प्रकाशन

राजमंगल प्रकाशन बिल्डिंग, 1st स्ट्रीट,

ओजोन, क्वार्सी, रामघाट रोड,

अलीगढ़, उप्र. – 202001, भारत

फ़ोन : +91 - 7017993445

First Edition : Nov. 2025 – Paperback

eBook by : Rajmangal ePublishers (Digital Publishing Division)
Copyright © डॉ. आदित्य गुप्ता

यह एक काल्पनिक कृति है। नाम, पात्र, व्यवसाय, स्थान और घटनाएँ या तो लेखक की कल्पना के उत्पाद हैं या काल्पनिक तरीके से उपयोग किए जाते है। वास्तविक व्यक्तियों, जीवित या मृत, या वास्तविक घटनाओं से कोई भी समानता विशुद्ध रूप से संयोग है। यह पुस्तक इस शर्त के अधीन बेची जाती है कि इसे प्रकाशक की पूर्व अनुमति के बिना किसी भी रूप में मुद्रित, प्रसारित-प्रचारित या विक्रय नहीं किया जा सकेगा। किसी भी परिस्थिति में इस पुस्तक के किसी भी भाग को पुनर्विक्रय के लिए फोटोकॉपी नहीं किया जा सकता है। इस पुस्तक में लेखक द्वारा व्यक्त किए गए विचार के लिए इस पुस्तक के मुद्रक/प्रकाशक/वितरक किसी भी तरह से जिम्मेदार नहीं है। सभी विवाद मध्यस्थता के अधीन हैं, किसी भी तरह के कानूनी वाद-विवाद की स्थिति में न्यायालय क्षेत्र अलीगढ़, उत्तर प्रदेश, भारत ही होगा।

अनुक्रमणिका

मेरी माँ को — मेरी पहली और
सर्वश्रेष्ठ हिंदी शिक्षक।

1. सुध सुधा वसुधा

मोबाइल की घंटी ने सहज को पौनी नींद के गहरे कुहासे से झटके से बाहर खींच लिया। पिछली रात यूएसए स्थित क्लाइंट के साथ लंबी वर्चुअल मीटिंग खिंचती रही थी, और वह रात के अंतिम पहर में ही बिस्तर तक पहुँच पाया था। नींद की उनींदी चादर हटाते हुए उसने मोबाइल की स्क्रीन पर नज़र डाली — पटल पर "मदर" चमक रहा था। इतनी सुबह माँ का फोन? दिल एकाएक सिकुड़ गया—मन में संशय की हल्की-सी लहर उठी। कहीं कुछ अनहोनी तो नहीं? इसी आशंका और यही आशा कि सब कुछ ठीक होगा, कांपते हाथों से उसने कॉल रिसीव किया।

"बेटा... तेरे पापा न कुछ बोल रहे हैं, न हिल रहे हैं..." दूसरी ओर से मां की रुंधी हुई, आंसुओं में डूबी आवाज आई।

"मम्मी, सब ठीक होगा, आप फिक्र मत करो, मैं आ रहा हूं," सहज ने घबराहट छुपाने की असफल कोशिश करते हुए कहा।

फोन रखते ही उसने पड़ोसी सुखदेव जी को कॉल किया। "अंकल, मम्मी का फोन आया था... पापा शायद... हिल नहीं रहे... क्या आप ज़रा जाकर देख सकते हैं?"

इतने में पास में लेटी पायल भी जाग गई थी। "क्या हुआ?" उसकी आँखों में नींद और चिंता का मिश्रण था।

"मम्मी का फोन था... पापा..." सहज की आवाज़ धीमी पड़ गई, "...पापा हिल नहीं रहे।"

"फिर?" पायल की आंखों में भय तैर गया।

"मैं निकल रहा हूं..."

"मैं भी चलूं?"

"नहीं... आज श्रृंग्या की परीक्षा है, तुम घर पर रहो। मैं पहुंचकर फोन करता हूं।"

अगले पंद्रह मिनटों में सहज अपनी कार में सवार, पिता के पुश्तैनी घर की ओर रवाना हो चुका था। वह घर, जहाँ उसकी जड़ें थीं, उसके वर्तमान शहर से लगभग डेढ़ सौ किलोमीटर दूर था—एक ऐसी दूरी जिसे पाटने में तीन-चार घंटों का समय लगता था। कार की खामोशी में सहज का मन एक पुरानी टीस को कुरेद रहा था — काश, अगर सास-बहू का झंझट न होता, तो शायद माता-पिता आज उसके साथ रह रहे होते। उसने मन ही मन सोचा—सास-बहू का रिश्ता शायद संसार का सबसे विचित्र सम्बन्ध है। इसमें कोई फर्क नहीं पड़ता कि दोनों औरतें कितनी भी विदुषी, समझदार या सहनशील क्यों न हों, यह बंधन कभी भी पूरी तरह सहज नहीं हो पाता। अगर मां सरस्वती और मां लक्ष्मी भी सास-बहू होतीं, तो शायद स्वर्ग के आंगन में भी कलह गूंजती। सहज को ब्रह्मकुमारी समुदाय की उस दादी की याद आ गई, जिन्हें वैश्विक मंचों पर 'स्थिर चित्त' के लिए सम्मानित किया गया था। सहज सोचने लगा, यदि वह भी सास होतीं, तो शायद वह पुरस्कार उन्हें कभी न मिला होता। यह संबंध शायद ईश्वर के द्वारा किया गया सबसे बड़ा रचनात्मक दोष है।

नींद से भरी, मुश्किल से खुली, आंखों में सहज सोच रहा था कि हालाकी वह एक अंतरराष्ट्रीय कंपनी में आईटी प्रोफेशनल के रूप में कार्यरत है, पर उसकी स्थिति किसी बंधुआ मजदूर से बेहतर नहीं है।

बंधुआ मजदूर को भी दस से बारह घंटे काम करना पड़ता है और उसे भी;

बंधुआ मजदूर पर भी हमेशा काम का बोझ होता है और उस पर भी;

बंधुआ मजदूर को भी स्वायत्तता का अभाव होता है और उसे भी हर चीज बॉस से पूछ कर करनी पड़ती है;

बंधुआ मजदूर भी किसी गोरे मलिक के खौफ में जीता है और वह भी;

बंधुआ मजदूर का भी व्यक्तिगत जीवन ख़त्म हो जाता है और उसका भी;

बंधुआ मजदूर भी अक्सर किसी ऋण के जाल में फंस जाता है और वह ईएमआई के;

फर्क सिर्फ इतना ही है कि बंधुआ मजदूर ने दृश्य बेड़ियाँ पहनी हुई होती है और सहज जैसे कर्मियों ने अदृश्य और वह भी सोने की; पर अधीन और बंदी तो दोनों ही है।

मोबाइल की तीखी घंटी ने सहज के विचारों की धारा को एकाएक विच्छेदित कर दिया। सुखदेव जी का नाम स्क्रीन पर झिलमिला रहा था। उसने जल्दी से कॉल उठाई। दूसरी ओर से आई वह सुन्न कर देने वाली खबर - "बेटा, पुष्पराज जी नहीं रहे... हमने कॉलोनी के डॉक्टर बत्रा को बुलाकर पुष्टि करा ली है।"

यह वाक्य सुनते ही सहज को ऐसा प्रतीत हुआ मानो प्रातःकाल का उदीयमान सूर्य अचानक अस्त हो गया हो, और समस्त संसार में एक सघन अंधकार छा गया हो। उसे महसूस हुआ, जैसे किसी ने अचानक उसके जीवन की छत छीन ली हो... और वह आकाश के नीचे खड़ा हो, निरीह, रिक्त, असहाय।

"तुम... कहाँ हो बेटा?" सुखदेव जी की आवाज़ में एक कंपकंपी थी।

सहज ने किसी तरह गला साफ़ किया, पर शब्द गले में ही अटक गए। फिर बहुत प्रयास के बाद बोला, "रास्ते में हूं... पहुंचने में दो-तीन घंटे लगेंगे..." इन चंद शब्दों को कहने में मानो उसने सदियां पार कर लीं।

“मम्मी को... संभाल लेना...” वह फुसफुसाया, मानो अपने ही मन को निर्देश दे रहा हो।

सुखदेव जी ने धीरे से कहा, “बेटा, हम सब तुम्हारा इंतज़ार कर रहे हैं...”

यद्यपि पिछले कई वर्षों से पिता का स्वास्थ्य संकेत कर रहा था कि जीवन अब अंतिम मोड़ पर है, फिर भी उनके जाने की ख़बर ने सहज की आत्मा को भीतर तक झकझोर दिया। जैसे पिता बनने का सुख केवल पिता बनकर ही अनुभव किया जा सकता है, वैसे ही पिता के चले जाने का शोक भी उसी क्षण पूरी तीव्रता से मन को भेदता है।

सहज को वह दिन याद आया, जब उसने पहली बार अपनी नवजात बेटी श्रृंग्या को बाँहों में उठाया था। वह क्षण एक चमत्कार था—मानो सृष्टि स्वयं उसकी हथेलियों पर आकर सिमट गई हो। एक अद्भुत अनुभूति—कि इस नन्हे जीवन का स्रोत वही है। श्रृंग्या के छोटे-छोटे हाथ-पांव, गुलाब-से होंठ, मोती-सी आंखें, और नन्ही-सी नाक को देखकर उसे प्रकृति की रचना पर एक अव्याख्येय विस्मय और श्रद्धा का अनुभव हुआ था। उस दिन सहज को पहली बार अहसास हुआ था कि उसके भीतर प्रेम का कोई अथाह समंदर छिपा था— निःस्वार्थ, असीम, रक्षात्मक, और पोषणकारी। ऐसा प्रेम जो न किसी शर्त से बंधा है, न किसी अपेक्षा से।

और आज... पिता के जाने का शोक भी कुछ वैसा ही था—गहन, अव्यक्त, परंतु सर्वग्रासी।

हालांकि, वह इस घड़ी के लिए तैयार था पर फिर भी तैयार नहीं था। कुछ लम्हों के लिए हम कितनी भी तैयारी कर लें, पर उनका एहसास उन्हें जीकर ही आता है।

बचपन के प्रारंभिक वर्ष सहज की स्मृति में धुंधले से हैं, किंतु पिता के साथ जुड़ी पहली याद बहुत स्पष्ट है— पिता की साइकिल और

उसके सामने लगी वह लोहे की डंडी, जिस पर बैठकर वह स्कूल जाया करता था। पिता रोज़ सुबह उसे साइकिल से स्कूल छोड़ने जाते। उसका बस्ता पीछे कैरियर पर कसकर बांधते और उसे आगे डंडे पर सुलझा लेते। आधी नींद में, मां की डांट से जगा, सहज कई बार कभी दाईं ओर कभी बाईं ओर लुढ़क जाता, किंतु पिता के स्नेहिल हाथ सदैव सजग रहते - एक क्षण के लिए भी उसे गिरने नहीं देते। वे कभी एक हाथ से, कभी दूसरे हाथ से संभाल लेते और साइकिल का संतुलन बनाए रखते हुए पूर्ववत पैडल चलाते रहते। आज जब सहज पीछे मुड़कर सोचता है, तो उसे लगता है कि वह झुकता सिर, वह ढुलकती नींद, वह बोझिल शरीर— पिता को प्रिय था। शायद उसी बहाने वह हर सुबह अपने बेटे को अपनी बाँहों में थामने का सुख लेते थे। शायद इसी वजह से, स्कूल तक का टेंपो उपलब्ध होने के बावजूद, पिता की ज़िद रहती—"सुबह तो मैं ही छोड़ूंगा।" शिक्षा में मां ने अधिकांश विषयों की ज़िम्मेदारी निभाई, पर गणित... गणित केवल पिता की धरोहर था। गणित में हमेशा सहज बेहद सहज रहा और अधिकतर कक्षा में सबसे ज्यादा अंक पाता।

सहज जब घर पहुँचा तो देखा कि आँगन और बरामदे में पड़ोस के लोगों की भीड़ जमा हो चुकी थी। एक अदृश्य रेखा सी खिंची थी - पुरुष बाहर खुले में खड़े गंभीर मुद्रा में बातें कर रहे थे, जबकि महिलाएँ अंदर कमरे में माँ को घेरे बैठी थीं। सहज ने बाहर खड़े सभी पुरुषों को सिर हिलाकर नमस्ते किया और तेज कदमों से भीतर प्रवेश किया। माँ की आँखें जैसे ही सहज पर पड़ीं, वह तुरंत उठ खड़ी हुईं। उनके पैरों ने जैसे स्वयं ही दौड़ लगा दी। बिना कुछ कहे, बिना किसी शोर के, वह सहज से जा लिपटीं। कोई शब्द नहीं, कोई विलाप नहीं - बस एक लंबी, स्तब्ध अलिंगन में सिमटी हुई मौन वेदना। धीरे-धीरे सहज को महसूस हुआ कि उसकी टी-शर्ट का अगला हिस्सा माँ के आँसुओं से तर हो रहा है। वह भी स्थिर खड़ा रहा, उसने माँ को रोकने का कोई प्रयास नहीं किया। जैसे माँ के आँसुओं का बाँध टूट गया हो, वर्षों का संचित दुःख

एक साथ बह निकला। काफ़ी देर तक वह यूँ ही रोती रहीं। जब सहज ने महसूस किया कि उनके आँसुओं का वेग थोड़ा थमा है, तो उसने हल्के से माँ को अपनी बाहों से अलग किया। मगर वह कुछ बोला नहीं। शायद इसलिए कि उस क्षण शब्दों की कोई ज़रूरत ही नहीं थी। कुछ दुःख ऐसे होते हैं जिन्हें केवल मौन ही सही रूप में व्यक्त कर सकता है।

कुछ देर तक कमरे में गहरा मौन पसरा रहा, मानो हर दीवार शोक में डूबी हो। फिर माँ ने धीमी, थकी हुई आवाज़ में कहा, "बेटा... तेरे पिताजी ने कहा था... कि मेरे जाने के बाद, सबसे पहले एक पत्र तुझे दे देना।"

सहज चौंक गया। "कैसा पत्र, माँ?"

"मैं अभी ढूंढ़कर देती हूँ," माँ ने कहा और धीरे-धीरे पिताजी की अलमारी की ओर बढ़ीं।

कांपते हाथों से उन्होंने एक दराज़ खोली। कुछ पुराने कागज़ों, रुमालों और दवाइयों के बीच से एक पीला पड़ा लिफ़ाफ़ा निकाला—जिस पर साफ़ लिखा था: *"सहज के लिए। मेरे बाद।"*

माँ ने वह लिफाफ़ा उसे थमा दिया। एक पल को सहज की उंगलियाँ उस काग़ज़ पर ठिठकी रहीं, मानो वह पिताजी के अंतिम स्पर्श को महसूस कर रहा हो। फिर उसने धीरे-धीरे लिफ़ाफ़ा खोला, और कांपते हाथों से वह पत्र निकाला। वह पढ़ना शुरू कर चुका था—और हर शब्द जैसे पिता की आवाज़ में ही सुनाई देने लगा...

प्रिय बेटे सहज,

मैंने जीवन भर प्रकृति को सर्वोपरि माना। मुझे उस ईश्वर का स्वरूप नहीं पता, जिसकी चर्चा धर्मग्रंथों में होती है, लेकिन प्रकृति—वह मेरे लिए सदैव सजीव रही है। मैं प्रकृति को देख सकता हूँ, छू सकता हूँ,

सुन सकता हूँ, और हर सांस के साथ उसकी सुगंध महसूस कर सकता हूँ। यही कारण है कि मैंने हमेशा उसे ही अपना ईश्वर माना।

मुझे दृढ़ विश्वास है कि हम सब इसी धरती से उपजे हैं। जीवन भर हम धरती से ही अन्न, वायु, जल और आश्रय लेते हैं। वह हमें जन्म देती है, पालती है, संवारती है, और अंततः अपने आँचल में समा लेने को भी तत्पर रहती है।

इसीलिए, मेरी अंतिम इच्छा है—जब मैं इस संसार से विदा लूं, तो तुम मुझे अग्नि को अर्पित न करना।

मैं चाहता हूँ कि मेरा पार्थिव शरीर मिट्टी में समा जाए—उसी धरती में, जो मेरी जननी रही है।

मैं अपनी माँ की गोद में शांति से सो जाना चाहता हूँ—हमेशा के लिए।

तुम इसे मेरी आखिरी इच्छा समझ सकते हो। मैं उम्मीद करता हूँ कि तुम इस इच्छा का मान रखोगे।

बहुत-बहुत आशीर्वाद के साथ।

तुम्हारा पिता,

पुष्पराज

कुछ ही देर में सुखदेव जी भी आ पहुँचे। उनके चेहरे पर उम्र की रेखाएँ थीं, पर मन अभी भी सहारा देने को तत्पर। उन्होंने सहज की ओर देखा और नरम स्वर में पूछा, "बेटा, क्या लिखा है पत्र में?"

सहज ने चुपचाप पत्र उनकी ओर बढ़ा दिया।

इसी बीच उनका बेटा प्रदीप भी आ गया था—सहज का हमउम्र, बचपन का साथी। दोनों ने पत्र को पढ़ा, और कमरे में कुछ पल के लिए मौन छा गया।

प्रदीप ने चुप्पी तोड़ी—"अब क्या करें?"

माँ की आँखों में भी जिज्ञासा थी। उनके चेहरे पर व्याकुलता साफ झलक रही थी।

"क्या लिखा है तेरे पिताजी ने?" उन्होंने पूछा।

सहज ने धीरे से कहा, "माँ, पिताजी चाहते हैं कि उनका दाह संस्कार न हो... उन्हें मिट्टी में दफना दिया जाए।"

"यह कैसे हो सकता है?" माँ की आँखों में अविश्वास था। "हमारे समाज में तो सदियों से अग्निदान की परंपरा रही है!"

"लेकिन यह उनकी अंतिम इच्छा है, माँ। हमें इसे निभाना ही होगा," सहज ने दृढ़ता से कहा।

प्रदीप ने व्यावहारिक प्रश्न उठाया—"पर दफनाएँगे कहाँ? हमारे समाज में ऐसी कोई व्यवस्था तो नहीं होती। श्मशान घाट में भी केवल चिता होती है।"

सहज गहरी सांस लेते हुए बोला, "मैं भी यही सोच रहा हूँ..."

कुछ क्षण सोच में डूबने के बाद प्रदीप ने सुझाव दिया, "चलो पास के श्मशान घाट चलते हैं। वहाँ के पंडित से बात करते हैं—शायद कोई रास्ता निकल आए। दोनों, सहज की कार में बैठकर श्मशान घाट की ओर चल दिए।

सहज की आँखें भले ही सड़क पर थीं, पर मन बार-बार उस पत्र की ओर लौट जाता जिसे पिता ने जाते-जाते अपनी अंतिम वाणी के रूप

में सौंपा था। वह सोच रहा था— हमारा जीवन प्रकृति पर पूरी तरह से आश्रित है। वह एक मौन, निरंतर देने वाली माँ की भाँति है—अनुत्तरित, अनुच्चरित, किंतु ओजस्वी दाता। वह हमें सांस लेने के लिए वायु, हमारे शरीर के पोषण के लिए अन्न, तन ढकने के लिए रेशे और आश्रय के लिए मिट्टी, लकड़ी, पत्थर देती है — सब कुछ उसी से तो आता है। सुबह उठने से रात के सोने तक, हर चीज जिसे हम छूते हैं, इस्तेमाल करते हैं, खाते हैं, उसकी उत्पत्ति प्रकृति से होती है, चाहे वह सीधे उसकी मिट्टी से उपजा हो या मानव हाथों ने उसे रूपांतरित कर दिया हो।

प्रकृति केवल हमारी भौतिक आवश्यकताओं की पूर्ति नहीं करती, वह हमारे आत्मिक जीवन की भी साधिका है। पत्तों की सरसराहट, मंद बयार की कोमलता, सूरज की ऊष्मा, और लहरों की लयबद्ध गूंज——ये सब मिलकर एक अदृश्य संगीत रचते हैं, जो हमारी आत्मा को शांति और अर्थ देता है। यही सौंदर्य कवियों की उपमाओं का आधार बनता है, चित्रकारों की कल्पना को रंग देता है, और साधकों की साधना को दिशा। और फिर भी, कैसी विडंबना है कि हम इस गहन संबंध को, इस शाश्वत बंधन को, अपनी रोजमर्रा की भागदौड़ में भूल जाते हैं। हम उसे केवल संसाधन मान लेते हैं—और उपहार के लिए धन्यवाद देना भी भूल जाते हैं।

श्मशान घाट पर पहुँचे तो देखा एक मृत शरीर की अंत्येष्टि चल रही थी। काफ़ी सारी लकड़ियों के ढेर पर सफेद कपड़े में लिपटे शव को शय्या पर लिटाया जा चुका था। उसके ऊपर देसी घी के कई डब्बे खोल खोल कर डाले जा रहे थे। कपूर और अन्य कई वस्तुएँ उस पर चढ़ाई गई। कुछ देर बाद पंडित जी ने मृत व्यक्ति के पुत्र को एक लकड़ी सुलगा कर दी और उसने फिर उस लकड़ी से सारी चिता को अग्नि दी। हवा धुएं और गर्मी से भर गई थी। साँस लेना मुश्किल हो गया था। एक समय निर्मल और नीला आसमान अब धुंधला और मटमैला हो गया था, जैसे कि प्रकृति ने खुद ही निराशा का आवरण ओढ़ लिया हो।

श्मशान घाट के पंडित जी जैसे ही यह संस्कार समाप्त करके आए सहज और प्रदीप उनसे तुरंत मिले।

"पंडित जी, नमस्कार।" सहज बोला

"नमस्कार"

"पंडित जी, हम विवेक नगर में रहते हैं। अभी कुछ ही घंटे पहले हमारे पिताजी का निधन हो गया है।" सहज ने भारी स्वर में कहा।

"जानकर दुःख हुआ... तो ले आइए उन्हें यहाँ।" पंडित जी ने यह बात कुछ ऐसे लहज़े में कही, जैसे कोई मिस्त्री खराब गाड़ी को अपने गैरेज में बुला रहा हो — न कोई भाव, न कोई विराम, न कोई संवेदना; बस एक रुटीन, एक आदत, एक निपटान।

"पंडित जी एक समस्या आ रही है।"

"क्या?"

"पिताजी अपनी अंतिम इच्छा में लिख कर गए हैं कि उनके मृत शरीर को अग्नि में प्रज्वलित ना किया जाए और धरती में गाड़ दिया जाए।" सहज ने कहा

"यह कैसी बात है, हिंदू धर्म में तो हमेशा मृत शरीर का दाह संस्कार किया जाता है। हमने तो सुना नहीं किसी हिंदू को गाड़ा गया हो।"

"पर अब तो पिताजी ने यह इच्छा जाहिर की है।"

"देखो बेटा," पंडित जी ने शांत स्वर में कहा, "हिंदू धर्म में किसी भी व्यक्ति के निधन के बाद उसके शरीर का अग्नि-संस्कार किया जाता है। इसे हम 'अंतिम संस्कार' कहते हैं — यह उन सोलह संस्कारों में अंतिम है, जो मनुष्य के जीवन के विभिन्न चरणों में किए जाते हैं। हमारे

शास्त्रों में कहा गया है कि मानव शरीर पंचतत्वों से बना है — पृथ्वी, जल, अग्नि, वायु और आकाश। जब शरीर का दाह किया जाता है, तो वह इन्हीं तत्वों में विलीन हो जाता है, और आत्मा को मुक्ति का मार्ग मिल जाता है। आत्मा अजर-अमर है, न जन्म से बंधी है, न मृत्यु से। वह तो बस एक यात्री है — एक शरीर से दूसरे शरीर की ओर प्रवास करने वाली। यदि यह शरीर जलाया न जाए, तो आत्मा उसमें बंधी रह जाती है। उसका मोह इस देह से नहीं छूटता, और वह मुक्ति नहीं पा पाती। इसलिए, बेटा, यदि आपके पिताजी ने कोई विशेष इच्छा जताई हो तो उसका सम्मान अवश्य करें — लेकिन उनकी अंत्येष्टि कर उन्हें अग्नि समर्पित करें। यह उनका संसार से अंतिम विदा है — और आत्मा के लिए अगला द्वार खोलने की विधि भी।"

"पंडित जी आपकी सारी बातें ठीक है, हम भी समझ रहे हैं दहन करने का कारण, पर पिता की इच्छा की पूर्ति तो करनी पड़ेगी।"

"बेटा, तो हम आपकी कोई मदद नहीं कर पाएंगे।"

"पंडित जी इस श्मशान घर में उन्हें गाड़ने की कोई जगह दे दीजिए और हिंदू धर्म के अनुसार उनका अंतिम संस्कार कर दीजिए।" सहज ने सुझाया।

"बेटा यह हमारे लिए संभव नहीं है। ना तो हमारे पास इस श्मशान भूमि में गाड़ने के लिए कोई जगह है ना ही हम इस प्रकार का अंतिम संस्कार कर पाएंगे।"

सहज और प्रदीप पंडित जी को काफ़ी देर तक मनाते रहे, पर पंडित जी नहीं माने।

आखिरकार सहज बोला "तो आप ही बताइए, पंडित जी, हम क्या करें?"

पंडित जी बोले "एक ही निदान है। वहाँ शेखपुरा में मुसलमानों का कब्रिस्तान है।मुसलमानों में शरीर को गाड़ने की परंपरा है, आप वहाँ जाकर कोशिश कर लें।"

पिताजी राजस्थान के विद्युत वितरण निगम के लेखा विभाग में कार्यरत थे। एक बार ऑडिट के सिलसिले में उन्हें जैसलमेर जिले के पोकरण तालुका में दो हफ्तों के लिए भेजा गया। वहाँ पहुंचकर उन्होंने देखा — दूर-दूर तक फैली बंजर ज़मीन, छिटपुट जंगली झाड़ियाँ, और हर ओर सूखा पसरा हुआ सन्नाटा। पानी का अकाल इस कदर था कि नहाने के लिए भी दो दिन में एक बार ही पानी नसीब होता। एक सुबह, जब पिताजी दाढ़ी बना रहे थे और हर बूंद पानी बचाने की कोशिश कर रहे थे, तभी अचानक उनका अंगूठा ब्लेड से गहरा कट गया। खून काफ़ी बहा, किसी तरह पट्टी बांधी गई। पर इसके बाद एक अजीब-सी असहायता ने उन्हें घेर लिया। सिर्फ एक अंगूठे के बिना, उन्हें हर छोटे-बड़े काम में दिक्कत होने लगी — चाहे पैंट को बाँधना हो, रोटी तोड़नी हो, ब्रश करना हो, या कागज़ पलटना हो। जीवन में पहली बार उन्होंने उस सूक्ष्म अंग के महत्व को समझा, जिसकी उपस्थिति तो कभी महसूस भी नहीं हुई थी, पर अनुपस्थिति ने सबकुछ अस्त-व्यस्त कर दिया था। अगले दिन अचानक तेज़ धूल भरी आँधी चल पड़ी। हवा में इतनी गर्द और सूखा था कि साँस लेना दूभर हो गया। कटे हुए अंगूठे की पीड़ा, सूखे होंठों की दरारें, और साँसों में भरी धूल—इन तीनों ने मिलकर पिताजी को जीवन का एक गहरा पाठ पढ़ा दिया। अब तक मैं पानी को, हवा को — इस पूरी प्रकृति को — जैसे कोई अनुदान मानता रहा। पर आज जब प्रकृति ने बस अपनी मुट्ठी थोड़ी-सी बंद की, तो मेरी साँसें लड़खड़ाने लगीं। उस दिन के बाद पिताजी में एक आमूल परिवर्तन आया। वे सम्पूर्ण पर्यावरणवादी बन गए। उनके लिए प्रकृति अब केवल संसाधन नहीं, बल्कि साक्षात ईश्वर का स्वरूप थी – जिसकी एक छोटी सी असुविधा भी मानव जीवन को विषम बना सकती है।

सहज और प्रदीप शेखपुरा के कब्रिस्तान पर पहुंचे।वहाँ कब्रिस्तान के बाहर उन्हें एक मौलवी साहब मिले और उन्होंने उन्हें सारा किस्सा सुनाया।

मौलवी साहब बोले "आप हमारे यहाँ किसी हिंदू व्यक्ति को दफन नहीं कर सकते, इसमें कुछ व्यावहारिक और धार्मिक समस्याएँ आ जाएँगी।"

पहली बात यह है कि इस्लामी रीति के अनुसार, हम मृत शरीर को पहले विधिवत स्नान कराते हैं, फिर उसे विशेष रूप से सफेद कफ़न में लपेटते हैं। इसके बाद हम 'सलात अल-जनाज़ा' नामक विशेष नमाज़ अदा करते हैं, और तब जाकर शव को दफनाते हैं। यह पूरा क्रम शरिया के अनुसार अनिवार्य होता है। यदि कोई अन्य धर्म का व्यक्ति यहां दफनाया जाए, तो हम उस पर अपनी नमाज़ नहीं पढ़ सकते और आपकी प्रार्थना पद्धति भी अलग होगी—इससे धार्मिक मतभेद उत्पन्न हो जाएगा।

दूसरी बात, इस्लाम में मृतकों को क़िबला — यानी मक्का की दिशा — की ओर दफनाया जाता है। आप यदि देखेंगे, तो इस कब्रिस्तान में सभी कब्रें एक ही दिशा में बनाई गई हैं। जबकि हिंदू परंपरा में शव को सिर उत्तर दिशा की ओर रखा जाता है। ऐसे में दिशा का यह अंतर भी एक गंभीर धार्मिक बाधा बन जाता है।

इस्लाम में हम अकीदत में विश्वास रखते हैं। हमारा यक़ीन है कि जब क़यामत आएगी, तो अल्लाह तआला जन्नत से खुद तशरीफ़ लाएंगे और हर मुर्दे को उसके पूरे शरीर के साथ ज़िंदा करेंगे। इसी वजह से हम अपने मरे हुए लोगों को जलाते नहीं, दफनाते हैं—ताकि शरीर महफूज़ रहे। हम मानते हैं कि उस दिन अल्लाह हर रूह को उसकी पहचान और उसके ईमान के आधार पर उठाएंगे। अगर किसी ग़ैर-मुस्लिम को मुस्लिम क़ब्रिस्तान में दफन किया गया हो, तो यह धार्मिक रूप से एक

उलझन खड़ी कर सकता है। हम नहीं चाहते कि उस दिन कोई ग़लतफ़हमी या बेअदबी हो और हमारे अकीदों की पवित्रता बनी रहे।"

तीसरी और सबसे महत्वपूर्ण बात — कब्रिस्तान की ज़मीन वक्फ़ की होती है, जो केवल मुस्लिम समुदाय के धार्मिक उपयोग के लिए सुरक्षित होती है। इसमें किसी अन्य धर्म के अंतिम संस्कार की अनुमति शरीयत या प्रशासनिक रूप से नहीं दी जा सकती।

मौलवी की सारी बातें सुनकर सहजऔर प्रदीप ने एक-दूसरे का मुंह देखा और मौलवी साहब को धन्यवाद करकें वहाँ से गिरजाघर की ओर निकल गए।

पिताजी का पर्यावरण प्रेम अक्सर मां के साथ उनके झगड़ों की वजह बन जाता। मां जैसे ही कमरे से रसोई की ओर जातीं, पिताजी फौरन पीछे से पंखा बंद कर देते। मां झुंझलातीं—"दो मिनट के लिए गैस धीमी करने गई थी, उसमें भी पंखा बंद कर दिया! इतनी ही दिक्कत है तो पंखा उतारकर ही ले जाओ।" मां गीज़र ऑन करतीं, तो पिताजी दस मिनट बाद ही उसे बंद कर देते। मां खीझ जातीं—"तुम गुनगुने पानी में नहा सकते हो, पर हमें तो गर्म पानी चाहिए।" मगर पिताजी पर कोई असर नहीं होता। हारकर मां ने गीज़र के पास ही खड़े रहना शुरू कर दिया। मां चाहती थीं कि बरामदे का बल्ब रात भर जला रहे, ताकि लोग समझें कि घर में कोई है। मगर पिताजी कभी राज़ी नहीं हुए। मां ताना मारतीं—"सारी उम्र बिजली विभाग में नौकरी की, ताउम्र मुफ्त बिजली मिलेगी, फिर भी ऐसे बचा रहे हो जैसे अपनी पेंशन से बिजली का बिल भरना है!" पिताजी ने घर में कभी ए.सी. लगने ही नहीं दिया। जब मौसम थोड़ा भी नरम होता, वे छत पर खाट डालकर सो जाते और पुरवाइयों का आनंद लेते, जैसे कि वही एयर-कंडीशनर हो। घर के सामने बाग़ में माली अक्सर सूखे पत्ते जलाया करता। पिताजी को यह बिल्कुल मंज़ूर नहीं था। वे माली

से भिड़े, एसोसिएशन से लड़े, और तब जाकर समझौता हुआ। अब माली पत्तों का ढेर लगाता और कुछ दिन बाद पिताजी खुद गड्ढा खुदवाकर उनमें सारी पत्तियाँ दबवा देते—मानो धरती को लौटा रहे हों उसका उधार।

सहज और प्रदीप गिरजाघर पहुंचे। ईसाई कब्रिस्तान गिरजाघर के बिल्कुल पीछे ही था। पादरी साहब कहीं जाने वाले थे।सहजऔर प्रदीप बस समय पर पहुंच गए।उन्होंने पादरी जी को सारी बात बताई और उनसे मदद की इच्छा जताई।

पादरी बोले

"आपने गौर किया होगा," पादरी ने कब्रों की ओर इशारा करते हुए कहा, "कि हर समाधि-स्तंभ पर 'R.I.P.' लिखा होता है — *Rest in Peace*। इसका अर्थ है — 'शांति से विश्राम करो'। जब हम किसी प्रिय के निधन पर शोक व्यक्त करते हैं, तो यही शब्द कहते हैं — क्योंकि हमारे विश्वास में मृत्यु एक अंत नहीं है, एक विराम है, एक प्रतीक्षा है। बाइबल में लिखा है कि एक दिन यीशु मसीह फिर लौटेंगे। और जब वह आएंगे, तो अपने अनुयायियों को पुकारेंगे, उन्हें एक नया जीवन देंगे — ऐसा जीवन, जो इस मिट्टी के शरीर से परे होगा, अविनाशी और चिरस्थायी। ये जो कब्रें आप देख रहे हैं, वे केवल पत्थरों के नीचे दबे शव नहीं हैं — यह प्रतीक्षा में पड़े यात्री हैं। वे इस आस में विश्राम कर रहे हैं कि मसीह लौटेंगे और उन्हें अपने साथ स्वर्ग ले जाएंगे। यहाँ की हर कब्र एक प्रतीक्षा है — यीशु के लौटने की। यह कब्रिस्तान मसीह के उन अनुयायियों का है जो उनके वचनों पर विश्वास रखते हैं। बाइबल कहती है कि जो उनके अनुयायी नहीं हैं, उन्हें अधोलोक की ओर जाना होगा। मैं यह नहीं कहता कि आपके पिता बुरे थे या उनका कोई दोष है। पर अगर वे यीशु पर विश्वास नहीं रखते थे, तो उन्हें यहां दफनाना उनके लिए उपयुक्त नहीं होगा। मैं नहीं चाहता कि उनका शरीर उस रास्ते पर जाए,

जिसकी वह कामना नहीं करते थे। शायद बेहतर हो कि आप उनके लिए कोई ऐसा स्थान चुनें, जो उनकी आस्था और परंपरा के अधिक अनुकूल हो।"

सहज और प्रदीप जब घर लौटे तो देखा कि माँ अभी भी सिसकियाँ भर रही थीं, उनका चेहरा आँसुओं से भीगा हुआ था। धीरे-धीरे खबर सुनकर कई रिश्तेदार और परिचित भी इकट्ठे हो गए थे। उसी भीड़ में से दुलीचंद चाचा जी आगे बढ़े। माथे पर शिकन थी और स्वर में अपनापन। "बेटा सहज," उन्होंने धीमे मगर निर्णायक स्वर में कहा, "पुष्पराज जी तो मेरे बड़े भाई जैसे थे। न जाने उन्होंने ऐसी इच्छा क्यों जताई... हम हिंदुओं में तो दाह संस्कार ही होता आया है। मेरी तो यही सलाह है कि उन्हें श्मशान ले चलो। धर्म की मर्यादा निभाओ बेटा, यही समय की पुकार है।"

जितने मुँह, उतनी बातें — हर व्यक्ति अपनी ही सलाह देता।

सुखदेव जी सहज के पास आए "बेटा शाम होने वाली है, फिर तुमने क्या निर्णय लिया?"

"अंकल, मुझे सच में समझ नहीं आ रहा कि क्या करूं," सहज की आवाज़ में हताशा साफ़ झलक रही थी। "लेकिन एक बात तय है — मैं पिताजी की अंतिम इच्छा का मान ज़रूर रखूंगा। अगर ज़रूरत पड़ी, तो उन्हें जंगल में भी दफना दूंगा... पर उन्हें जलाऊंगा नहीं।"

सहज कुछ सोच कर बोला "हमारे घर के सामने जो पार्क है वह पिताजी का दूसरा घर था। पिताजी सुबह और शाम वहाँ घंटों बिताते थे।इस पार्क के एक कोने में हम उन्हें दफना देते हैं। कल सुबह-सुबह यह काम पूरा कर देंगे।"

सुखदेव जी ने यह बात बाहर जाकर सब को बताई और अगले दिन सुबह आने की विनती की। परिचितों की तादाद अब घटने लगी।

करीबन आधे घंटे बाद सेक्टर के प्रेसिडेंट और सेक्रेटरी आ गए। उन्होंने सहज से पुष्पराज जी की मृत्यु का शोक जाहिर किया।

"पुष्पराज जी इस सेक्टर और इस पार्क के अभिन्न अंग थे। कोई ऐसी सुबह या शाम नहीं होती थी जब आप उन्हें यहाँ न देखें," प्रेसिडेंट साहब ने भावुकता से कहा।

सेक्रेटरी साहब ने सहज से पूछा, "सहज बेटा, मैंने सुना है कि पुष्पराज जी चाहते थे कि उनका दाह संस्कार न हो, बल्कि उन्हें दफनाया जाए।"

"जी अंकल जी," सहज ने नम्रता से उत्तर दिया।

"और आप चाहते हैं कि उनका दफन इस पार्क में कर दिया जाए?"

"जी अंकल जी," सहज ने दृढ़ता से कहा।

"बेटा, ये तो संभव नहीं है," सेक्रेटरी साहब ने गंभीर स्वर में कहा। "पार्क बच्चों के खेलने, लोगों के टहलने और बुजुर्गों के समय बिताने की जगह है। आप वहाँ किसी शव को दफनाएँ — ये कैसे हो सकता है? कल को कोई कहेगा कि वहाँ भूत-प्रेत दिखने लगे हैं, तो उसकी ज़िम्मेदारी कौन लेगा? एसोसिएशन की ओर से हम इसकी अनुमति नहीं दे सकते।"

सहज उलझन में था। उसे समझ नहीं आ रहा था कि वह क्या करे, किस ओर जाए। उसे ऐसा लग रहा था जैसे वह एक ऐसे जहाज़ का कप्तान हो, जिसने अपना कंपास खो दिया हो—समुद्र के बीचोबीच भटकता हुआ, बिना दिशा के। पिछली रात की अधूरी नींद और दिन भर की भागदौड़ ने उसके शरीर और मन दोनों को थका दिया था। वह धीरे

से कुर्सी पीछे सरकाकर दीवार से टिक गया और आंखें मूंदकर पिताजी के बारे में सोचने लगा—उनकी मुस्कान, उनकी जिद, उनका पर्यावरण प्रेम, और अब... उनकी अंतिम इच्छा।

पिताजी की पर्यावरणी हरकतों पर मां अक्सर झुंझलाकर कहतीं, “तुमने ही क्या सारी दुनिया का ठेका ले रखा है? किसी और को देखा है यह सब करते हुए?” हर बार पिताजी शांति से जवाब देते, “मुझे किसी और से क्या लेना, मैं वही करूंगा जो मुझे ठीक लगेगा। लोग भी धीरे-धीरे जागरूक होंगे। पर मैं क्यों न अपना छोटा-सा योगदान दूं?”

अचानक यही बात सहज के मन में कौंधी—जैसे किसी ने भीतर से पुकारा हो। वह झटके से उठा। "हमें दूसरों से क्या लेना? हमें वही करना है जो हमें सही लगे," उसने मन ही मन दोहराया।

सहज मां के पास गया और ठोस स्वर में बोला, “मां, हम पिताजी को अपने घर के आंगन में ही दफनाएँगे। बाहर जो हमारा लॉन है, उसी में उन्हें गाड़ेंगे। पिताजी हमेशा कहते थे, ‘हम वही करेंगे जो हमें ठीक लगे।’ अपने आंगन और अपनी ज़मीन में दफनाने के लिए हमें किसी की इजाज़त लेने की ज़रूरत नहीं।”

मां इस प्रस्ताव से अचंभित थी, पर उसने विरोध नहीं किया। शायद वह भी भीतर से जानती थी कि यही ठीक है।

सहज ने तुरंत सुखदेव जी और प्रदीप को फोन कर यह बात बताई और उन्हें अगली सुबह जल्दी आने का अनुरोध किया।

अगले दिन सुबह-सवेरे, सहज पास के चौराहे से दो दिहाड़ी मजदूरों को ले आया। उनके पास अपने-अपने फावड़े थे।

पुष्पराज जी के पार्थिव शरीर को स्नान कराकर शुद्ध किया गया। सहज ने उनके लिए नया सफेद सूती कुर्ता और पायजामा चुना—ऐसा वस्त्र जो मिट्टी में सहजता से समा जाए। उसने जान-बूझकर किसी भी प्रकार के कफन का प्रयोग नहीं किया। उसका उद्देश्य था—एक ऐसा अंतिम संस्कार, जो प्रकृति से जुड़ा हो, उसमें विलीन हो जाए। फिर कंपास की सहायता से उत्तर-दक्षिण दिशा निर्धारित की गई। बाजार से अंतिम संस्कार में प्रयुक्त होने वाली सभी वस्तुएँ—गंगाजल, चंदन, अगरबत्ती, कपूर, दीपक, मिट्टी का घड़ा, सूखे उपले, सुपारी, चावल, शहद आदि—एकत्र कर ली गईं।

इतनी देर में कुछ रिश्तेदार और आस-पड़ोस के लोग भी आ जुटे थे। मजदूरों ने घर के लॉन के एक कोने में छह फुट गहरा गड्ढा खोद दिया। पुष्पराज जी को वहीं पास ज़मीन पर लेटा दिया गया। उनके पास एक दीया और अगरबत्ती प्रज्वलित कर दी गई।

पारंपरिक पंडितों ने इस अनूठे संस्कार में सम्मिलित होने से इनकार कर दिया था। फिर एक-एक कर सभी ने पुष्पराज जी के अंतिम दर्शन किए—कुछ मौन, कुछ भावुक, और कुछ आश्चर्यचकित।

इसके बाद पुष्पराज जी के पार्थिव शरीर को सबने मिलकर गड्ढे में बड़े ही संयम और श्रद्धा के साथ उतारा। सहज ने एक मिट्टी का घड़ा लिया, उसमें पानी भरा और उसमें एक छोटा-सा छेद कर दिया। फिर वह उस घड़े को लेकर गड्ढे के चारों ओर चुपचाप घूमने लगा। हर चक्कर के साथ घड़े से रिसता जल जैसे उनकी स्मृतियों को धरती में समर्पित कर रहा था। जब अंतिम बूँद भी बह गई, सहज ने घड़े को ज़मीन पर फोड़ दिया और उसके टुकड़े अपने व अपने पिता के शरीर पर अर्पित कर दिए। फिर उसने गायत्री मंत्रोच्चार करते हुए पहली मुट्ठी मिट्टी पिताजी के शरीर पर डाली — यह क्षण ऐसा था जैसे अग्नि-संस्कार की पहली चिता-चिंगारी दी जा रही हो

इसके बाद सहज ने उपस्थित लोगों से आग्रह किया कि वे भी पिताजी को श्रद्धांजलि स्वरूप एक-एक मुट्ठी मिट्टी अर्पित करें। लोगों के लिए यह क्रिया अनूठी और जीवन में पहली बार घटित हुई थी। अंत में मजदूरों को बुलाकर शेष मिट्टी से गड्ढा भरवा दिया गया। मिट्टी धीरे-धीरे ऊपर चढ़ती रही—जैसे धरती स्वयं उन्हें अपने आंचल में समेट रही हो, अंतिम आलिंगन देती हुई।

पुष्पराज जी की मृत्यु को आज पूरे तीन महीने बीत चुके थे। मां अब सहज के साथ शहर में रहने लगी थीं। आज पहली बार वे दोनों फिर से पुश्तैनी घर लौटे थे। घर का मुख्य द्वार खोला, तो मानो एक सन्नाटा भीतर तक उतर आया। फिर बिना कुछ बोले, वे सीधे उसी स्थान की ओर बढ़े जहां पुष्पराज जी को धरती की गोद में सुलाया गया था। जैसे ही उन्होंने उस स्थान को देखा, दोनों स्तब्ध रह गए। जहां कभी मिट्टी डाली गई थी, वहाँ अब जीवन मुस्कुरा रहा था। पुष्पराज जी की शैया के ऊपर जंगली फूलों का एक छोटा-सा बाग-सा उग आया था। हरा, नीला, पीला न जाने कितने ही रंगों के पुष्पों का राज था।

******

2. आधा पानी

"उत्तर भारत के व्यापार प्रमुख (बिजनेस हेड) के रूप में चुने जाने पर मैं अत्यधिक सम्मानित और आभारी महसूस कर रहा हूँ। इस पदोन्नति और प्रतिष्ठित उपाधि के लिए मैं कंपनी का तहे दिल से धन्यवाद करता हूँ। पाँच वर्षों से इस कंपनी का हिस्सा होना मेरे लिए गर्व की बात है, और ये पाँच साल एक अद्‌भुत यात्रा की तरह रहे हैं, जिसमें कई उतार-चढ़ाव, सफलताएँ और असफलताएँ देखने को मिलीं। इस तरह के अनुभवों ने मुझे न केवल एक बेहतर प्रबंधक बनाया, बल्कि व्यक्तिगत रूप से भी बहुत कुछ सिखाया। उनतालीस वर्ष की आयु में वीपी स्तर पर पदोन्नत होना और दो वर्षों के भीतर एक और पदोन्नति प्राप्त करना मेरे लिए एक बहुत ही विनम्र और गर्व का क्षण है। मैं यह सफलता अकेले नहीं मानता; यह मेरे साथ जुड़े उन सभी लोगों की मेहनत और समर्थन का परिणाम है, जिन्होंने इस सफर को संभव बनाया। सबसे पहले मैं कंपनी के सीईओ, श्री नवीन, का आभार व्यक्त करना चाहता हूँ, जिन्होंने मुझ पर विश्वास जताया और मुझे इस जिम्मेदारी के योग्य समझा। साथ ही, मेरी पूरी सेल्स टीम—उदय, विजय, शंकर, ऋषि, और रोहित—आप सभी का विशेष धन्यवाद। आपने न केवल सुबह सात बजे की कॉन्फ्रेंस कॉल और देर रात तक के सत्रों को झेला, बल्कि अपने अथक प्रयासों से उत्तर क्षेत्र को कंपनी का सबसे सफल और शीर्ष बिक्री क्षेत्र भी बनाया। इस पदोन्नति में आप सभी का योगदान है, और यह सफलता हम सबकी साझा है।

इसके साथ ही, मैं वित्त विभाग के अजय अग्रवाल, एचआर से मधु, और आपूर्ति श्रृंखला के प्रभात का भी धन्यवाद करना चाहता हूँ, जिनके समर्थन और समर्पण ने हमारे क्षेत्र को सफल बनाया। इस नई भूमिका में भी मैं आप सभी से निरंतर सहयोग और समर्थन की अपेक्षा करता हूँ। मुझे विश्वास है कि हम साथ मिलकर भविष्य में और भी

ऊँचाइयों को छूएंगे और कंपनी के लिए नए कीर्तिमान स्थापित करेंगे। धन्यवाद।"

श्वेता चुपचाप सुनती रही—हर शब्द, हर भाव, जो सुनील के मुख से निकल रहे थे। वह एक-एक करके सबका आभार प्रकट कर रहा था—कंपनी के साथियों का, सीईओ का, टीम के सदस्यों का, यहाँ तक कि उन अदृश्य हाथों का भी, जिन्होंने दूर बैठकर मात्र शुभकामनाओं से उसे सहारा दिया। मगर श्वेता, जो ठीक उसके सामने खड़ी थी, जैसे उसकी दृष्टि के घेरे से बाहर थी—अस्तित्व होते हुए भी अनुपस्थित। उसे लगा मानो वह कोई खाली कुर्सी हो, जिस पर थकान मिटाने के लिए कुछ पल बैठा गया हो, और फिर काम निकलते ही उसे एक ओर खिसका दिया गया हो। जैसे कोई वस्तु, जिसका होना सिर्फ सुविधा तक सीमित था, स्मरण तक नहीं।

उस शाम भाषण की औपचारिकता के बाद सुनील जैसे किसी और ही संसार में पहुंच गया—ग्लासों की टकरार, हँसी की गूंज, और सहकर्मियों की भीड़ में वह एक रंग में घुल गया था। हर ठहाका, हर मज़ाक में वह अपने चरम पर था—जैसे उसने अपने जीवन की सबसे बड़ी उपलब्धि पा ली हो। वह देर रात तक दोस्तों के बीच डूबा रहा—जैसे समय ने अपनी गति ही खो दी हो, जैसे यह जश्न कभी थमेगा ही नहीं। उसी हॉल के एक कोने में, एक गोल मेज़ के पास श्वेता अकेली बैठी थी—मौजूद तो थी, पर उपस्थित नहीं। उजली रोशनी और चहल-पहल के बीच वह एक स्याह धबके-सी लग रही थी। बैरा बार-बार नए-नए व्यंजन उसकी ओर बढ़ाता, पर हर बार वह एक शिष्ट मुस्कान में मना कर देती, मानो कह रही हो—"इस स्वादहीन उत्सव में क्या स्वाद होगा?" वह वहाँ थी, लेकिन जैसे किसी और लोक में। उसके भीतर कुछ थमता जा रहा था, जैसे उसकी सांसें भी उस माहौल के शोर में खो गई हों। उठ जाने की इच्छा थी, पर जुबान पर कोई शब्द नहीं, आत्मा पर कोई साहस नहीं। वह बस जड़वत बैठी रही—मानो कोई अधूरी मूर्ति, जिसे कोई कलाकार

तराशते-तराशते अचानक छोड़ गया हो। रात ढलने लगी, भीड़ छंटने लगी, और आखिरकार सुनील उसके पास आया। बिना कुछ कहे उसने सिर हिलाकर चलने का इशारा किया। उसने नहीं पूछा कि श्वेता ने कुछ खाया या नहीं—शायद मान लिया था कि खा लिया होगा। श्वेता ने भी कुछ नहीं कहा। न कोई शिकवा, न कोई प्रश्न। बस वही चुप्पी ओढ़े, उसके साथ चल दी।

कार की खिड़की से झाँकती रात की ठंडी हवा के बीच सुनील का स्वर उत्साह से गूँज उठा, बोला, "पार्टी वाक़ई शानदार रही! सोचो न, सीईओ खुद मुंबई से आए थे! और प्रदेश भर के वरिष्ठ अधिकारी—हर कोई मौजूद था। ऐसी शाम बार-बार नहीं आती।" उसके स्वर में उल्लास की लहरें थीं, मानो वह उस रात के हर पल को फिर से जी रहा हो। उसकी आंखों में चमक थी, और होठों पर गर्व की मुस्कान। "श्वेता, तुम समझ नहीं सकती, मैं आज कितना खुश हूँ!" वह आगे बोला, "इतने बड़े-बड़े लोगों ने खुले मंच से मेरे काम की सराहना की। सीईओ ने मंच से नाम लिया—मुझे बुलाया, बधाई दी। हमारी टीम की मेहनत का आज सच में सम्मान हुआ है। यह सब किसी सपने जैसा लग रहा है!" वह मुस्कराया—एक विजयी मुस्कान, जो मानो कह रही हो कि आज उसने अपनी किस्मत की रेखाएं खुद लिख ली हैं। लेकिन ठीक उसके बगल में बैठी श्वेता, उस उत्सवमयी शब्दों की बरसात में भीग नहीं रही थी। वह चुप थी—उस तरह की चुप्पी, जो केवल सुनती है, पर भीतर कहीं कुछ रिसता नहीं है। उसकी आँखें बाहर के अंधेरे में टिकी थीं, पर शायद देख कहीं और रही थीं—किसी ऐसे कोने में, जहाँ वह अपना स्थान ढूंढ नहीं पा रही थी।

घर पहुँचते ही सुनील थकान और शराब के सम्मिलन से बोझिल होकर बिस्तर पर ढह गया। उसके खर्राटों की पहली लय गूँजने लगी थी। श्वेता उसी बिस्तर के एक किनारे, तकिये का सहारा लिए बैठी रही। उसकी आँखें अधखुली थीं, लेकिन नींद उनसे मीलों दूर भटक रही थी। कमरे में रात की एक चुप्पी पसरी थी—धीमी, मगर ठंडी और सघन,

लेकिन उसके भीतर विचारों की आँधी चल रही थी—बिना किसी दिशा के, बिना किसी ठौर के। पंद्रह वर्ष—इतना समय बीत चुका था इस रिश्ते को... एक युग, जिसमें मौसम बदले, शहर बदले, सपने बदले... पर शायद कुछ बेहद ज़रूरी चीज़ें अब भी वहीं अटकी रहीं, जैसे समय की सिलवटों में दब गई हों। सुनील बुरा पति नहीं था। समाज के हर पैमाने पर वह एक आदर्श गृहस्थ की तस्वीर पेश करता था - अच्छी आमदनी, सुंदर घर, प्रतिष्ठित स्कूल में पढ़ते बच्चे, हर पखवाड़े मॉल में डिनर या सिनेमा के 'पारिवारिक पल'। सब कुछ सही था... बहुत सही। सुनील ने कभी ऊँची आवाज़ नहीं उठाई, न ही किसी तरह का दुर्व्यवहार किया। वह श्वेता के माता-पिता का भी सम्मान करता था, उनकी हर जरूरत का ध्यान रखता था। पर एक ही चीज़ कहीं छूट गई थी—श्वेता खुद। अब उसे लगने लगा था कि वह सुनील के जीवन में एक पुराने, भूले-बिसरे सोफे की तरह है—घर का हिस्सा तो ज़रूर है, पर अब उसकी बनावट, रंग, या उपस्थिति की कोई स्मृति भी नहीं रह गई है। उसका अस्तित्व भी बस वहीं था—न दिखता, न छूता, न महसूस किया जाता।

इंजीनियरिंग की डिग्री के बाद सुनील ने एमबीए की उच्च शिक्षा प्राप्त की थी। वह अपने पेशेवर जीवन को लेकर असीम महत्वाकांक्षाओं से भरा हुआ था - जैसे कोई पर्वतारोही जिसकी नजरें हमेशा अगले शिखर पर टिकी रहती हों। सफलता की इस अंतहीन दौड़ में वह अपने साथियों से आगे निकलने के लिए सतत प्रयत्नशील था। उसके अधिकतर मित्रों ने जीवनसाथी के रूप में ऐसी स्त्रियों को चुना जो उनके साथ कंधे से कंधा मिलाकर कामकाजी दुनिया का हिस्सा बनीं। पर सुनील की सोच अलग थी—कुछ ठहरी हुई, कुछ पारंपरिक, और बहुत आत्मकेंद्रित भी। वह दृढ़ था कि वह किसी ऐसी लड़की से शादी करेगा जो घर पर रहे और नौकरी न करे। वह घर की जिम्मेदारियों को बाँटने के लिए मानसिक रूप से तैयार नहीं था। उसके लिए जीवन की सबसे बड़ी प्राथमिकता उसका करियर और खुद को साबित करने की चाह थी। वर्किंग पत्नी के साथ

आने वाले समझौतों और सामंजस्य उसे एक बेड़ी की तरह लगते थे, जैसे वह उसकी स्वतंत्रता को बाधित करेंगे। इसलिए उसने श्वेता को चुना—एक शांत, सहज और सरल लड़की, जिसकी आँखों में सपनों की कोई हड़बड़ी नहीं थी। श्वेता ने सिर्फ ग्रेजुएशन तक की पढ़ाई की थी और घर-गृहस्थी को ही अपना संसार माना था। शायद यही वजह थी कि सुनील ने उसके साथ अपना भविष्य देखा—क्योंकि वह वैसी थी जैसी उसे "चाहिए" थी।

सुनील अगले दिन सुबह ही सीईओ के साथ चंडीगढ़ के दौरे पर निकल गया। मुसीबत जैसे उसी के प्रस्थान की प्रतीक्षा में खड़ी थी। उसके जाने के ठीक अगले दिन, बिल्डिंग की पानी की मोटर अचानक जवाब दे गई। कॉलोनी की एसोसिएशन ने तत्परता दिखाते हुए सुबह-सुबह पानी का टैंकर तो मंगा लिया, पर असली मुश्किल तो घर-घर पानी पहुँचाने की थी। जहाँ बाकी घरों में पुरुष सदस्य बाल्टियाँ भर-भरकर ला रहे थे, वहीं सुनील की अनुपस्थिति में यह जिम्मेदारी श्वेता के कंधों पर आ गिरी। टैंकर से लिफ्ट तक, और फिर लिफ्ट से घर तक, वह बाल्टियों में पानी ढोती रही। हर चक्कर के साथ उसकी कमर जैसे कराह उठती, कंधों में थकावट की सुइयाँ चुभने लगतीं। दस बाल्टियाँ भरने के बाद तो ऐसा लगा जैसे शरीर की हर हड्डी बिखर गई हो — बदन पूरी तरह टूट चुका था।

रसोई की ओर नज़र गई, पर दोपहर के खाने की कल्पना ही उसे थका देने लगी। उसने गहरी, थकी हुई साँस ली — मानो अपने भीतर से थोड़ी राहत खींचने की कोशिश कर रही हो — और फिर खुद से कहा, "आज नहीं।" उसने तय किया कि आज के लिए रसोई की ज़िम्मेदारी को विराम देगी और बच्चों के साथ पास के साउथ इंडियन रेस्टोरेंट से कुछ हल्का-फुल्का खा लेगी।

श्वेता बच्चों के साथ पास के साउथ इंडियन रेस्टोरेंट में दोपहर का खाना खाने चली गई। माहौल में हल्की दक्षिण भारतीय खुशबू और

अपने बच्चों के नगण्य कारणों से उपजी शाश्वत लड़ाई की ध्वनि बसी हुई थी। डोसा, उथप्पा और इडली खाने के बाद, बैरा ने सारी बची हुई प्लेटें टेबल से हटा दी, लेकिन पानी के भरे हुए गिलासों को वहीं छोड़ दिया। बेटा और बेटी ने अपने-अपने गिलास में से एक-एक घूंट पानी पिया और फिर उन्हें आधा भरा छोड़ दिया। श्वेता ने बच्चों से कहा, "बेटा, पानी खत्म कर दो।" बच्चों ने मुँह बनाते हुए जवाब दिया, "मम्मी, पेट भर गया है, अब और नहीं पी सकते।" इस पर उसने थोड़ा डांटते हुए कहा, "पानी बेकार नहीं जाना चाहिए, इसे खत्म करो।" लेकिन उनकी मनुहार और डांट का भी कोई असर नहीं हुआ, और दोनों बच्चे अपनी जिद पर अड़े रहे। श्वेता उन भरे हुए ग्लासों को देखती रही, और सुबह की अपनी पानी लाने की मेहनत को याद करती रही।

श्वेता ने बैरे से पूछा, "यह पानी जो बच जाता है तुम इसका क्या करते हो?" बैरे ने बेपरवाही से जवाब दिया,"सिंक में बहा देते हैं।" श्वेता ने नजर घुमाकर देखा कि रेस्टोरेंट की अधिकांश मेजों पर दो से तीन आधे भरे पानी के गिलास पड़े थे - उपेक्षा के साक्ष्य। जब श्वेता रेस्टोरेंट से बाहर निकलने लगी, तो उसकी उत्सुकता ने उसे मैनेजर से मिलने के लिए रोक लिया। उसने पूछा, "यह पानी जो आप हमें देते हैं, ये कहां से आता है?" मैनेजर ने गर्व से बताया, "हमारे पास एक कमर्शियल कनेक्शन है, जिससे आने वाले पानी को हम आरो प्लांट में साफ करते हैं और फिर अपने ग्राहकों को पेश करते हैं।" श्वेता ने अगला सवाल किया, "लेकिन बचे हुए या छूटे हुए पानी का आप क्या करते हैं?" मैनेजर ने फिर से वही जवाब दिया, "सिंक में बहा देते हैं।" इस जवाब को सुनकर श्वेता के मन में एक अजीब-सी निराशा हुई। अशांत भाव से,उसने रेस्टोरेंट से बाहर कदम रखा और घर की ओर लौट गई।

उस रात श्वेता को मांसपेशियों का दर्द और रेस्टोरेंट में बर्बाद हो रहे पानी का ख्याल बार-बार सता रहा था। उसने अपने मोबाइल को उठाया और गूगल पर पानी के बारे में तलाशना शुरू किया। जितना

उसने पढ़ा, उतनी ही हैरान हुई। श्वेता की आँखों के सामने जैसे एक नया सच उजागर हुआ। उसने पाया कि पृथ्वी की सतह का इकहत्तर प्रतिशत भाग समुद्रों से आवृत है। पृथ्वी पर मौजूद जल में से केवल तीन प्रतिशत जल ही साफ और मानव उपयोग के योग्य है, बाकी का सत्तानवे प्रतिशत जल समुद्रों में कैद है,जो मानव सेवन के लिए उपयुक्त नहीं है। इस तीन प्रतिशत में भी ढाई प्रतिशत पानी हिमनद, ध्रुवीय बर्फ और वातावरण में कैद है, केवल आधा प्रतिशत पानी जो भूजल, झीलों और नदियों के रूप में है,सेवन के लिए योग्य है। उसने पाया कि यदि हम पूरी धरती के पानी को एक बाल्टी मानें तो हमारे लिए उपलब्ध पानी एक चम्मच भर से भी कम होगा। और हम इस इतने कम पानी को भी बड़े बेरहमी से बर्बाद कर रहे हैं। श्वेता ने यह भी पाया कि पानी का व्यवसायिक इस्तेमाल का लगभग सातवां हिस्सा रेस्टोरेंट व्यवसाय में उपयोग होता है। उसने पाया कि यह व्यवसाय पानी को बर्बाद करने वाला सबसे बड़ा व्यवसाय है। यह जानकर श्वेता और भी चिंतित हो गई।

श्वेता देर रात तक करवटें बदलती रही। रेस्टोरेंट की अधूरी भरी गिलासें, सुबह की थकी हुई बाल्टियाँ, और इंटरनेट पर पढ़े हुए आंकड़े — सब मिलकर उसके मन में एक बेचैनी-सी भरते जा रहे थे। पानी केवल एक तरल नहीं रहा था, अब वह उसके भीतर एक प्रश्न बनकर उतर चुका था। अगले दिन दोपहर वह रेस्टोरेंट में दोबारा गई और अपनी चिंता व्यक्त की, "आप इतना सारा पानी बर्बाद करते हो, क्या आप अपने ग्राहकों को पानी केवल मांगने पर ही क्यों नहीं देते? "

मैनेजर थोड़ा असहज हुआ। उसने अपनी दराज से एक फाइल निकाली, उसमें से पानी का मासिक बिल निकालकर श्वेता के सामने रख दिया। कुछ आत्मसंतोष के साथ बोला, "मैडम, हम सबका भुगतान समय से करते हैं। हमारा पानी खरीदा हुआ है। फिर आपको इसमें आपत्ति क्यों?"

श्वेता ने समझाया, "बिल टाइम पर भरने की बात नहीं है, बात है पानी को बर्बाद होने से रोकने की। हमारे पास पानी की कमी है, और यह बर्बादी हमारे भविष्य के लिए खतरनाक है।"

मैनेजर ने तर्क दिया, "मैडम, हम कस्टमर को सर्विस देना चाहते हैं। पानी भी नहीं देंगे तो यहां कौन कस्टमर आएगा? हमारा व्यवसाय ही नहीं चलेगा।"

श्वेता ने बहुत समझाने की कोशिश की — आँकड़ों से, उदाहरणों से, तर्कों से। लेकिन उसके शब्द जैसे काँच की दीवार से टकराकर लौट आते थे। आख़िरकार, श्वेता ने एक गहरी नज़र चारों ओर डाली — हर टेबल पर वही जल से अधभरे गिलास चमक रहे थे — और वो चुपचाप बाहर निकल आई।

रेस्टोरेंट के उस अनुभव ने श्वेता को अंदर तक झकझोर दिया था। उसे एहसास हुआ कि वह सिर्फ दूसरों को पानी बचाने की नसीहत दे रही थी, जबकि खुद भी इस दिशा में कोई ठोस कदम नहीं उठा रही थी। घर लौटकर उसने ठान लिया कि सब से पहले उसे खुद बदलाव लाना होगा। उसने अपने घर की पानी की खपत पर गौर किया। उसने देखा कि जब पानी खूब आता है तो छत पर लगा सिंटेक्स का दो हज़ार लीटर का टैंक भी कम पड़ता है और जब पानी नहीं आता तो नीचे से लाई गई दस पानी की बाल्टी में भी गुजारा हो जाता है। यह विरोधाभास उसे आश्चर्यचकित कर रहा था। उस रात मोटर ठीक हो गई और घोषणा की गई कि अगले दिन से पानी पहले की तरह ही बहाल हो जाएगा। पानी तो पहले की तरह बहाल हो गया था पर श्वेता का पानी की प्रति रवैया पूर्ण रूप से बदल गया था। अब वह हर बूंद पानी को संजोकर रखना चाहती थी।

सुबह की शुरुआत में ही श्वेता ने एक नया प्रयोग किया। बच्चों की पानी की बोतल, जो आमतौर पर आधी भरी ही लौटती थी, उसने इस

बार जानबूझकर आधी ही भरी। दोपहर को जब बच्चे स्कूल से लौटे, तो उसने खुशी से नोटिस किया कि बोतल पूरी तरह खाली हो चुकी थी, और बच्चों ने पानी की कमी की कोई शिकायत भी नहीं की। इसी क्रम में, रसोई के कोने में लगे आरो प्लांट से निकलने वाला बेकार पानी, जो पहले चुपचाप सिंक में समा जाता था, वह पानी अब श्वेता ने एक बाल्टी में जमा कर लिया।

बाई आज श्वेता की नायिका बन गई थी, क्योंकि उसकी हर गतिविधि पर श्वेता की पैनी निगाहें टिकी हुई थीं। बाई ने झाड़ू उठाई और पोंछे के लिए एक बाल्टी भरने की तैयारी की। उसने उस बाल्टी में लिज़ॉल की कुछ बूँदें डालीं और फिर पोंछा भिगोने, निचोड़ने और लगाने का क्रम आरंभ कर दिया। दो कमरे साफ करने के बाद उसने बाल्टी का सारा पानी फेंक दिया और फिर से बाल्टी भर ली। श्वेता ने यह सब गौर से देखा और अगले दिन बाई से बोली, "तुम झाड़ू में पांच मिनट और लगाओगी और इतनी अच्छी तरह लगाओगी कि पोंछा लगाने की ज़रूरत कम पड़े।" श्वेता ने बाई को आरो प्लांट से निकले बेकार पानी से भरी बाल्टी दी और कहा, "इस पानी को पोंछे के दौरान जितना अच्छे से निचोड़ सको, निचोड़ो।" जब बाई ने दो कमरों की सफाई की, तो बाल्टी का पानी बिल्कुल नहीं बदला गया। उसी पानी में पूरे घर का पोंछा लगा दिया गया। जब बाई पानी फेंकने के लिए गई, तो श्वेता ने उसे रोक दिया और कहा, "इस पानी को फेंकने की जरूरत नहीं है। इसे गमलों में डाल दो।"

सुनील को बचपन से ही बाल्टी से नहाने की आदत थी। वहीं, श्वेता और बच्चों को शावर में नहाने का मज़ा आता था, शावर की तेज धारा उन्हें आराम और आनंद का अहसास देती थी। लेकिन उस दिन श्वेता ने कुछ अलग करने का मन बनाया। उसने गीजर चलाया और ठंडे पानी से एक बाल्टी भरकर उसमें थोड़ा-सा गर्म पानी मिलाया, ताकि पानी नहाने लायक गुनगुना हो जाए। श्वेता ने उस भरी हुई बाल्टी को देखा और खुद से सवाल किया—क्या वह इस एक बाल्टी पानी में नहा पा सकेगी?

संदेह के बावजूद, उसने बाल्टी से आधा मग पानी निकाला और अपने ऊपर डाला। आमतौर पर शावर में नहाते वक्त उसका ध्यान कहीं और होता था—कभी बच्चों की स्कूल की बातें, तो कभी घर के कामों की चिंता। लेकिन आज, उसका सारा ध्यान मग्गे और पानी की मात्रा पर था। धीरे-धीरे उसने आधे-आधे मग से पानी अपने शरीर पर डाला, और पाया कि उसका शरीर गीला हो गया, लेकिन बाल्टी में अभी भी पानी आधे से ज्यादा बचा था। फिर उसने साबुन लगाया और उसी ध्यान से नहाती रही। वह हैरान थी कि बाल्टी में नहाने का उसका अनुभव शावर के अनुभव से ज्यादा संतोषजनक था। न सिर्फ उसने पूरी तरह से नहा लिया था, बल्कि बाल्टी में कुछ मग पानी भी बच गए थे। यह एहसास उसे न केवल संतुष्टि, बल्कि गर्व का अनुभव करा रहा था। अगले दिन श्वेता ने अपनी इस छोटी सी खोज को बच्चों के साथ साझा किया। बेटा तो आसानी से मान गया, लेकिन बेटी को यह बात समझाने में उसे कई दिन लग गए। अब, श्वेता के घर में तीन से भी कम बाल्टी में तीन लोग आसानी से नहा लेते थे। इस पूरे बदलाव की सबसे महत्वपूर्ण बात थी—आधा मग पानी।

अब जब बच्चे सुबह ब्रश करने के लिए उठते, श्वेता चुपचाप वाशरूम के दरवाज़े के पास खड़ी हो जाती। उसकी निगाहें वाशबेसिन के नल पर टिकी रहतीं—यह सुनिश्चित करने के लिए, कि कहीं ब्रश के दौरान नल खुला छोड़ तो नहीं दिया गया है। कुछ दिन उसने यह निगरानी यूँ ही चुपचाप निभाई, जब तक उसे भरोसा नहीं हो गया कि बच्चे अब नल बंद करना नहीं भूलते।

एक सुबह उसने बच्चों से हल्के-फुल्के अंदाज़ में पूछा, "जब टॉयलेट जाते हो तो फ्लश का कौन-सा बटन दबाते हो?" बेटी ने कंधे उचकाते हुए कहा, "मालूम नहीं..." बेटा तपाक से बोला, "मैं तो दोनों बटन एक साथ दबा देता हूँ!"

श्वेता मुस्कराई, पर गंभीरता से समझाया, "देखो, फ्लश में दो बटन होते हैं—एक बड़ा और एक छोटा। पेशाब के बाद सिर्फ छोटा बटन दबाना चाहिए, ताकि ज़रूरत से ज़्यादा पानी बर्बाद न हो।"

इसके बाद, हर बार जब बच्चे बाथरूम से निकलते, श्वेता मज़ाकिया लहजे में पूछती, "आज कौन सा बटन दबाया?" यह सवाल उसने इतनी बार दोहराया कि बच्चों के ज़ेहन में यह बात रच-बस गई। अब वे हर बार यही जवाब देते—'आधे वाला।'

अपने घर में किए छोटे-छोटे बदलावों से प्रेरित होकर, श्वेता ने एक बार फिर उसी साउथ इंडियन रेस्टोरेंट का रुख किया। इस बार मैनेजर की प्रतिक्रिया निष्क्रिय थी, वह श्वेता को देख कर मुस्कुराया भी नहीं।

"सर, मेरी एक छोटी-सी रिक्वेस्ट है, कृपया मान लीजिए," श्वेता ने निवेदन किया।

मैनेजर ने नपे-तुले स्वर में पूछा, "बोलिए, मैडम।"

"क्या आप पानी का गिलास पूरा नहीं, सिर्फ आधा भर सकते हैं?"

मैनेजर हंसते हुए बोला, "मैडम, ऐसा लगेगा जैसे हम पानी देने में भी कंजूसी कर रहे हैं।"

श्वेता ने आत्मविश्वास से कहा, "प्लीज सर, एक बार आजमा कर तो देखिए।"

मैनेजर ने अनिच्छा से एक बेरे को बुलाया और उसे कुछ टेबलों पर आधा गिलास पानी भरने का निर्देश दिया। बेरे ने वैसा ही किया। श्वेता और मैनेजर दोनों ने गौर किया कि ग्राहक ने आधे भरे ग्लास का पूरा पानी पी लिया, और बहुत कम पानी बर्बाद हुआ।

मैनेजर को यह देख कर बेहद आश्चर्य हुआ। उन्होंने इसे कुछ और टेबल पर भी आजमाया, और हर बार वही नतीजा निकला—बचा हुआ पानी नाम मात्र का रह गया। आधे पानी का प्रयोग शुरू हो गया था।

श्वेता ने उसे और एक दिन ऐसा ही करने का अनुरोध किया। दो दिन बाद जब श्वेता दोबारा रेस्टोरेंट पहुंची, तो मैनेजर काफ़ी खुश नज़र आया। उसने मुस्कुराते हुए कहा, "मैडम, आपकी सलाह से बहुत फर्क पड़ा है। हमारा आरो प्लांट जो पहले दिनभर चलता था, अब महज दो घंटे में ही पर्याप्त पानी तैयार कर लेता है।"

श्वेता ने संतोष से कहा, "अच्छा,और जो बचा हुआ पानी गिलास में रह जाता है, उसका क्या करते हैं?"

"हम उसे सिंक में बहा देते हैं," मैनेजर ने सामान्य-सी बात कही।

अगले दिन, वह फिर आई—इस बार अकेली नहीं। उसके साथ थे पाँच सुंदर फूलों के गमले और एक पुराना आधा खाली ड्रम।

सेल्स में होने के कारण सुनील का ज्यादातर समय यात्राओं में ही बीतता था। जब वह घर पर होता भी, तो श्वेता से बातचीत लगभग न के बराबर होती थी। सुबह नाश्ते के दौरान, डाइनिंग टेबल पर अक्सर सुनील के हाथ में अखबार होता था, जिससे बातचीत का कोई अवसर नहीं बनता था। शाम का खाना भी हमेशा टीवी के सामने बैठकर ही खाया जाता था, और जो थोड़ा-बहुत समय बचता था, वह मोबाइल पर स्क्रॉल करने या कॉन्फ्रेंस कॉल में निकल जाता था। सुनील के पास श्वेता से बात करने का न तो कोई खास विषय था और न ही उसकी दिनचर्या में कोई समय बचता था। उसने एक ऑनलाइन कोर्स भी ज्वाइन कर रखा था, जो उसके बचा-खुचा ध्यान और समय दोनों निगल लेता था। छुट्टी का दिन, जो कभी आराम का दिन होना चाहिए था, अक्सर अगली हफ्ते की क्लाइंट मीटिंग की तैयारी में प्रेजेंटेशन बनाने या कोर्स के असाइनमेंट में ही बीत

जाता। अगर सुनील को किसी चीज का शौक था, तो वह सिर्फ अच्छा खाना खाने का और सिनेमा देखने का। इसलिए हफ्ते-दो हफ्ते में एक बार परिवार के साथ रेस्टोरेंट या सिनेमा हॉल का चक्कर जरूर लग जाता, लेकिन उस वक्त भी उनके बीच बातचीत की कमी साफ झलकती थी।

साउथ इंडियन रेस्टोरेंट में किए गए सफल प्रयोग ने श्वेता को आत्मविश्वास से भर दिया था। भीतर एक नई ऊर्जा के साथ वह पास के चाइनीज़ रेस्टोरेंट पहुँची और वहाँ के मालिक को अपने अनुभव की पूरी कथा सुनाई—कैसे आधा गिलास पानी परोसने से न केवल पानी की बर्बादी घटी, बल्कि ग्राहकों की संतुष्टि भी बनी रही। श्वेता ने विनम्रतापूर्वक आग्रह किया कि यदि वे भी इस पद्धति को अपनाएं, तो लाभ संभावित है। मालिक ने उसकी बात ध्यान से सुनी, कुछ देर सोचा, फिर मुस्कराकर बोले, "हमारे पास कुछ छोटे गिलास हैं, जिन्हें अब तक इस्तेमाल का मौका नहीं मिला। आपकी सलाह मानकर एक बार प्रयोग कर देखते हैं।" अगले ही दिन से मैनेजर ने छोटे गिलासों में पानी परोसने की व्यवस्था शुरू कर दी। परिणाम जल्द ही सामने आने लगे—जहाँ पहले बड़े गिलासों में आधा-अधूरा पानी यूँ ही फेंक दिया जाता था, अब छोटे गिलास हर बार लगभग पूरी तरह खत्म हो जाते थे। जल की बर्बादी में अप्रत्याशित कमी आई, और सभी ने इस छोटे से बदलाव का बड़ा प्रभाव देखा।

श्वेता एक बार फिर साउथ इंडियन रेस्टोरेंट पहुंची। इस बार उसने मैनेजर से निवेदन किया, "क्या आप मुझे बर्तन साफ करने वाले क्षेत्र में ले जा सकते हैं?" मैनेजर ने थोड़ी हैरानी से देखा, फिर उसे अंदर ले गया। श्वेता ने देखा कि वहाँ एक बड़ा टब रखा हुआ था, जिसमें बैरे झूठे बर्तन लाकर जमा कर रहे थे। दो छोटे लड़के पास ही बैठे थे, जिनका काम बर्तन साफ करना था। एक लड़का बर्तन उठाता, उनमें बचा हुआ खाना कचरे के टब में डालता और कुछ खाना नाली में बहा देता। फिर वह बर्तन को साबुन से साफ करता और दूसरे लड़के को देता, जो पानी से उन्हें धोता था। साफ किए हुए बर्तन एक अलग टब में रखे जा रहे थे।

पूरे क्षेत्र में नाली से उठती बदबू छाई हुई थी, जिसने श्वेता को असहज कर दिया। श्वेता ने यह सारा दृश्य ध्यान से देखा, पर कुछ भी कहे बिना चुपचाप लौट आई। घर पहुंचकर उसने फिर से गूगल पर सर्च किया कि रेस्टोरेंट में बर्तन साफ करने का सबसे उचित और पानी की बचत करने वाला तरीका क्या हो सकता है। शोध करने के बाद उसे पता चला कि सबसे प्रभावी तरीका "थ्री सिंक मेथड" कहलाता है। इस विधि में तीन अलग-अलग सिंक होते हैं: पहले सिंक में बर्तन खंगाले जाते हैं और बर्तनों से बचा खाना हटाकर उन्हें प्रारंभिक धुलाई दी जाती, दूसरे में साबुन और गर्म पानी में बर्तन थोड़ी देर के लिए छोड़ दिए जाते हैं ताकि गंदगी ढीली हो जाए, और तीसरे सिंक में उन्हें साफ पानी से धोया जाता है। पहले और तीसरे सिंक के ऊपर नल में हैंड शॉवर जैसा उपकरण लगा होता है, जिससे तेज प्रवाह में कम पानी का इस्तेमाल करके बर्तनों को अच्छी तरह से धोया जा सके। श्वेता को यह विधि बहुत व्यावहारिक और पानी की बचत करने वाली लगी।

जब श्वेता ने "थ्री सिंक मेथड" का प्रस्ताव रेस्टोरेंट मैनेजर के सामने रखा, तो वह थोड़ी देर मौन रहा। फिर माथे पर हल्की शिकन लाते हुए बोला, "इसमें तो काफ़ी खर्चा होगा। तीन सिंक लगाने पड़ेंगे, हैंड शॉवर लगाना पड़ेगा, और नया प्लेटफ़ॉर्म भी बनवाना होगा। ये सब करना इतना आसान नहीं है।"

श्वेता ने मुस्कराते हुए धैर्यपूर्वक उत्तर दिया, "सर, मैं समझती हूँ कि शुरुआत में निवेश ज़रूर करना होगा। लेकिन ज़रा सोचिए—इस व्यवस्था के बाद आपका काम ज़्यादा कुशल हो जाएगा। जहाँ अभी दो लड़कों की ज़रूरत है, वहीं यह काम एक लड़का आसानी से संभाल सकेगा। एक कर्मचारी की तनख्वाह जो आप बचा पाएँगे, उससे दस से बारह महीनों में पूरा खर्चा निकल आएगा। और एक साल बाद तो यह पद्धति लाभ में बदल जाएगी। इसके अलावा, आपके बर्तन पहले से कहीं

अधिक स्वच्छ और चमकदार होकर सामने आएँगे—जो आपके ग्राहकों को भी महसूस होगा।"

मैनेजर ने कुछ क्षण सोचा, जैसे उसके भीतर कोई गणना चल रही हो। फिर उसकी आँखों में एक संतोष की चमक उभरी और उसने कहा, "ठीक है, चलिए इसे आज़मा लेते हैं।"

कुछ ही हफ्तों में रेस्टोरेंट में तीन सिंक की व्यवस्था कर दी गई। प्रत्येक सिंक का अपना निर्धारित कार्य था—पहले में खंगालना, दूसरे में भिगोना और साबुन से धोना, और तीसरे में साफ़ पानी से अंतिम धुलाई। पहले और तीसरे सिंक पर लगे हैंड शॉवर से पानी की खपत भी कम हुई, और सफ़ाई में भी निखार आया।

धीरे-धीरे किचन के अन्य कार्यों में भी इस सोच का प्रभाव दिखने लगा—अब सब्ज़ियाँ, चावल आदि भी उसी हैंड शॉवर की मदद से कम पानी में धोए जाने लगे। यह व्यवस्था न सिर्फ़ अधिक स्वच्छ थी, बल्कि जल-संरक्षण की दिशा में भी एक सार्थक कदम थी। लेकिन यह बदलाव श्वेता और मैनेजर के लिए किसी मंज़िल का अंत नहीं था—बल्कि एक नई शुरुआत थी। अब उनकी बातचीत का विषय यह बनने लगा कि बर्तनों से निकले गंदे पानी को कैसे इकट्ठा किया जाए ताकि उसे अन्य कार्यों, जैसे—बागवानी, सफ़ाई या शौचालय में उपयोग किया जा सके। उन्हें अब पानी बचाने का "चस्का" जो लग गया था।

एक शांत संध्या थी। श्वेता अभी रसोई की खिड़की से बाहर झाँक ही रही थी कि अचानक उसका फ़ोन बजा। स्क्रीन पर सुनील का नाम चमक रहा था। उसने रिसीव किया तो उधर से एक उत्साहित आवाज़ आई, "तुम और बच्चे तुरंत नीचे आओ।" यह फ़ोन अप्रत्याशित था, लेकिन उसकी लय और गर्मजोशी में कोई अनहोनी का संकेत नहीं था—बल्कि जैसे कोई उल्लासपूर्ण रहस्य इंतज़ार कर रहा हो।

बच्चों को पुकारते हुए, श्वेता जल्दी-जल्दी सीढ़ियाँ उतरने लगी। हर क़दम के साथ उसकी जिज्ञासा गहराती जा रही थी।

जैसे ही वे इमारत के गेट पर पहुँचे, सामने का दृश्य देखकर वे ठिठक गए। सड़क के किनारे एक चमचमाती, गहरे नीले रंग की लंबी सेडान कार खड़ी थी—नई, भव्य, और किसी फिल्मी दृश्य जैसी। ड्राइविंग सीट पर सुनील गर्व से दमकते चेहरे के साथ बैठा था। उसने खिड़की से झाँकते हुए बड़े ही नाटकीय अंदाज़ में कहा, "हमारी नई कार में आपका स्वागत है!"

कार की चिकनी देह पर गोधूलि की मद्धम रोशनी पड़ रही थी, जो उसे एक चलचित्र सा बना रही थी—जैसे कोई सपना साकार हुआ हो। बच्चे तो जैसे सुध-बुध खो बैठे। वे खुशी में चीखते, उछलते, कार के चारों ओर दौड़ने लगे। उनकी आँखों में कौतुक, आश्चर्य और आनंद की संयुक्त चमक थी—जैसे कोई खजाना मिल गया हो, या कोई परीकथा हक़ीक़त बन गई हो।

श्वेता बाहर से मुस्कुरा रही थी। उसने भी कार के चमकते रंग पर हाथ फेरा, बच्चों की उमंग में खुद को शामिल किया, लेकिन भीतर ही भीतर कोई गहरी दरार खिंच रही थी। उसकी मुस्कान में एक महीन थकावट थी—जैसे खुशी ओढ़ी गई हो, महसूस नहीं की गई हो।

उसका मन किसी अनसुने कोने में खड़ा आह भर रहा था। यह कार... एक बड़ा फैसला था। लेकिन सुनील ने यह निर्णय अकेले ले लिया था। बिना उससे कुछ कहे, बिना उसकी राय जाने। कई महीनों से वह अपने पुराने, जर्जर हो चुके किचन को नए मॉड्यूलर डिज़ाइन से सजाने का सपना देख रही थी। उसने न जाने कितनी बार इस बारे में सुनील से बात की थी, पर हर बार कोई न कोई बहाना— कभी बजट का हवाला, कभी समय की कमी, और कभी 'अभी ज़रूरत नहीं है' की बात।

और अब, बिना किसी पूर्व सूचना के, यह चमचमाती कार उनके सामने खड़ी थी—सुनील की प्राथमिकताओं की प्रत्यक्ष तस्वीर। शाम की ठंडी हवा अब भारी लगने लगी थी। श्वेता वहीं कार के पास खड़ी थी, बच्चों को नई गाड़ी में मस्ती करते हुए देख रही थी, जबकि उसके मन में अनकहे ग़ुस्से के बादल उमड़ रहे थे।

साउथ इंडियन रेस्टोरेंट के मैनेजर ने एक सुझाव दिया, "आपने हमारे रेस्टोरेंट में तो यह बदलाव कर दिया, लेकिन क्यों न इसे अन्य रेस्टोरेंट्स में भी लागू किया जाए?" श्वेता ने गंभीरता से सोचा और जवाब दिया, "मेरे लिए इतने सारे रेस्टोरेंट्स में जाकर यह सब बताना संभव नहीं है।"

मैनेजर मुस्कुराते हुए बोला, "हमारी एक एसोसिएशन है, जो पूरे शहर के रेस्टोरेंट्स का प्रतिनिधित्व करती है। अगर आप अपनी यह योजना एसोसिएशन के साथ साझा करें, तो वे इसे शहरभर में लागू करा सकते हैं।"

मैनेजर के इस सुझाव से श्वेता को एक नई दिशा मिली। उसने साउथ इंडियन रेस्टोरेंट के मैनेजर की मदद से एसोसिएशन के प्रेसिडेंट से संपर्क किया और उनसे मिलने का समय तय किया। जब वह उनसे मिली, तो उसने विस्तार से बताया कि कैसे साउथ इंडियन रेस्टोरेंट ने आधा गिलास पानी परोसने और बर्तन धोने की नई तकनीक अपनाकर पानी की भारी बचत की है। उसने यह भी बताया कि यह कदम न केवल पर्यावरण के लिए फायदेमंद है, बल्कि आर्थिक दृष्टिकोण से भी काफ़ी लाभकारी साबित हुआ है।

प्रेसिडेंट साहब श्वेता की बातों से बहुत प्रभावित हुए। उन्होंने उसकी पहल की तारीफ करते हुए कहा, "यह सचमुच एक बेहतरीन विचार है। हमें इसे पूरे शहर में फैलाना चाहिए।"

इसके बाद दोनों ने मिलकर योजना बनाई कि कैसे इस विचार को हर रेस्टोरेंट तक पहुंचाया जा सके। उन्होंने निर्णय लिया कि एक विस्तृत आलेख तैयार किया जाएगा, जिसमें पानी की बचत और उसकी महत्ता पर जोर दिया जाएगा। यह आलेख सभी रेस्टोरेंट्स के मालिकों तक भेजा जाएगा ताकि वे इसे अपने यहां लागू कर सकें। श्वेता की मेहनत अब एक नए स्तर पर पहुंच गई थी—उसकी छोटी-सी शुरुआत अब शहर भर के रेस्टोरेंट्स के लिए एक अनुकरणीय कदम बनने जा रही थी।

प्रेसिडेंट साहब ने एसोसिएशन के एक कर्मचारी को श्वेता के साथ जोड़ दिया, ताकि वे मिलकर एक प्रभावी और व्यापक आलेख तैयार कर सकें। इस काम में दोनों ने पूरी निष्ठा से सहयोग किया और आलेख का शीर्षक रखा—“आधा पानी।”

आलेख को खासतौर पर व्यावहारिक और सरल बनाने के लिए, इसमें चित्रों का भरपूर इस्तेमाल किया गया, ताकि हर कदम को आसानी से समझा जा सके। इसमें तीन मुख्य भागों पर विशेष ध्यान दिया गया:

1. भोजन कक्ष में पानी की बचत: यहां बताया गया कि किस तरह रेस्टोरेंट में पानी का बेवजह इस्तेमाल रोका जा सकता है, जैसे कि गिलास आधा भरकर देना या ग्राहकों को पानी मांगने पर ही देना।
2. बर्तनों की धुलाई में पानी की बचत: इसमें थ्री-सिंक मेथड जैसी तकनीकों को अपनाने पर जोर दिया गया,

जिससे पानी की खपत कम हो और बर्तन बेहतर तरीके से साफ हो सकें।

3. सब्जियां, दाल और चावल धोते समय पानी की बचत: इस भाग में यह समझाया गया कि कैसे सब्जियों और अनाज को धोने के दौरान बहने वाले पानी का विवेकपूर्ण उपयोग किया जा सकता है।

आलेख बन जाने के बाद, प्रेसिडेंट साहब ने शहर के सभी रेस्टोरेंट्स को इसे ईमेल कर दिया। श्वेता ने भी इस प्रयास को और अधिक प्रभावी बनाने के लिए कई प्रिंट आउट निकाल लिए, ताकि वह इसे व्यक्तिगत रूप से रेस्टोरेंट्स में जाकर समझा सके। अब श्वेता और एसोसिएशन का कर्मचारी हर रोज़ एक नए रेस्टोरेंट में जाते थे। वहाँ जाकर वे न सिर्फ आलेख को समझाते, बल्कि उन सुझावों को व्यवहार में लागू करने की विधि भी बताते। क्योंकि यह आलेख सीधे एसोसिएशन से आया था, इसलिए हर रेस्टोरेंट को इसे लागू करना अनिवार्य था। पहले तो कुछ रेस्टोरेंट्स को संकोच हुआ, लेकिन जब उन्होंने देखा कि इन सरल उपायों से न केवल पानी की बचत हो रही है, बल्कि रेस्टोरेंट के खर्चे में भी कटौती हो रही है और कामकाज की गुणवत्ता में सुधार आ रहा है, तो अधिकतर रेस्टोरेंट्स ने इन सुझावों को तुरंत अपना लिया। जल्द ही यह मुहिम पूरे शहर में फैल गई।

इस बार सुनील का दौरा काफ़ी लंबा खिंच गया। दस दिन बाद जब वह घर लौटा, तो परिवार के साथ समय बिताने और सबको खुश करने के लिए उसने रविवार की दोपहर शहर के एक प्रसिद्ध रेस्टोरेंट में जाने का फैसला किया। बच्चे भी इस अचानक बनी योजना से खुश थे। सबने मिलकर खाना ऑर्डर किया, और माहौल में एक हल्की खुशी की लहर थी। खाना आने से पहले ही उनकी टेबल पर एक बड़ा सा केक आ गया। बच्चों के चेहरे खुशी से खिल उठे, लेकिन सुनील को थोड़ा आश्चर्य हुआ। उसने तुरंत बैरे को बुलाया और कहा, "आपसे शायद कोई गलती

हो गई है, हमने केक का ऑर्डर नहीं दिया था।" बैरा ने विनम्रता से मुस्कुराते हुए जवाब दिया, "सर, यह गलती नहीं है। दिस केक इज फ्रॉम द हाउस।"

सुनील के आश्चर्य के बीच, थोड़ी ही देर में रेस्टोरेंट का मैनेजर और सभी कर्मचारी उनकी टेबल के चारों ओर इकट्ठा हो गए। मैनेजर ने श्वेता की ओर मुखातिब होते हुए उसे तहे दिल से धन्यवाद दिया और फिर सभी कर्मचारियों ने मिलकर तालियां बजानी शुरू कर दीं। ताली बजने की आवाज से पूरा रेस्टोरेंट गूंज उठा, और अन्य मेहमान भी चौंककर श्वेता और उसकी टेबल की ओर देखने लगे।

यह पूरा दृश्य जैसे किसी फिल्म का हिस्सा लग रहा था। हर कोई जानना चाहता था कि यह खास पल किसलिए था, लेकिन सबसे ज्यादा अचंभित चेहरा शायद सुनील का ही था। वह समझ नहीं पा रहा था कि आखिर यह सब हो क्या रहा है। श्वेता की मुस्कान में गर्व और सादगी थी, और बच्चे भी इस अप्रत्याशित सम्मान और केक से बेहद खुश थे।

श्वेता की उस रात आँखों में नींद का नामोनिशान नहीं था। घड़ी की सुइयां आधी रात के बाद का वक्त दिखा रही थीं, लेकिन उसके मन में बेचैनी का सैलाब उमड़ रहा था। यह पहली बार था जब उसे मंच से लोगों के सामने बोलना था। उसकी धड़कनें तेज हो गईं, जैसे हर गुजरते पल के साथ मंच पर खड़े होने का डर और भी गहरा होता जा रहा था। मंच का डर श्वेता के लिए नया नहीं था। पूरे बचपन में उसने कभी भी स्कूल के किसी कार्यक्रम में मंच संचालन या भाग लेने का साहस नहीं किया था। मंच पर कदम रखना उसके लिए किसी पहाड़ चढ़ने जैसा था—एक ऐसा भय जिसे उसने हमेशा दूर रखा।

लेकिन अब हालात बदल चुके थे। रेस्टोरेंट्स एसोसिएशन के प्रेसिडेंट साहब,जो शहर के प्रतिष्ठित रोटरी क्लब के सदस्य भी थे, ने श्वेता के कार्यों को पहचान दी थी। श्वेता को इस वर्ष रोटरी क्लब की पुरस्कार

सूची में शामिल किया गया था। उसके लिए यह गर्व का पल था, पर साथ ही उसके मन में अजीब सी घबराहट भी घर कर गई थी।

रोटरी क्लब के सेक्रेटरी ने सभा को संबोधित करते हुए श्वेता के योगदान का उल्लेख किया। उन्होंने बताया कि कैसे शहर के सभी रेस्टोरेंट्स अब हर महीने करीब एक लाख लीटर पानी बचा रहे हैं, और यह सब श्वेता की दूरदर्शिता और संकल्प का परिणाम है। पूरे सभागार में तालियों की गूंज उठी, और श्वेता को मंच पर आमंत्रित किया गया।

मंच पर आते ही श्वेता की नजरें भीड़ पर पड़ीं, पर उसके होंठों से कोई शब्द नहीं निकल रहे थे। कुछ पल तक वह मौन रही, हल्की घबराहट ने उसे घेर रखा था। फिर उसने गहरी सांस ली और कहना शुरू किया,

"इस सम्मान और स्नेह के लिए मैं तहे दिल से आभारी हूँ। पर सच कहूँ तो..." वह एक क्षण को रुकी, "मुझे अब भी संदेह है कि क्या मैं वास्तव में इस प्रशंसा की पात्र हूँ। मैंने तो केवल इस धरती के प्रति अपना छोटा-सा कर्तव्य निभाया है।"

उसके शब्दों में विनम्रता और सादगी झलक रही थी। सभा में बैठे लोग उसके हर शब्द पर ध्यान दे रहे थे।

"यह सम्मान वास्तव में उन रेस्टोरेंट मैनेजरों का है, जिन्होंने मेरे सुझावों को न केवल सुना, बल्कि उन पर अमल भी किया। उन्होंने मुझे सहन किया, मुझ पर विश्वास किया, और बिना उनकी मदद के यह पानी बचत अभियान कभी सफल नहीं हो पाता।"

तालियों की एक और लहर मंच तक पहुंची। श्वेता ने मुस्कुराते हुए आगे कहा,

"मैं विशेष रूप से रेस्टोरेंट्स एसोसिएशन के प्रेसिडेंट साहब का आभार व्यक्त करना चाहूंगी, जिन्होंने मेरे छोटे से प्रयास को शहरभर में फैलाया और इसे एक अभियान बना दिया। उनके सहयोग और नेतृत्व के बिना यह परिवर्तन संभव नहीं हो पाता।"

श्वेता के स्वर में भावुकता घुल गई थी। उसकी आंखों में कृतज्ञता के भाव थे। अंत में उसने अपने परिवार की ओर रुख किया और कहा,

"आखिर में, मैं अपने पति सुनील और अपने परिवार का आभार व्यक्त करना चाहूंगी। उन्होंने हर कदम पर मेरा साथ दिया, मेरे संकल्प को समझा और मुझे प्रोत्साहित किया। मेरे लिए वे हमेशा मार्गदर्शक बने रहे।"

श्वेता ने सुनील की आंखों में देखा। आज पहली बार उनमें पूर्ण आदर और आधा पानी था।

******

3. बदलाव की बाल्टी

औरो के लिए रविवार की आलसी सुबह। प्रोफेसर साहब ने रसोई से, ऊपर तक भरा हुआ कचरे का डब्बा उठाया और बालकनी में जाकर उसे उलट दिया। हाथों पर कवच-रूपी प्लास्टिक के दस्ताने चढ़ाए, और धैर्यपूर्वक कचरे को अलग-अलग श्रेणियों में बांटना शुरू किया।

सबसे ऊपर पड़े थे हरे और लाल रंग के चिप्स के दो खाली पैकेट, जिन्हें कल रात ग्यारह बजे पिक्चर देखते हुए बड़ी बेटी जूही और छोटी बेटी शिल्पा ने आखिरी दाने तक साफ कर दिया था। परंपरा निभाते हुए दोनों ने पैकेट एक बार प्रोफेसर साहब और उनकी पत्नी की ओर भी बढ़ा दिए थे, प्रोफेसर साहब ने मना कर दिया, जबकि पत्नी ने आदतन एक-दो टुकड़े उठा लिए थे। दोनों पैकेटों के अलग रंग इस बात का प्रतीक थे कि जूही और शिल्पा, दो अलग-अलग बहनें हैं, तो उनके स्वाद कैसे एक जैसे हो सकते थे! प्रोफेसर साहब के मन में ख्याल आता था कि आखिर ये कंपनियों वाले चिप्स में ऐसा क्या डालते हैं कि बच्चे, पेट भरे होने के बावजूद वे इन्हें आखिरी दाने तक चट कर जाते हैं। जैसे उन्होंने चिप्स के पैकेट में कोई तिलस्मी हवा कैद कर रखी हो।

उसके बाद दो डोमिनोस पिज़्ज़ा के खाली डिब्बे उभरे, जो कल रात दोनों बेटियों के डिनर के अवशेष थे। शनिवार की रात सेलिब्रेशन की नाईट होती है जब मां का बना हुआ खाना नहीं, बल्कि बाजार से मंगाया हुआ खाना ही खाया जाता है। इसके बाद निकली एक पेप्सी की बोतल, जिसे क्लास में उड़ेलते समय, इतनी बार हिला दिया गया था कि उसमें एक बूंद भी नहीं बची थी। इसके बाद निकले. पत्नी द्वारा छोड़े गए, आपस में सने, राजमा और चावल, जो बेचारे यहां पर इसलिए पाए गए.

क्योंकि पत्नी ने छोटी बेटी के पिज़्ज़ा में से एक बड़ा टुकड़ा आजमा लिया था।

उसके बाद निकला पास ही के सुपर बाजार से लाया गया हफ्ते भर के किराना का बिल। डब्बे में भर दी गई चीनी, उड़द और चने की दाल के खाली पैकेट, चाय का खाली डब्बा, मसाले दानी में उतार दी गई देगी मिर्च और गरम मसाले के छोटे-छोटे खाली पैकेट और कुछ अन्य छोटे-छोटे लिफाफे फर्श पर बिखरे हुए नजर आए। सुपर बाजार और पड़ोस के बनिए की दुकान से सामान लाने में वही फर्क है, जो हवाई यात्रा और शादी के खाने में होता है — सीमा का कोई बोध ही नहीं रहता।

फिर दिखाई दिए छोटी बेटी शिल्पा की रफ कॉपी से फाड़े गए अधलिखे पन्ने, बार-बार पैनी की गई पेंसिल के घुमावदार छिलके, दस बार बालों में लग कर बोर हो चुका बड़ी बेटी के बालों का क्लिप, पढ़ाई के दौरान मूड ठीक रखने के लिए चबाई गई फाइव स्टार का खाली रैपर, धुंधले हो चुके ईयरफोन, और काले हर्फों को पीला करते-करते थका हुआ हाइलाइटर भी वहीं बिखरा पड़ा था।

इसके बाद नजर आई, शाम की बनी, अदरक में चिपकी चाय की बची हुई पत्तियाँ, चार दिन से फ्रिज में रखी और आखिरकार फेंकी गई अरहर की आधी कटोरी दाल, बर्तन मांजते समय बाई के हाथ से छूटकर टूटे चीनी मिट्टी के कप के टुकड़े, पालक तोड़ने के बाद बचा हुआ गीला अखबार, और प्लेटफार्म पर गिरे हुए तेल को अपने अंदर समेटे हुए एक टिशू पेपर।

अब दोपहर के खाने की बारी थी। खाने में बनी गोभी से हटाए गए हरे पत्ते और डंठल, सब्जी में डाले गए कच्चे आलू के छिलके, खीरे के कसे हुए ताजे छिलके, टमाटर का ऊपरी हिस्सा, छाछ के लिए लाई गई दही का खाली पैकेट, और दाल के छौंक में डली हरी मिर्च के दो सिरे - सब फर्श पर अपनी जगह बनाए हुए थे।

इसके साथ ही जगह पा रहा था रात भर जलने के बाद अपनी आधी उम्र में ही बुझा बालकनी का बल्ब, शिल्पा के होठों से छूकर पेप्सी पी चुका और अब फर्श पर पड़ा एक बेपरवाह स्ट्रॉ, तीन दिन से बंद पड़ी दीवार घड़ी से निकला पुराना सेल, अपनी चमक से ऊब चुका और महीने में दूसरी बार बदला गया जूही का टूथब्रश, सुबह की हड़बड़ी में आधा ही सिमट पाया अखबार का महीने का बिल, और सिर्फ दो दिन में गल जाने वाला पीयर्स साबुन का रैपर। सब बाई के हाथों से कूड़े के डब्बे में अपनी अंतिम पनाह पा रहे थे।

सुबह के नाश्ते की बारी आने में आज काफ़ी वक्त लगा। नाश्ते में बनी आलू की टिक्की के लिए उबाले गए आलुओं के छिलके, छोटी बेटी द्वारा हरी चटनी में लिपटी अधूरी छोड़ी गई टिक्की, और बड़ी बेटी के खोले नए टमाटर सॉस की बोतल का ढक्कन - ये सब प्रोफेसर साहब को कल के नाश्ते की याद दिला रहे थे।

आखिरकार प्रोफेसर साहब कचरे के डब्बे के अंतिम हिस्से तक पहुंच ही गए। सुबह उठते ही उबलते पानी में डाले और फिर छानकर अलग किए गए जीरे के बेचारे दाने, और कैंसर से बचने की कोशिश में निचोड़े गए नींबू के बीज वहीं पड़े थे। पत्नी को यूट्यूब पर सुझाए गए ईरान के खजूर और तुर्की के एप्रिकॉट के बीज, और बारह महीने हर रोज आंवला कद्दूकस कर और निचोड़ने के बाद बचा हुआ उसका सूखा फुस - ये सब मिलकर कचरे के डब्बे के आखिरी मेहमान थे।

"सर, आप हमें ठोस अपशिष्ट प्रबंधन (सॉलिड वेस्ट मैनेजमेंट) का विषय पढ़ाते हैं, जिसमें हमें यह सिखाते हैं कि किस प्रकार मुन्सिपलिटी और अन्य संसथान द्वारा कचरे का वर्गीकरण, प्रबंधन और निपटान प्रभावी ढंग से किया जा सकता है। क्या आप अपने घर पर भी इन सिद्धांतों का पालन करते हैं?"

कल कॉलेज में पढ़ाते समय एक विद्यार्थी द्वारा पूछे गए इस प्रश्न की गूंज अब भी प्रोफेसर साहब के कानों में हथौड़े की तरह बज रही थी। प्रोफेसर शास्त्री शहर के इंजीनियरिंग कॉलेज के सिविल इंजीनियरिंग विभाग में प्राध्यापक थे। पर्यावरण और उससे जुड़े विषयों को पढ़ाते हुए उन्हें सोलह से अधिक वर्ष हो चुके थे, परंतु यह प्रश्न उनसे पहले कभी किसी ने नहीं पूछा था। उनका क्रोध उस विद्यार्थी पर नहीं, बल्कि स्वयं पर था। वह स्वयं से खिन्न थे कि इतने वर्षों से जिस विषय का ज्ञान बाँट रहे हैं, उसी के सिद्धांतों को अपने जीवन में उतारने का विचार अब तक उन्हें क्यों नहीं आया। क्यों एक विद्यार्थी ने उन्हें ऐसा आईना दिखाया, जिसमें उनका स्वयं का प्रतिबिंब उन्हें प्रश्नों में उलझा हुआ दिखाई दिया।

प्रोफेसर शास्त्री अपने छात्रों को अक्सर कहते थे कि यह जो कचरे के पहाड़ हमारे शहर के इर्द-गिर्द बिखरे हुए हैं यह मां धरती के सीने पर रखे हुए पत्थर के समान है। धरती प्रकृति की अद्वितीय पुनर्चक्रणकर्ता हैं, जो गिरे हुए पत्तों को उपजाऊ मिट्टी में और मरे हुए जानवरों को नए जीवन में बदल देती हैं। लेकिन, हम मनुष्य इस चक्र को बाधित कर रहे हैं, ऐसे अपशिष्टों का उत्पादन करके जो प्रकृति की पुनर्चक्रण प्रक्रिया से बाहर हैं, जैसे प्लास्टिक, विषैले रसायन, और इलेक्ट्रॉनिक कचरा। प्रोफेसर शास्त्री कहते थे कि कचरा, अपने विभिन्न रूपों में, मानव अस्तित्व का एक गहन प्रतिबिंब है—हमारी अनियंत्रित इच्छाओं, अतिरेक और अक्षमताओं का। यह हमारी आकांक्षाओं और आराम की खोज का मूक उप-उत्पाद है, जो प्रकृति के नियमों की उपेक्षा करते हुए उत्पन्न होता है।

प्रोफेसर साहब की पत्नी बालकनी में आईं और जैसे ही उन्होंने चारों ओर बिखरा हुआ कचरा देखा, वह तमतमा उठीं। बोलीं, "यह जो सारा कचरा फैला रखा है, इसे खुद ही समेटना। मेरे और बाई के पास इतना समय नहीं है! और हां, कचरा समेटने के बाद बालकनी को अच्छे से धोना भी।" प्रोफेसर साहब ने उनकी बात सुनी, पर कुछ नहीं बोले।

दाखिल हुई और उत्सुकता से पूछी, "पापा, आप क्या कर रहे हो?" प्रोफेसर साहब ने संतुष्ट होकर कहा, "हम खाद बना रहे हैं, इसे कम्पोस्टिंग कहते हैं।" कुछ ही देर में कबाड़ी भी घर पर आ गया, और प्रोफेसर साहब ने उसे अपने सभी कचरे की बाल्टियाँ दिखाई। "यह कचरा क्या तुम ले जाओगे?" उन्होंने पूछा। कबाड़ी ने सब कुछ बारीकी से देखा, फिर उत्तर दिया, "साहब, यह प्लास्टिक और इलेक्ट्रॉनिक कचरा हमारे काम का नहीं है। कागज और लोहा हम जरूर ले जा सकते हैं, लेकिन इनकी मात्रा बहुत कम है। अगर आपके पास कुछ और हो, तो वह हमें दे सकते हैं।" प्रोफेसर साहब ने पुराने अखबारों को जोड़ते हुए, कागज का कचरा और धातु का कचरा कबाड़ी को दे दिया।

उस दोपहर, भोजन की मेज पर, प्रोफेसर साहब ने एक नया विषय छेड़ दिया। कचरा। उन्होंने बताया कि कैसे हमारा पैदा किया हुआ सारा कचरा शहर के किसी कोने में जाकर जमा होता है, जहाँ वह बदबू, बीमारियाँ और प्रदूषण फैलाता है। जब इसे जलाया जाता है, तो यह धुएँ और विषैले गैसों के रूप में पर्यावरण को और नुकसान पहुँचाता है। उन्होंने इस बात पर जोर दिया कि कचरा केवल संसाधनों और पैसों की बर्बादी नहीं है, बल्कि हमारी असावधानी का प्रतीक भी है। पत्नी ने बीच में ही टोक दिया, "अपनी क्लास का लेक्चर यहां हमें मत दीजिए, बताइए चाहते क्या है?" प्रोफेसर साहब ने संयम रखते हुए कहा, "मैं चाहता हूँ कि आगे से हम सब मिलकर कम से कम कचरा पैदा करें। और जो भी कचरा हो, उसे अलग-अलग छह बाल्टियों में बाँटें।"

यह सुनते ही पत्नी का धैर्य टूट गया। गुस्से में बोलीं, "तुम्हारे काम, दो बच्चों के काम, उनको पढ़ाना, तीन टाइम खाना बनाना, घर संभालना, बाजार संभालना, वैसे ही काम खत्म नहीं होते और तुम और काम जोड़ दो। जो करना है खुद करना, हमें मत परेशान करो। हम तो वैसे ही कचरा डालेंगे, तुम्हें अलग करना है तो खुद कर लेना।" मां के समर्थन में दोनों बेटियां भी कूद पड़ीं। वे बोलीं, "पापा, यह सब हमसे भी नहीं होगा।"

प्रोफेसर साहब ने काफ़ी कोशिश की, मगर उनको समझ में आ गया इन सबको मनाना आसान नहीं है। उन्होंने नरमी से कहा, "ठीक है, तुम लोग कुछ मत करो। बस इतना कर दो कि अब से कचरा सिर्फ दो बाल्टियों में डालो—एक गीला और एक सूखा। गीला मतलब खाने का कचरा और सूखा मतलब बाकी सब। बाकी का काम मैं संभाल लूंगा।" इस छोटी सी याचना से माहौल थोड़ा शांत हुआ, पर प्रोफेसर साहब के चेहरे पर यह साफ झलक रहा था कि बदलाव की राह आसान नहीं है।

दो दिन बाद बड़ी बेटी जूही का गणित की परीक्षा थी और आज शाम प्रोफेसर साहब को जूही को गणित पढ़ना था। जूही को गणित से उतनी ही नफरत थी जितनी बच्चों को कड़वी दवा से होती है। हर बार जब वह अपनी गणित की किताब खोलती, तो उसे ऐसा लगता जैसे वह गलती से किसी अजीबोगरीब, अनजाने साम्राज्य में पहुँच गई हो, जहाँ की भाषा का उसे एक भी शब्द समझ में नहीं आता। यहाँ, अंक और अक्षर किसी रहस्यमयी भाषा, जिसे "अलजेब्रा (Algebra)" कहते हैं, में आपस में घुलमिल रहे थे।। और उस अजीबोगरीब संसार के केंद्र में था X—सत्ता का मालिक, हर चीज पर निर्विवाद राज करता हुआ। हर संख्या और अक्षर उसके आगे झुकते, उसके आदेश का इंतज़ार करते। कभी-कभी, X छोटे-छोटे अंकों जैसे 1 और 2 को अपने जूतों के तस्मों से बाँध लेता और अपनी रहस्यमयी यात्राओं पर उन्हें घसीटता फिरता। और कभी-कभी, जब X का मूड अच्छा होता, तो वह 2 को अपने कंधे पर पालतू तोते की तरह बिठा लेता। और फिर Y था, X का वफादार साथी, जो हमेशा उसके साथ हर मौज में शरीक होता। दोनों साथ में गणित की दुनिया के जय और वीरू थे जिन्होंने जूही की दुनिया का सारा सुकून छीन लिया था।

हर समीकरण (एक्वेशन) एक महाकाव्य के युद्ध दृश्य जैसा लगता था। शुरुआत में, अंक और चिन्ह एक सजी हुई सेना की तरह खड़े होते, युद्ध के लिए तैयार। पर चाहे युद्ध कितना भी भयंकर क्यों न हो, X

हमेशा आखिरी पंक्ति में विजयी होकर उभरता। वह समाधान की अंतिम पंक्ति में खड़ा होता, किसी मानक के बराबर, चेहरे पर एक मुस्कान के साथ, जैसे कह रहा हो, "और इसी कारण मैं राजा हूँ।" जूही के लिए, X महज़ एक अक्षर नहीं, बल्कि एक घमंडी तानाशाह जैसा था, जो हर समस्या पर अपनी अंतिम विजयी मुहर लगाता।

गणित का हर सवाल एक बम को निष्क्रिय करने जैसा था, बस इतना अंतर था कि यह बम घातांकों, वर्गमूलों और अत्यधिक कोष्ठकों से लैस था। हर समीकरण एक टिक-टिक करता हुआ बम था, और उसे पूरा यकीन था कि अगर उसने थोड़ी सी भी गलती की, तो यह उसके चेहरे पर फट जाएगा। वह खुद को उस दिन के लिए तैयार कर रही थी, जब उसे इस आतंक का सामना अपनी दसवीं कक्षा की बोर्ड परीक्षा में करना होगा, और उसने खुद से एक वादा किया: परीक्षा के खत्म होते ही वह मानविकी (ह्युमानिटीज़ Humanities) की शरण में चली जाएगी, जहाँ X और उसके गणितीय अनुयायी अंततः उसे अकेला छोड़ देंगे। वह एक सुखद भविष्य की कल्पना करती थी जहाँ अंक केवल उसके फोन की संपर्क सूची में मौजूद हों।

अगले ही दिन से घरवालों ने कचरे को गीली और सूखी बाल्टियों में डालना शुरू कर दिया। कभी-कभी गलती हो जाती, तो प्रोफेसर साहब उसे बिना किसी शिकायत के सुधार देते। जब गीली बाल्टी भर जाती, तो वह कचरे को खाद के ड्रम में डाल आते। सूखी बाल्टी भरने पर, वह उसे बालकनी में ले जाते और वहाँ रखी पाँच अलग-अलग रंगों की बाल्टियों में कचरे को वर्गीकृत कर देते—प्लास्टिक, कागज, धातु, काँच और अन्य सूखा कचरा।

इस प्रक्रिया ने प्रोफेसर साहब को कॉलेज में कचरा प्रबंधन के तरीकों के बारे में सोचने पर मजबूर कर दिया। उन्होंने पता लगाया कि उनके कॉलेज में कचरा एक निश्चित स्थान पर इकट्ठा किया जाता है, जहाँ

उसे विभिन्न श्रेणियों में विभाजित किया जाता है। इसके बाद, प्रत्येक प्रकार के कचरे को अलग-अलग रीसाइक्लिंग एजेंसियों को भेजा जाता है। जैसे ई-कचरा एक विशेषज्ञ एजेंसी को, धातु-कचरा दूसरी एजेंसी को, और प्लास्टिक-कचरा किसी अन्य एजेंसी को, जो उस कचरे को पुनः उपयोग के योग्य बनाने में विशेषज्ञता रखती हैं। प्रोफेसर साहब ने भी अब अपने घर के ई-कचरे, प्लास्टिक-कचरे और धातु-कचरे को कॉलेज में जमा कराना शुरू कर दिया। वहाँ से यह कचरा सीधे रीसाइक्लिंग एजेंसियों तक पहुँच जाता। यह छोटा-सा प्रयास उनके लिए संतोषजनक था।

प्रोफेसर शास्त्री अक्सर अपनी पत्नी के साथ कई मुद्दों पर असहमत पाए जाते थे। पत्नी अक्सर प्रोफेसर शास्त्री से परेशान हो जातीं, उन्हें यह पूरी तरह विश्वास हो गया था कि घर के कामों से बचने की कला में प्रोफेसर शास्त्री ने किसी गुरुकुल से विद्या प्राप्त की है। जबकि वह घर में दौड़-भाग कर खाना पकाने, सफाई करने और व्यवस्था बनाने की एक अनवरत संग्राम छेड़े रहतीं, वहीं प्रोफेसर एक समानांतर ब्रह्मांड में विचरण करते दिखाई देते थे, जहां शैक्षिक प्रयास और दार्शनिक चिंतन ने घर की साधारण जिम्मेदारियों को पूरी तरह से ढक लिया था। उनकी पालन-पोषण की धारणा भी पूरी तरह से विपरीत थी। मिसेज शास्त्री का मार्गदर्शन था कठोर सीमाओं का पालन, जबकि प्रोफेसर शास्त्री का दृष्टिकोण रूसो और यूट्यूब के प्रेरणादायक भाषणों का मिश्रण था। "बच्चों को जीवन का अनुभव लेने दो!" वह गर्व से कहते, लेकिन इसके बाद उन्हें मिसेज शास्त्री की तेज नज़र से यह प्रतिक्रिया मिलती: "जीवन का अनुभव तब तक इंतजार कर सकता है, जब तक उनका होमवर्क पूरा नहीं हो जाता।" वित्तीय योजना भी एक और क्षेत्र था जहाँ उनकी असहमतियाँ खुलकर सामने आती थीं। श्रीमती शास्त्री, जो परिवार की एक व्यावहारिक अर्थशास्त्री थीं, मानती थीं कि भविष्य के संकट के लिए बचत करना आवश्यक है। वहीं, प्रोफेसर शास्त्री, जो स्वयं को आनंद का विशिष्ट ज्ञाता मानते थे, यह तर्क देते थे कि जीवन बहुत छोटा है, उसे अपनी पसंदीदा

पुस्तक श्रृंखला, फ़िल्में, संगीत, अच्छा खाना या एक आकस्मिक सप्ताहांत की छुट्टी में लापरवाही से खर्च करने में कोई बुराई नहीं है। वह इसे "अनुभवों में निवेश" कहते थे। जबकि श्रीमती शास्त्री इसे "बेहिसाब खर्चीला द्वेष" मानती थीं।

उस रविवार के बाद, प्रोफेसर साहब का दृष्टिकोण अब पूरी तरह बदल चुका था। किसी भी वस्तु का उपयोग करने या खरीदने से पहले वह सोचते, "क्या यह किसी प्रकार का कचरा पैदा करेगा?" उनके इस विचार ने उनके जीवन में स्थायी आदतों को जन्म दिया। उन्होंने अपने ऑफिस में घर से एक सुंदर चीनी मिट्टी का मग ले जाकर रखा, ताकि चाय के लिए पेपर कप का उपयोग पूरी तरह बंद हो जाए। अखबार पढ़ने की आदत को भी उन्होंने आधुनिक तकनीक से जोड़ा—अब सारी खबरें मोबाइल पर ही पढ़ लेते थे, और अखबार बंद करने को कह दिया। इसी तरह, बैंक को ईमेल लिखकर स्पष्ट कर दिया कि अब स्टेटमेंट डाक द्वारा नहीं, केवल ईमेल से चाहिए। अपनी कक्षाओं में उन्होंने छात्रों के असाइनमेंट पेपर पर लेना बंद कर दिया और ऑनलाइन ही सबमिशन शुरू कर दिया। भोजन के दौरान, वह अपनी थाली में भोजन का एक भी दाना न बर्बाद होने देते। घर पर, उन्होंने डिस्पोजेबल रेज़र को एक टिकाऊ और लंबे समय तक चलने वाले विकल्प से बदल दिया। यहाँ तक कि अपने कार्यालय में भी, वॉशबेसिन के पास रखे डिस्पोजेबल टिश्यू पेपर की जगह उन्होंने अपने व्यक्तिगत रूमाल का उपयोग करना शुरू कर दिया। उनकी पत्नी और बेटियाँ चुपचाप यह बदलाव देख रहीं थीं। लेकिन प्रोफेसर साहब कभी कुछ कहने की कोशिश नहीं करते थे। वह बस वही करते, जो उन्हें सही और आवश्यक लगता।

एक रविवार की बात है, जब प्रोफेसर साहब सूखी बाल्टी का कचरा पाँच अलग-अलग रंगों की बाल्टियों में बाँटने का काम कर रहे थे। तभी उनकी छोटी बेटी शिल्पा भी उत्सुकता से पास आकर बोली, "पापा, मैं भी मदद करूंगी!" यह सुनकर प्रोफेसर साहब मुस्कुरा दिए और दोनों

ने मिलकर कचरा अलग करना शुरू कर दिया। काम करते-करते शिल्पा ने एक रिबन उठाते हुए कहा, "पापा, यह दीदी का है, जो उसने दो हफ्ते पहले खरीदा था।" फिर कागजों का ढेर दिखाते हुए बोली, "यह सारे कागज भी दीदी की कॉपी से हैं, मेरे एक भी नहीं।" अगले ही पल उसने एक टूटा हुआ बॉल पेन निकाला और बोली, "यह पेन दीदी ने मोड़कर खराब किया है, मैंने नहीं।" प्रोफेसर साहब उसकी बातें चुपचाप सुनते रहे। जब शिल्पा अपनी सफाई पूरी कर चुकी, तो उन्होंने मुस्कुराते हुए उससे पूछा, "तो तुम्हारा कोई भी कचरा इनमें नहीं है?" शिल्पा थोड़ी झिझकते हुए बोली, "थोड़ा सा तो है, पर दीदी से बहुत कम।" यह सुनकर प्रोफेसर साहब ने बड़े ही शांत स्वर में कहा, "बेटा, 'कम' से कुछ नहीं होता। असली कोशिश तो तब है जब इसे शून्य कर के दिखाओ।"

एक शनिवार की सुबह, प्रोफेसर साहब ने अचानक अपनी पत्नी से कहा, "आज घर का सारा किराने का सामान मैं खुद लेकर आऊंगा।" पत्नी को अपनी सुनने पर विश्वास ही नहीं हुआ। शादी के इतने वर्षों में उन्होंने न जाने कितनी बार कोशिश की थी कि प्रोफेसर साहब कम से कम घर के राशन की खरीदारी में सहयोग करें, परंतु वह कभी तैयार नहीं हुए थे। लेकिन आज उनके शब्दों में कुछ ऐसा था, जो पत्नी को भीतर से हैरान कर रहा था। पत्नी ने झिझकते हुए सामान की सूची तैयार की और उन्हें सौंप दी। प्रोफेसर साहब ने बड़े आत्मविश्वास के साथ वह सूची ली और घर से भूरे रंग के कागज के कई खाली लिफाफे साथ में उठाए। पास के एक बड़े स्टोर की ओर रुख करते समय उनकी चाल में एक नई ऊर्जा थी। स्टोर पहुंचकर, उन्होंने हर सामान - दाल, चावल, आटा, छोले, राजमा और अन्य जरूरी चीजें - खुली अवस्था में लिया। उन्होंने एक-एक चीज को अपने साथ लाए हुए भूरे कागज के लिफाफों में भरवाया। सामान का वजन किया गया और प्रोफेसर साहब ने उसका भुगतान कर दिया। घर लौटकर उन्होंने इन लिफाफों को सावधानीपूर्वक खोला और सारा सामान व्यवस्थित रूप से डब्बों में भर दिया। इस्तेमाल किए गए लिफाफों

को उन्होंने ध्यानपूर्वक समेटा और अगली बार उपयोग के लिए रख दिया। उनकी इस व्यवस्थितता को देखकर पत्नी स्तब्ध रह गईं।

उस रविवार सुबह का शिल्पा पर गहरा असर रहा। उसने अब पेपर नैपकिन का इस्तेमाल करना पूरी तरह बंद कर दिया। जब भी उसे लिखने की जरूरत होती, वह पुरानी कॉपियों के खाली पन्नों का उपयोग करने लगी और कॉपी से पन्ने फाड़ने की आदत को छोड़ दिया। पेंसिल की छीलन को बेकार समझकर फेंकने के बजाय उसने इसे सावधानीपूर्वक गीले कचरे की बाल्टी में डालना शुरू कर दिया। खाने की मेज पर, वह अब यह सुनिश्चित करती कि उसकी थाली में कोई भी खाना बचा न रह जाए। प्रोफेसर साहब को शिल्पा की यह नवीनतम हरकतें बहुत पसंद आईं। उन्होंने उसकी तारीफ करना शुरू कर दिया और उसके प्रयासों को प्रोत्साहित किया। यह देख, घर की बड़ी बेटी जूही के मन में हल्की बेचैनी होने लगी। उसे लगा जैसे पिता का सारा ध्यान अब शिल्पा की ओर चला गया है। अगले रविवार जब कचरे के वर्गीकरण की बारी आई, तो जूही ने भी इस कार्य में रुचि दिखाई और खुद शामिल हो गई। जूही की कचरे की बाल्टी, जो पहले अक्सर भरी रहती थी, अब हल्की होने लगी थी। लिप बाम, बॉलपेन, हेयर क्लिप, डेरी मिल्क चॉकलेट, ब्रश, नेल पॉलिश, हाइलाइटर, मार्कर, इरेज़र, कंपास बॉक्स, और ग्लू स्टिक अब आधी उम्र में दम तोड़ने की बजाय अपनी उम्र पूरी कर रही थीं।

इस पूरी घटनाक्रम ने प्रोफेसर शास्त्री को एक अद्वितीय और अमूल्य ज्ञान दे दिया था। उन्होंने यह गहरे आत्मविश्लेषण के बाद समझ लिया था कि पत्नी प्रबंधन का सबसे सर्वोत्तम तरीका वही है जो किसी पुराने फिल्मी गाने की एक पंक्ति में निहित है – "जो तुमको हो पसंद, वही बात कहेंगे, तुम दिन को अगर रात कहो, रात कहेंगे।" खाने में नमक कम? वह चुपचाप अपनी थाली में नमक डालते और आभार व्यक्त करते हुए सोचते, "कम से कम कम हैं ज्यादा तो नहीं।" दोपहर का भोजन देर

से? वह धैर्यपूर्वक प्रतीक्षा करते, अपनी पसंदीदा धुन गुनगुनाते हुए। बच्चों की पालन-पोषण की पूर्ण निर्देशिका? पत्नी। बाहर कब और कहां खाने जाना चाहिए, जैसा पत्नी सुझाए।

एक और रविवार की आलसी सुबह। प्रोफेसर शास्त्री सुबह-सुबह उठे और अपनी आदत के अनुसार बालकनी की ओर बढ़े, ताकि वे सूखे कचरे का वर्गीकरण कर सकें। कल रात वह देर से लौटे थे, क्योंकि उन्हें डीन के विदाई पार्टी में शिरकत करनी पड़ी थी। प्रोफेसर शास्त्री को पूरा यकीन था, एक और पार्टी के अवशेषों के रूप में, कचरे की बाल्टी चिप्स के पैकेट्स, पेप्सी की बोतलें और पिज़्ज़ा या बर्गर के डिब्बों से भरपूर होगी। लेकिन जैसे ही वह बालकनी तक पहुंचे, उनकी आँखें चौंक गईं—सारी रंगीन कचरे की बाल्टियाँ गायब थीं। उनको लगा कि पत्नी ने नाराज होकर सारी बाल्टीया फेक दी है। वह बड़े हताश मन से किचन में आए, तो देखा कि छह की छह बाल्टियाँ किचन की दीवार के साथ बड़े सलीके से सर उठाकर खड़ी थीं।

******

4. कम में ही है ज्यादा

"कृति कंपनी ने मुझे नौकरी से निकाल दिया है," अनंत के शब्द वातावरण में एक तीर की तरह चुभ गए और वह धराशायी होकर सोफे पर इस तरह गिरा मानो उसी तीर ने उसे धकेल दिया हो।

कृति को कुछ क्षण तक तो बात समझ में ही नहीं आई। फिर जैसे ही वास्तविकता उसके मन तक पहुँची, वह भीतर तक सन्न रह गई।

"यह... यह कैसे हो सकता है?" उसके मुंह से धीमी, सहमी हुई आवाज़ निकली।

अनंत के भीतर जैसे किसी ज्वालामुखी का लावा सुलग गया। उसने एक ही सांस में सब कुछ कह डाला— "प्रोबेशन लेटर के मुताबिक कंपनी मुझे एक महीने की तनख्वाह दे रही है, और शुक्रवार के बाद से काम पर जाने की जरूरत नहीं है!"

"पर... यह अचानक कैसे हो गया? कल तक तो सब कुछ ठीक चल रहा था! तुम अपने बॉस से बात करो, कोई न कोई रास्ता तो निकलेगा!" कृति ने अनंत के हाथों को अपनी मुट्ठियों में जकड़ते हुए कहा, आवाज़ में आशा की एक क्षीण रेखा।

अनंत ने निराश स्वर में उत्तर दिया, "बॉस भी तब मौजूद थे जब एचआर ने यह बताया। उन्होंने कहा—'मैं कुछ नहीं कर सकता।' जब से बड़ा क्लाइंट चला गया है, कंपनी की हालत ठीक नहीं..." उसकी आवाज़ में असहायता थी।

कमरे में एक गहरी चुप्पी छा गई। भविष्य की अनिश्चितताओं की चिंता अनंत और कृति की आँखों में डोल रही थी।

अनंत का स्वर थका हुआ था, बोझिल और निराशा से भरा—

"कंपनी को खर्चे कम करने थे, और इसके लिए कुछ लोगों की छंटनी करनी पड़ी। जो लोग प्रोबेशन पर थे और जिनका अभी एक साल भी पूरा नहीं हुआ था, उन्हें निकालना सबसे आसान था। मेरे साथ और पच्चीस लोगों को भी नौकरी से हटा दिया गया। अभी-अभी वीडियो कॉल पर एचआर ने यह खबर दी। हमें नियमानुसार एक महीने की तनख्वाह तो मिलेगी, लेकिन उसके बाद..."

वह बोलते-बोलते रुक गया। जैसे शब्द भी उसका साथ छोड़ रहे हों।

कृति स्तब्ध थी। उसे समझ नहीं आ रहा था कि वह क्या कहे, कैसे अनंत को सांत्वना दे। शब्द कम पड़ रहे थे, और भावनाएँ उमड़ती जा रही थीं। वह धीरे से उसके पास जाकर बैठ गई और उसके पैर पर अपना हाथ रख दिया।

अनंत की आँखों में एक अनकही चिंता थी, जो अब शब्दों का रूप ले रही थी—

" मैं... मम्मी-पापा को कैसे बताऊँगा कि नौकरी चली गई है? पापा को तो सदमा ही लग जाएगा... हम तो हर महीने की पूरी सैलरी खर्च कर देते हैं, बचत नाममात्र की है। अब घर कैसे चलेगा?"

कृति ने गहरी सांस ली। उसकी आँखों में क्षोभ और असहमति की लहर थी—

"वे लोग आपको कैसे निकाल सकते हैं? आप तो इतना अच्छा काम कर रहे थे! आपके बॉस भी आपसे खुश थे। आप मैनेजमेंट में किसी और से बात करिए, शायद कोई रास्ता निकले।"

अनंत ने फीकी मुस्कान के साथ सिर हिला दिया, मानो पहले ही सारे दरवाजे बंद देख चुका हो—

"कोई फायदा नहीं, यह मैनेजमेंट का निर्णय है। एच.आर ने तो बस इसे हमें सुनाया है।"

कृति अब तक खुद को संभाल रही थी, पर हालात की गंभीरता उसे बेचैन कर रही थी। उसने झटके से कहा—

"कम से कम उनसे यह तो कहिए कि हमें तीन या छह महीने तक काम करने दें, तब तक हम कोई और नौकरी ढूँढ़ लेंगे!"

अनंत की आवाज़ अब लगभग बुझ चुकी थी—

"हम सबने कॉल पर बहुत अनुरोध किया, गिड़गिड़ाए भी, पर वे नहीं माने। अधिकतर लोग जो निकाले गए हैं, वे अविवाहित हैं। मैं ही अकेला शादीशुदा हूँ... हमें कैसे संभालेंगे, कृति?"

कमरे में एक भारी सन्नाटा पसर गया। सवाल अब भी हवा में तैर रहे थे, लेकिन उनके जवाब कहीं खो चुके थे।

अनंत और कृति की शादी को अभी केवल आठ महीने ही बीते थे, लेकिन इन महीनों में दोनों की ज़िंदगी एक नई लय में ढलने लगी थी। जब उनका रिश्ता तय हुआ था, तब अनंत गुड़गांव की एक निजी कंपनी में कार्यरत था। पर विवाह से ठीक दो महीने पहले, उसे बेंगलुरु की एक प्रतिष्ठित आईटी कंपनी में नौकरी मिल गई – यह बदलाव अनायास ही नई ज़िंदगी की ओर एक संकेत बन गया।

अनंत ने अपनी स्कूली और इंजीनियरिंग की पढ़ाई जयपुर में ही पूरी की थी। यद्यपि उसने एनआईटी जयपुर से इलेक्ट्रिकल इंजीनियरिंग में डिग्री हासिल की थी, परंतु उसे नौकरी मिली एक आईटी कंपनी में – यह उस दौर की आम रीत बन चुकी थी। आईटी कंपनियाँ शाखा की

परवाह किए बिना होनहारों को अपने दायरे में ले रही थीं, और विद्यार्थी भी प्रसन्न थे, क्योंकि आईटी क्षेत्र में वेतन अपेक्षाकृत अधिक मिलता था। पढ़ाई भले ही विद्‌युत की रही हो, पर भविष्य अब सॉफ्टवेयर में आकार ले रहा था।

अनंत के पिता भारतीय स्टेट बैंक में अधिकारी थे। वर्षों तक विभिन्न शहरों में शाखा प्रबंधक की ज़िम्मेदारी निभाने के बाद अब वे जयपुर के क्षेत्रीय कार्यालय में पदोन्नत होकर स्थायित्व पा चुके थे। अनंत की नौकरी को तीन वर्ष हो चुके थे, जब माता-पिता ने उससे विवाह का प्रस्ताव रखा। अनंत ने सहजता से स्वीकृति दे दी। संयोगवश, अजमेर की रहने वाली, बी.कॉम और एम.कॉम में शिक्षित कृति से संबंध जुड़ा – एक शांत, सुसंस्कृत और आत्मविश्वासी युवती, जिसकी परवरिश भी बैंक अधिकारी पिता के सान्निध्य में हुई थी।

अनंत के पिता का स्पष्ट मत था – विवाह दहेज के बोझ तले नहीं, समानता की नींव पर होना चाहिए। उन्होंने न केवल दहेज लेने से इंकार किया, बल्कि विवाह के सभी खर्च साझा करने का प्रस्ताव भी रखा। यही वजह थी कि कृति जब विवाह के बाद अपने नए घर आई, तो साथ में कोई फर्नीचर, टीवी, कार या अन्य सामान लेकर नहीं आई थी। उसे यह बात भीतर तक छू गई – सच्चे अर्थों में समानता और सम्मान का यह रिश्ता, उसकी नई ज़िंदगी की एक सुंदर शुरुआत थी।

विवाहोपरांत दोनों तुरंत ही बेंगलुरु चले आए — अपने जीवन की नई शुरुआत, एक नए शहर में, नए सपनों के साथ। अनंत ने पहले ही एक दो-बेडरूम का घर किराए पर तलाश लिया था। बीते तीन वर्षों में जो कुछ भी जोड़ा था – थोड़ी-बहुत बचत, कुछ अरमान – उसका अधिकांश हिस्सा हनीमून की यात्रा और मकान की छह महीने की पगड़ी में चला गया। परंतु इस नये जीवन की शुरुआत में जो उत्साह और उमंग थी, उसने हर खर्च को अर्थ दे रहा था।

बेंगलुरु का समशीतोष्ण मौसम उन्हें मानो स्वर्ग-सा प्रतीत हुआ – न जयपुर की चुभती गर्मी, न कंपकंपाती सर्दी, और न ही उमस भरी हवा। तापमान मानो हमेशा एक कविता में ढलता रहता – बीस से पच्चीस डिग्री के बीच। साल भर में मुश्किल से दो महीने पंखा चलाने की नौबत आती थी। अनंत हँसते हुए कहता—"हमने तो अपने पच्चीस साल बेंगलुरु से बाहर रहकर व्यर्थ गँवा दिए! कृति मुस्कराती थी, वह समझ गई थी कि अब अनंत शायद ही कभी इस शहर को छोड़ना चाहेगा।

विवाह के कुछ ही दिन बाद अनंत ने बैंक से लोन लेकर एक चमचमाती बाइक खरीद ली – उनका छोटा-सा उड़नखटोला। अब हर सप्ताहांत, दोनों शहर की सड़कों पर निकल पड़ते – कभी मॉल, कभी मूवी, कभी किसी नए रेस्टोरेंट की तलाश। बेंगलुरु उनके लिए अब सिर्फ एक शहर नहीं था, यह उनके प्रेम का विस्तार बन गया था।

शादी के कुछ ही सप्ताह बाद, एक शाम जब बारिश की हल्की फुहार खिड़की पर दस्तक दे रही थी, कृति ने संकोच से कहा, "मेरी एक इच्छा है..." अनंत मुस्कुराते हुए बोला, "बताओ न, क्या है?" कृति धीरे से बोली, "मैंने आज तक नाइट शो में फिल्म नहीं देखी। मम्मी-पापा ने कभी जाने ही नहीं दिया।" अनंत सुनकर खिलखिला पड़ा। अगले ही सप्ताह, वे रात साढ़े दस बजे वाला शो देखने गए। बाइक पर लौटते समय हल्का सा डर तो लग रहा था, पर कृति की आँखों में उस क्षण की चमक, उस भय से कंहीं ज्यादा भारी थी। जल्दी ही यह एक रिवाज बन गया – कभी-कभी तो एक ही साथ में दो-दो फिल्में देख डालते। एक शो से दूसरे शो के बीच में पंद्रह-बीस मिनट के अंतराल में वे कुछ हल्का-फुल्का खा लेते और फिर अगली फिल्म का आनंद लेते।

कृति के लिए बेंगलुरु मानो एक नई दुनिया थी – खुली हवा, स्वतंत्र सोच, मॉलों की रौनक, देर रात तक जगी सड़कों की चहल-पहल। पहनावे पर कोई टोक-टाक नहीं, नज़रों में कोई संकोच नहीं, न ही

जीवनशैली पर कोई बंदिश। इस शहर ने उसे एक नई स्वतंत्रता दी थी— एक ऐसी आज़ादी, जिसका अनुभव उसने पहले कभी नहीं किया था।

जब अनंत और कृति बेंगलुरु आए, तो उनके घर में दीवारें तो थीं, पर उन पर समय की कोई छाया नहीं थी — न कोई वस्तु, न कोई स्मृति। यह एक खाली कैनवास था, जिस पर उन्हें मिलकर ज़िंदगी की रंगरेखा खींचनी थी। अनंत ने बस मकान किराए पर लिया था — एक नन्हा-सा, पर रोशनी से भरा घर। हर वस्तु उन्हें नए सिरे से जोड़नी थी — और इसी जोड़ने की प्रक्रिया में एक अनकहा आनंद छिपा था।

शुरुआत सबसे बुनियादी चीज़ों से हुई — रसोई के लिए एक छोटा-सा गैस चूल्हा और कुछ बर्तन, स्नान के लिए बाल्टी और मग, सोने के लिए गद्दा, चादर और तकिए, और बैठने के लिए दो साधारण-सी कुर्सियाँ। कृति को अपनी रसोई को नए सिरे से सजाने में विशेष आनंद आ रहा था, जैसे कोई कलाकार अपनी पहली कृति रच रहा हो।

बेंगलुरु की जीवनशैली उन्हें धीरे-धीरे समझ आने लगी। पड़ोसियों, सहकर्मियों और दोस्तों की बातों स दो चलन पता चले — एक, हर चीज़ ऑनलाइन मंगाने का; और दूसरा, बड़ी चीज़ें खरीदने की जगह किराए पर लेने का। यह नया चलन उन्हें सुविधाजनक भी लगा और मज़ेदार भी।

एक वेबसाइट से उन्होंने एक सुंदर-सा डबल बेड किराए पर बुक कर लिया, जो अगले ही दिन घर आ पहुँचा। बाइक पहले ही बैंक लोन की मदद से किश्तों पर ले ली थी। अब तो हर महीने उनका घर कुछ और सजा, कुछ और समृद्ध होता चला गया। एक महीने सोफ़ा आ गया, फिर डाइनिंग टेबल, उसके बाद सेंटर टेबल और साइड टेबल — जैसे-जैसे किराए पर फर्नीचर जुड़ता गया, उनका नन्हा-सा संसार धीरे-धीरे सजीव होता गया।

वह दोनों उस पहले वर्ष को — जिसे अक्सर हनीमून पीरियड कहा जाता है — पूरे मन से जी रहे थे। हर महीने घर में कुछ नया जोड़ना, हर सप्ताह कोई नई फिल्म, और हर दिन एक-दूसरे के और करीब आना।

करीब छह महीने बाद अनंत के माता-पिता पहली बार मिलने आए। समय सीमित था — दोनों की नौकरी चल रही थी — इसलिए वे एक ही हफ्ते रुक सके। अनंत की माँ, जो वर्षों से एक व्यवस्थित गृहिणी रहीं थीं, इतने कम समय में आए बदलावों को देख कर हैरान रह गईं। सास धर्म को निभाते हुए तारीफ में कुछ बोली नहीं। पर कृति ने उनकी आंखों में पढ़ लिया था। औरतों की मन की बातें सबसे अच्छी तरह दूसरी औरतें ही समझ पाती हैं।

जब उन्होंने फर्नीचर के किराये को लेकर हल्की चिंता जताई, तो अनंत मुस्कराया और सहज भाव से बोला, "यहाँ सब ऐसे ही करते हैं, माँ। किराये पर देने वाली कोई पुरानी दुकान नहीं, बल्कि एक भरोसेमंद स्टार्टअप है। ये बेंगलुरु है – यहां चीज़ें कुछ अलग चलती हैं।" माँ ने फिर कुछ नहीं कहा — शायद यह जानकर कि बेटा अब अपने पंखों पर उड़ना सीख रहा था, और बहू उस उड़ान में उसका साथ निभा रही है।

जब अनंत की नौकरी गई, तो मानो अचानक ज़िंदगी की रफ्तार थम गई। अनंत और कृति ने जब बैंक खाते की तरफ़ देखा, तो उसमें कोई ठोस जमा नहीं था — बस कुछ छिटपुट संचित धन, जो किसी भी आपदा के लिए अपर्याप्त था। घर का किराया, बाइक और फर्नीचर की किश्तें, और रोज़मर्रा के खर्च — इन सबका बोझ अब एक अनिश्चित भविष्य पर आ टिका था।

अनंत ने हिम्मत करके माँ-बाप को अपने हालात की सूचना दी। ख़बर सुनकर दोनों के जैसे होश उड़ गए। दूर, एक अजनबी शहर में, बिना नौकरी के, इतने कर्ज़ की ज़िम्मेदारी कैसे उठाई जाएगी — यह

सोचकर उनके मन में भय समा गया। पिता ने तुरंत सलाह दी, "बेटा, बेंगलुरु छोड़कर जयपुर लौट आओ, यहां कुछ कर लेंगे।"

पर अनंत ने इनकार कर दिया। उसने दृढ़ता से कहा, "पापा, बेंगलुरु में अवसर हैं, नौकरी की संभावनाएँ हैं। मैं यहां रहकर ही कोशिश करूंगा।" पिता ने पूछा, "कुछ पैसे भेज दूँ?" अनंत ने नर्म स्वर में, पर आत्मसम्मान से कहा, "अभी जरूरत नहीं है। थोड़ी-बहुत बचत है, ज़रूरत पड़ी तो कहूँगा।"

हकीकत यह थी कि वे दोनों जानते थे — बचत नाम मात्र की है। हर महीने की तनख़्वाह का अधिकांश हिस्सा किराए, किश्तों, खाना-पीना, और फिल्मों-रेस्टोरेंट के छोटे-छोटे सुखों में बह जाता था। अब जब आय की धार सूख चुकी थी, तो भविष्य और भी अनिश्चित लगने लगा। न जाने कितने महीने लगेंगे नई नौकरी मिलने में। उन्होंने तय किया कि पीएफ से कुछ पैसे निकाल लिए जाएंगे, वही कुछ महीने उन्हें राहत दे पाएगा।

उसी शाम, दोनों ने एक कठिन, पर आवश्यक निर्णय लिया — "फर्नीचर की किश्तें अब देना समझदारी नहीं है।" अगले ही दिन उन्होंने फर्नीचर रेंटल कंपनी को सूचित किया। डबल बेड, सोफ़ा, डाइनिंग टेबल, सेंटर टेबल — सब एक-एक कर वापस चले गए।

घर, जो कभी एक नवविवाहित सपनों का बसेरा दे रहा था, अब खाली दीवारों का सन्नाटा बन गया था। फर्नीचर की भी आदत सी हो जाती है — इस्तेमाल करने की भी, और देखने की भी। कृति कुछ देर तक उस जगह को देखती रही जहाँ कभी सोफ़ा रखा था, और फिर चुपचाप पर्दे को ठीक करने लगी। अनंत ने खिड़की के पास खड़े होकर बाहर झाँका — मानो देखना चाहता हो कि यह खालीपन कितनी दूर तक फैला है।

उस रात, जब सब कुछ लौट गया था — सोफ़ा, डाइनिंग टेबल, डबल बेड — सब चले गए। अब बचे थे तो केवल दो गद्दे, कुछ चादरें और एक सुनापन। उन्होंने गद्दे को सीधे ज़मीन पर बिछा दिया। कृति का मन अब भी डबल बेड के जाने के दुख में डूबा हुआ था। अनंत तो थकान से चूर कुछ ही देर में सो गया, पर कृति की आँखों में नींद कहाँ थी? वह करवटें बदलती रही, तभी अचानक उसका हाथ फर्श से टकराया।

फर्श का ठंडा स्पर्श उसे अच्छा लगा - वह स्पर्श जो पलंग पर कभी महसूस नहीं हुआ था। उसने गहराई से महसूस किया - नीचे गद्दा था, गद्दे के नीचे धरती। धीरे-धीरे उसे यह निकटता भाने लगी। अचानक उसे ख्याल आया - क्या हम धरती को माँ नहीं कहते?

और फिर वह अनुभूति हुई जैसे कोई विराट ममता उसे घेर रही हो। उसे लगा जैसे वह अपनी माँ की विशाल गोद में सो रही है। कोई अदृश्य हथेली उसके सिर पर है, कोई लोरी बिना शब्दों के उसके कानों में बह रही है, और हर साँस के साथ धरती की गर्माहट उसे थपकियाँ दे रही हों । उस ठंडे फर्श में एक अद्‌भुत सुकून था, एक सुरक्षा का भाव था। कुछ ही पलों में कृति नींद में थी — धरती की गोद में, निश्चिंत, निःशब्द, संपूर्ण।

अगली सुबह जब अनंत की आँखें खुलीं, तो बाहर बारिश हो रही थी। हल्की फुहारों की मधुर आवाज़ खिड़की से टकरा रही थी। अनंत प्रतिदिन सुबह बालकनी में जाकर रस्सी कूदता था, पर आज बारिश ने उसके इस नियम में विघ्न डाल दिया था। बेचारा ड्राइंग रूम में ही सिमट गया। सोफ़े और डाइनिंग टेबल के बीच की खाली जगह में उसने रस्सी कूदना शुरू कर दिया।

"यहाँ?" कृति ने आश्चर्य से पूछा, जब उसकी नज़र अनंत पर पड़ी।

"और कहाँ?" अनंत ने शरारत भरी मुस्कान के साथ जवाब दिया।

फर्नीचर हट जाने से कृति के झाड़ने-पोंछने का काम आधा रह गया था। अब कमरे में इतनी खाली जगह थी कि उसे लगने लगा, जैसे करने को कुछ बचा ही नहीं।

नौकरी छूटे एक सप्ताह बीत चुका था, पर नई नौकरी का कोई संकेत नहीं था। ज़िन्दगी की प्राथमिक ज़रूरतों के अलावा दो बड़े खर्चे अभी भी उनके सिर पर मंडरा रहे थे—मकान का किराया और बाइक की किस्त। दोनों ने विचार-विमर्श किया और अंततः यह निर्णय लिया कि बाइक को कुछ और महीने चलाया जाएगा, क्योंकि इंटरव्यू के दौरान उसकी आवश्यकता पड़ सकती थी। लेकिन मकान बदलने का फैसला किया गया—एक छोटा सा वन-बेडरूम का घर, जिसका किराया उनके वर्तमान घर से आधा हो।

कुछ ही दिनों में उन्हें एक सुविधाजनक फ्लैट मिल गया। पैकिंग शुरू होते ही अनंत बाज़ार से कई खाली गत्ते के डिब्बे ले आया। धीरे-धीरे उन्होंने अपना सारा सामान उन डिब्बों में भरना शुरू कर दिया। अनंत ने डिब्बों को तीन श्रेणियों में बाँट लिया—एक पर "अनंत" लिखा, जिसमें उसका निजी सामान रखा गया; दूसरा "कृति", जिसमें उसकी पत्नी का सामान था; और तीसरा "हमारा", जिसमें घर की अन्य वस्तुएँ—चादरें, तकिए, रसोई का सामान—सब कुछ समेट दिया गया।

कृति ने अलमारियाँ खोलीं तो आश्चर्यचकित रह गई। आठ महीने के अंदर ही उन्होंने कब इतना सामान जमा कर लिया था, पता ही नहीं चला। उसने व्यवस्थित करना शुरू किया—रोज़मर्रा के कपड़े, जूते-चप्पल उसने 'नंबर एक' डिब्बे में सहेज लिया। फिर 'डब्बा दो' आया, जिसमें वे चीजें रखीं जो कभी-कभी ही काम आती थीं। इस तरह क्रमशः डब्बे बनते गए, और सामान अपने-अपने श्रेणी में सिमटता गया।

पैकिंग के दौरान कृति की निगाह उन साड़ियों पर पड़ी जो उसे शादी में मिली थीं—चमकती हुई, कीमती, लेकिन अब तक एक बार भी न पहनी गईं। मानो वे अलमारी के अंधेरे कोनों में अपनी बारी का इंतज़ार करते-करते थक चुकी थीं।

अनंत की स्थिति भी कुछ अलग न थी। उसके दो डब्बे तो बस किताबों और नोट्स से भर गए थे—इंजीनियरिंग के दिनों की स्मृतियाँ और वर्षों की ट्रेनिंग का संचित ज्ञान, जिसे वह जाने क्यों, अब भी छोड़ नहीं पा रहा था।

नया घर पहले के मुकाबले कहीं छोटा था—न केवल आकार में, बल्कि अपनी सीमाओं में भी। कमरों की चौड़ाई कम थी, और अलमारियों की ऊँचाई भी। बेडरूम में एकमात्र अलमारी थी, जिसे अनंत और कृति ने बराबर बाँट लिया। लेकिन कृति ने देखा कि उसमें तो बस 'डब्बा एक' के कपड़े ही समा सके। बाकी डब्बों का ठिकाना एक छोटा-सा स्टोर रूम बन गया, जो छह बाई छह का एक संकोच से भरा कमरा था—जिसे पूजा घर भी कहा जा सकता था, जो मानो अब भूली हुई यादों का संग्रहालय हो।

तीसरे दिन जब रसोई को थोड़ा व्यवस्थित कर लिया गया, तो कृति ने तय किया कि अब सुबह की सैर शुरू की जाए। लेकिन जैसे ही वह तैयार होने लगी, उसे याद आया कि मॉर्निंग वॉक के सारे ट्रैक सूट तो 'डब्बा दो' में पड़े हैं—जो स्टोर रूम में सबसे नीचे दबा हुआ था। उसे उठाने का आलस था, और मन भी नहीं बना। उसने एक सलवार-सूट उठाया और उसी में निकल गई।

वही सलवार-सूट उसने दिनभर पहना। और फिर यही सिलसिला दो दिनों तक चलता रहा। कृति ने देखा कि उसकी अलमारी में जो कुछ सलवार-सूट रखे हैं, वही हफ्तेभर के लिए काफ़ी हैं। पुराने घर में हर सुबह वही द्वंद्व—"आज क्या पहनूँ? यह जोड़ा ठीक रहेगा? कहीं

यह मैंने दो दिन पहले तो नहीं पहना था? लोग क्या सोचेंगे?" अब वह चिंता ग़ायब हो चुकी थी। न कोई चुनाव का भार, न दिखावे की मजबूरी। कपड़ों के मेल मिलाने का, उन्हें दूसरों की निगाहों से जांचने का ख्याल अब उसे परेशान नहीं कर रहा था।

उसने जाना कि कभी-कभी कमी ही सबसे बड़ी आज़ादी होती है।

अनंत दिन-रात लैपटॉप पर नई नौकरी की तलाश में डूबा रहता। नए घर में आए उन्हें तीन सप्ताह हो चुके थे, पर अभी तक कोई सुखद समाचार नहीं मिला था। जीवन अभी भी खुलते कार्टनों की तरह बिखरा हुआ था—कुछ व्यवस्थित, कुछ अनछुए। एक दिन घर की बाई ने हिचकिचाते हुए कृति से कहा, "मैडम, मुझे तीन हजार रुपये एडवांस चाहिए।"

कृति का चेहरा तमतमा गया, "अभी तो तुम्हारा एक महीना भी पूरा नहीं हुआ, एक वेतन भी नहीं दिया गया, और तुम इतना बड़ा एडवांस मांग रही हो?"

बाई ने विनम्रतापूर्वक समझाया, "मैडम, मेरी बेटी की शादी है। उसके लिए लहंगा खरीदना है।"

पर कृति ने साफ इनकार कर दिया और उसे झिड़क दिया।

शाम को जब वह अकेली बैठी थी, उसका ध्यान उस पहले कार्टन की ओर गया, जिसमें एक जोड़ी चप्पलें और जॉगिंग शूज़ रखे थे। बाकी की सैंडलें, हील्स, बैलीज़—सब दबे पड़े थे अन्य डब्बों में, जिनकी अब उसे कोई ज़रूरत नहीं रह गई थी। पिछले तीन हफ्तों से वो कुछ सलवार सूट, दो नाइट गाउन, एक जोड़ी स्लीपर और एक जूते से ही अपना दिन काट रही थी—और बड़े आराम से काट रही थी।

उसी क्षण उसे अपनी शादी का और सगाई का लहंगा याद आया — गाढ़ा लाल और गुलाबी, सुनहरे ज़री से सजा हुआ, जिन्हें उसने कभी फिर नहीं पहना। शायद किसी डब्बे में अब भी वैसा ही पड़ा होगा — सजे हुई स्मृतियों की तरह, जिन्हें समय धीरे-धीरे बिसरा देता है।

अगले दिन जब बाई आई, तो कृति ने कहा, "मैं तुम्हें पैसे तो नहीं दे सकती, लेकिन मेरी सगाई का लहंगा है... अगर चाहो तो ले सकती हो।" बाई की आँखों में एक अचंभित चमक दौड़ गई। वह बोली, "मैडम, बिल्कुल चलेगा। दर्जी से थोड़ा साइज ठीक करवा लूंगी।" उसकी आवाज़ में ऐसा उत्साह था, जैसे कोई सपना अचानक सच हो गया हो।

शादी दो सप्ताह बाद थी। अनंत का जाने का मन नहीं था, पर कृति उत्सुक थी—वह देखना चाहती थी कि उसके लहंगे में बाई की बेटी कैसी लगती है। अपने जिद्दी आग्रह से उसने अनंत को मना लिया।

शादी एक संकरी गली के छोटे से पंडाल में हो रही थी। मेहमानों की संख्या गिनती भर थी, कुर्सियाँ भी सीमित। बाई ने कृति को देखा तो उसके चेहरे पर खुशी की लहर दौड़ गई। दोपहर की धूप में जब बाई की बेटी कृति के लहंगे में मंडप तक पहुँची, तो कृति उसे निहारती ही रह गई। वह दृश्य किसी कैमरे की क्लिक की तरह उसकी आंखों में ठहर गया। नई उमंग, नई उम्मीदों से लेस, लहंगे की कढ़ाई और भी सुन्दर जान पड़ रही थी।

उस क्षण कृति को अपने भीतर एक ऐसी खुशी का अनुभव हुआ जिसे शब्दों में बांध पाना कठिन था। उसने अनंत की ओर देखा— तो वहाँ भी वही भावना तैर रही थी। कृति को अफसोस हुआ—काश, वह शादी के लिए अपनी ओर से एक और साड़ी ले आती।

लहंगा निकालते समय एक भारी-भरकम डब्बा उनके हाथ लगा था। उसमें अनंत की इंजीनियरिंग की किताबें थीं—मैकेनिक्स,

थर्मोडायनैमिक्स, सर्किट थ्योरी। और फिर वह तमाम प्रशिक्षणों की पाठ्य सामग्री, जो उसने अब तक संजोकर रखी थी—जैसे ये किताबें उसके जीवन की मेहनत और संघर्ष की मूक साक्षी हों।

दोनों ने मिलकर निर्णय किया कि इन्हें किसी ज़रूरतमंद विद्यार्थी को दे देना चाहिए—जहाँ वे फिर से जीवित हो सकें, किसी और की उम्मीदों को आकार दे सकें।

अनंत ने इंटरनेट खंगाला, आसपास के सरकारी इंजीनियरिंग और डिप्लोमा कॉलेजों की सूची बनाई। कई जगह कॉल किए, और अंततः एक डिप्लोमा कॉलेज की लाइब्रेरियन से संवाद बना। उन्होंने बताया कि उनके कॉलेज में कई ऐसे विद्यार्थी हैं, जिनके पास किताबें खरीदने का साधन नहीं है।
शनिवार का दिन तय हुआ—किताबें देने का, और एक प्रथम वर्ष के छात्र को बुलाने का भी वादा किया गया।

निर्धारित दिन, अनंत अपनी बाइक पर किताबों से भरे डब्बे लेकर कॉलेज की लाइब्रेरी पहुंचा। वहाँ लाइब्रेरियन और वह नवागंतुक विद्यार्थी पहले से इंतजार कर रहे थे। अनंत ने मुस्कराकर सारा खजाना उस लड़के को सौंप दिया।

लड़के को हिंदी नहीं आती थी—वह केवल कन्नड़ जानता था। मगर जब उसने अपनी मातृभाषा में सिर झुकाकर धन्यवाद कहा, तो अनंत शब्दों को भले न समझ सका, पर उसकी आंखों में झलकती कृतज्ञता हर शब्द से अधिक स्पष्ट थी।

घर अब लगभग खाली था—नाममात्र का फर्नीचर, जैसे जीवन ने गैरज़रूरी बोझ उतार फेंका हो। ड्राइंग रूम में केवल एक टेबल और दो कुर्सियां थीं—जो कभी अनंत की नौकरी तलाशने की मेज़ बन जाती,

कभी दोनों की डाइनिंग टेबल। बेडरूम में ज़मीन पर एक गद्दा बिछा था, बस। और फिर भी, कहीं कोई कमी नहीं थी।

जैसे-जैसे भौतिक चीज़ें कम होती जा रही थीं, एक नया स्पर्श जीवन में भरता जा रहा था—सरलता का, हल्केपन का, और आत्म-संतोष का। धरती पर सोना अब तपस्या जैसा नहीं, बल्कि किसी आत्मिक सुख जैसा महसूस होता था।

वह एक टेबल कभी अध्ययन मेज, कभी लैपटॉप स्टैंड तो कभी भोजन की मेज बन जाती। जमीन पर सोने में भी अब उन्हें एक अद्भुत सुख मिलने लगा था - जैसे जीवन की अनावश्यक जटिलताओं से मुक्ति पाकर वे वास्तविक सुख की ओर लौट आए हों। सादगी ने उन्हें एक नई दृष्टि दी थी - कम में अधिक की संतुष्टि।

लहंगा और किताबें दान करने के बाद अनंत और कृति के मन में एक अद्भुत संतुष्टि छा गई। उस दिन के बाद उन्होंने निर्णय लिया कि हर महीने आख़री रविवार 'दान दिवस' होगा—एक ऐसा दिन जब वे उन वस्तुओं से विदा लेंगे जो बीते तीन महीनों से ज्यादा तक छुई तक नहीं गईं हो।कभी वह कृति की कोई सैंडल होती, जिसे उसने एक बार पहनकर छोड़ दिया था; कभी कोई साड़ी जो अलमारी में लटकती रही थी बिना किसी त्योहार के इंतज़ार में। कभी अनंत की कोई पुरानी टीशर्ट या कॉलेज के दिनों की जैकेट, और कभी रसोई का कोई बर्तन जो न जाने कितने समय से कोने में पड़ा था। विचित्र-सी स्थिति थी—घर में कोई आमदनी नहीं थी, नई चीजें लेने का कोई साधन नहीं था, पर उन्हें अपनी गैर जरूरी चीजें देने में बड़ा मजा आ रहा था।

इसी दौरान उनकी शादी की पहली वर्षगांठ आ पहुँची। ना तो रेस्तरां जाने के पैसे थे, ना ही कोई भव्य उपहार की योजना। पर दोनों ने तय किया कि इस वर्षगांठ को वे अपनी तरह से खास बनाएंगे—अपने घर की सादगी में, अपनी रचनात्मकता से। उपहारों की जगह उन्होंने तय

किया कि वे एक-दूसरे को पाँच-पाँच सरप्राइज़ देंगे—बिना किसी लागत के, लेकिन दिल से।

(अनंत और कृति ने अपनी यह विशेष वर्षगाँठ कैसे मनाई, यह कहानी इस पुस्तक के अगले अध्याय में प्रतीक्षा कर रही है।)

इसी बीच एक सुखद संयोग हुआ। अनंत के गुडगाँव के पूर्व बॉस, जिनके साथ उनके संबंध अभी भी सौहार्दपूर्ण थे, ने बेंगलुरु की एक कंपनी में नौकरी स्वीकार कर ली। उन्होंने अनंत को भी अपनी नई टीम में शामिल कर लिया। इस प्रकार छह महीने के अंतराल के बाद अनंत को फिर से रोज़गार मिल गया, और वेतन भी पहले के समान ही था।

आय पहले जैसी हो गई थी, पर दोनों का दृष्टिकोण अब पहले जैसा नहीं रहा था। उन छह महीनों ने उन्हें जीवन का एक नया पाठ पढ़ा दिया था। अनंत और कृति ने मिलकर धन व्यय करने और नई वस्तुएँ खरीदने के लिए कुछ सुनिश्चित नियम बनाए।

उनके नए जीवन के पहले नियम का नाम था — "एक बटा एक"।

इसके अनुसार, कोई भी नया वस्त्र तभी खरीदा जा सकता था जब एक पुराना वस्त्र या तो फट जाए अथवा दान कर दिया जाए। उनकी अलमारी में कपड़ों की संख्या कभी नहीं बढ़नी थी, केवल घट सकती थी। कृति ने एक अद्‌भुत विकल्प खोज निकाला - विशेष अवसरों के लिए परिधान किराए पर लेने की एक वेबसाइट। उसे एहसास हुआ कि एक महंगा परिधान खरीदकर उसे एकाध बार पहनने से बेहतर है उसे किराए पर लेना। इससे हर समारोह में नए कपड़े भी मिल जाते थे। दूसरी बुद्धिमत्ता यह थी कि ऐसे परिधान चुने जाएँ जिनके ऊपरी और निचले हिस्से को अलग-अलग तरीके से मिलाया जा सके। अनंत ने भी इसी सिद्धांत को अपनाते हुए ऐसी टी-शर्ट्स खरीदीं जो किसी भी जीन्स के

साथ मेल खा सकती थीं, और केवल दो रंगों की जीन्स रखीं - काली और नीली, जो हर टी-शर्ट के साथ सुव्यवस्थित लगती थीं। "बहुल विकल्प, सीमित साधन" — यही अब उनका फैशन मंत्र बन गया था।

दूसरा नियम था - 'तीन प्रश्नों की कसौटी'।

'हमारी' श्रेणी की कोई भी वस्तु खरीदने से पूर्व वे स्वयं से तीन प्रश्न अवश्य पूछते:

1. क्या यह वस्तु वास्तव में अनिवार्य है?
2. क्या हमारे पास पहले से कोई वस्तु इस कार्य को संपन्न कर सकती है?
3. क्या हम इस वस्तु का दीर्घकाल तक उपयोग कर पाएँगे?

जब तक इन तीनों प्रश्नों का उत्तर सकारात्मक नहीं मिलता, वे खरीदारी नहीं करते थे। कृति को एक ब्लेंडर की आवश्यकता महसूस हुई, पर जब उसने पाया कि घर में पहले से मौजूद रई यही कार्य कर सकती है, तो उसने इसे छोड़ दिया। अनंत को टॉर्च की आवश्यकता हुई, किंतु मोबाइल के टॉर्च फंक्शन ने इस आवश्यकता को पूरा कर दिया। परंतु जब अनंत को कंप्यूटर डेटा का बैकअप लेने हेतु हार्डडिस्क की आवश्यकता हुई, तो तीनों प्रश्नों के सकारात्मक उत्तर मिलने पर उसे खरीद लिया गया — निश्चिंतता के साथ, अपराधबोध के बिना।

तीसरा नियम था – "न किश्त, न किराया"।

जो चीज़ लेनी हो, पहले उसके लिए पैसे जुटाओ — फिर ख़रीदो। जब उन्हें एहसास हुआ कि मेहमानों के बैठने के लिए एक सोफा आवश्यक है, तो उन्होंने धैर्यपूर्वक पैसे जमा किए। अंततः उन्होंने एक बहुउद्देशीय सोफा चुना जो खुलकर पलंग बन जाता था - इस तरह जब

उनके माता-पिता आते तो अतिरिक्त बिस्तर की आवश्यकता नहीं पड़ती थी।

चौथा नियम था – "आधा खाली"।

छह महीनों की सादगीपूर्ण जीवनशैली ने उन्हें खुले स्थानों के मूल्य का पाठ पढ़ा दिया था। उन्होंने पाया कि कम फर्नीचर वाला छोटा कमरा भी विशाल लगता है, जबकि अधिक फर्नीचर से भरा बड़ा कमरा संकुचित। अतः उन्होंने निर्णय लिया कि प्रत्येक कमरे की कम से कम आधी जगह खाली रखी जाएगी। इस सोफा-बेड को खरीदने का निर्णय भी उन्होंने बहुत विचार-विमर्श के बाद ही लिया था।

पाँचवाँ नियम बना – "सेल से सावधान"।

उन्होंने निश्चय किया कि किसी भी प्रकार की सेल में भाग नहीं लेंगे, चाहे वह ऑनलाइन हो या ऑफलाइन। अनुभव ने सिखाया था कि सेल के चक्कर में हम अक्सर अनावश्यक वस्तुएँ खरीद लेते हैं। हाँ, यदि कोई विशिष्ट आवश्यकता हो तो उस वस्तु के लिए विशेष रूप से छूट ढूँढी जा सकती है।

छठा नियम था – "'मासिक दान दिवस"।

प्रत्येक महीने का एक निश्चित दिन उन्होंने दान के लिए समर्पित कर दिया। उस दिन पुराने कपड़े, चादरें, बर्तन, पत्रिकाएँ, फोटो फ्रेम, रसोई के उपकरण, पुस्तकें, जूते, कृत्रिम आभूषण और अन्य अनुपयोगी वस्तुओं को दान कर दिया जाता था।

सातवाँ और सबसे महत्वपूर्ण नियम था - 'शायद' शब्द को जीवन से निकाल देना।

उन्होंने प्रतिज्ञा की कि किसी भी वस्तु को सिर्फ इसलिए नहीं रखेंगे कि 'शायद' कभी उसकी आवश्यकता पड़ जाए। आज के इस

डिजिटल युग में, जब कुछ ही घंटों में कोई भी वस्तु मँगवाई जा सकती है, यह 'शायद' ही हमारे घरों को अनावश्यक सामान से भर देता है। उन्होंने तय किया कि उनका घर चीज़ों का संग्रहालय नहीं होगा – सिर्फ वहीं वस्तुएँ होंगी जिनका एक स्पष्ट उद्देश्य और स्थान होगा।

अनंत की नई नौकरी को अब एक वर्ष बीत चूका था। वे दोनों अपने बनाए नियमों का पालन उसी निष्ठा से कर रहे थे, जैसे कोई साधक अपने दैनिक साधनापाठ का। आश्चर्यजनक रूप से, उन्होंने पाया कि पहले की तुलना में अब उनका जीवन अधिक संतुष्टि से भरा है। न केवल मानसिक शांति, बल्कि प्रतिमाह उनके हाथों में काफ़ी बचत भी रह जाती थी।

किंतु अब एक महत्वपूर्ण प्रश्न उनके समक्ष खड़ा हो गया था - क्या उन्हें कार खरीद लेनी चाहिए? उनके लगभग सभी मित्रों ने कारें खरीद ली थीं। हर मुलाक़ात में, हर फोटो में, कहीं न कहीं उनकी अनुपस्थित कार का अहसास उन्हें करवाया जाता। वे इस निर्णय को टालते रहे — पर एक रविवार को उन्होंने तय किया कि अब इस विषय पर गंभीरता से विचार करना होगा। इस विषय पर गहन विचार-विमर्श करने के लिए, एक रविवार की सुबह उन्होंने 'दो-बटे-दो' आव्यूह तैयार किया। उस सफेद चार्ट पर उन्होंने कार खरीदने के पक्ष और विपक्ष में तर्कों को सुव्यवस्थित ढंग से सजाया, मानो कोई जीवन के महत्वपूर्ण निर्णय का गणितीय समीकरण बना रहे हों।

	स्वामित्व होना	स्वामित्व न होना
फ़ायदे	• यात्रा में आसानी • समय की बर्बादी नहीं • यात्रा की स्वतंत्रता	• चालन का कोई श्रम नहीं • यात्रा के दौरान पढ़ सकते हैं • परिवहन के किसी भी साधन का उपयोग करें
चुनौतियां	• मासिक ईएमआई • पेट्रोल की बढ़ती कीमत • रखरखाव और पार्किंग खर्च	• हर बार साधन की खोज • समय की बर्बादी • यात्रा की परिसीमन

'दो-बटे-दो' आव्यूह भरने और विचार के बाद अनंत और कृति ने पाया की "जब ज़रूरत सच में आएगी, तब वो 'शायद' नहीं रहेगा — वो 'अब' बन जाएगा।" फिर दोनों ने आव्यूह को मोड़कर संभाल लिया — कार लेने का फ़ैसला टाल दिया गया, लेकिन टालने में कोई अफ़सोस नहीं था। उस दिन पहली बार उन्हें एहसास हुआ कि हर चीज़ का मालिक होना ज़रूरी नहीं, कभी-कभी सिर्फ़ उस पर निर्णय लेने की स्वतंत्रता ही काफ़ी होती है।

अब उन्होंने जान लिया था –

कम चीजें ➡ कम विकर्षण ➡ कम अव्यवस्था ➡ कम विकल्प ➡ कम समस्या ➡ ज्यादा धन ➡ ज्यादा मन की शांति ज्यादा कृतज्ञता ➡ ज्यादा स्वतंत्रता ➡ ज्यादा आनंद और उन्माद

कम में ही है ज्यादा

******

5. शून्य खर्च, अनंत प्यार

अनंत की नौकरी गए अब तीन माह से ज्यादा, और विवाह को बारह महीने बीत चुके थे। नई नौकरी की कोई आहट दूर-दूर तक नहीं थी। जीवन अब तक कंपनी द्वारा दी गई एक महीने की नोटिस सैलरी और पीएफ की जमा पूंजी पर टिके हुए था। रोज़मर्रा की छोटी-बड़ी ज़रूरतें सीमित साधनों से पूरी की जा रही थीं।

ऐसे ही साधारण दिनों में, एक असाधारण तारीख़ ने दस्तक दी — उनकी शादी की पहली वर्षगांठ। न होटल, न रेस्टोरेंट, ना किसी आयोजन का बजट। लेकिन दिलों में जश्न की कोई कमी नहीं थी। अनंत और कृति ने तय किया कि यह दिन वे घर पर ही मनाएंगे — सादगी में लिपटी अपनी ही दुनिया में, बिना किसी बाहरी शोर के।

इस दिन को ख़ास बनाने के लिए उन्होंने, सप्ताह भर पहले, आपस में कुछ सुंदर नियम गढ़े। पहला — यह दिन सिर्फ उनका होगा, इसलिए न किसी से मुलाक़ात होगी, न ही कोई फ़ोन कॉल या सोशल मीडिया का हस्तक्षेप। माँ-पिताजी को एक दिन पहले ही सूचित कर देंगे। मोबाइल फ़ोन पूरे दिन बंद रहेंगे, और द्वार पर ताला नहीं, पर मौन होगा। दूसरा — दोनों एक-दूसरे के लिए पाँच-पाँच छोटे सरप्राइज़ तैयार करेंगे।

वर्षगाँठ के उस पहले पहर में, जब सुबह की धूप ने अभी खिड़की की जाली को छुआ भर ही था, कृति की पलकें खुलीं। अनंत अभी भी गहरी नींद में था, शायद नौकरी का कोई मीठा सपना देख रहा था। कृति चुपचाप उठी, बिस्तर से सरककर बाहर निकली और बाथरूम की ओर बढ़ गई। जब वह दाँतों पर ब्रश की ताजगी लिए लौटी, तो एक अप्रत्याशित दृश्य ने उसे थाम लिया — अनंत दरवाज़े पर खड़ा था बाहें

पूरी तरह फैलाई हुईं, जैसे कोई प्रतीक्षारत वृक्ष जिसकी डालियाँ आकाश से कुछ माँग रही हों।

यह दृश्य नया था। अनंत ने कभी इतने खुले हाथों से उसे अपनी ओर नहीं बुलाया था। कृति बिना क्षण गँवाए उसकी बाँहों के घेरे में सिमट गई। अनंत ने भी अपनी बाँहों को समेटा, और उसे इस तरह भींच लिया जैसे सारी दुनिया से बचाकर अपने भीतर छुपा लेना चाहता अनंत आलिंगन को धीरे-धीरे गहराता चला गया—जैसे कोई कुम्हार मिट्टी को अपनी मुट्ठी में रचता-बसता हो। कृति को लगा, वह अनंत की धड़कनों में विलीन होती जा रही है, जैसे नदी समुद्र में।

लम्बे समय तक वे एक-दूसरे में लिपटे रहे, मानो समय ने अपनी गति रोक दी हो। फिर अनंत ने धीरे से उसे छोड़ा, उसके माथे को होठों से स्पर्श किया और कहा, "हैप्पी फर्स्ट एनिवर्सरी, मेरी प्यारी, दुलारी और सिर्फ़ हमारी... कृति।"

वह पल इतना अप्रत्याशित, इतना अपनापन लिए हुए था कि कृति के शब्द गले में ही अटक गए। वह बस फुसफुसा पाई, "हैप्पी एनिवर्सरी, अनंत..."

अनंत ने मुस्कुराते हुए कहा, "यह था आज का मेरा पहला सरप्राइज़।"

अनंत ने ब्रश आदि से निवृत्त होकर सुबह की शुरुआत की। आम दिनों की तरह सुबह उठते ही मोबाइल टटोलने का मन हुआ—रात भर दुनिया में क्या घट गया, यह जानने की पुरानी आदत थी। लेकिन आज का दिन अलग था—आज मोबाइल वर्जित था।

उसने बालकनी से अख़बार उठा लिया और हमेशा की तरह खेल समाचारों से पढ़ना शुरू किया। अंदर रसोई से आती हल्की खटपट में कृति के हाथों की व्यस्तता सुनाई दे रही थी।

करीब आधे घंटे बाद, जब वह मोदी जी की विदेश नीति, विराट की फॉर्म और एलॉन मस्क के नवीनतम प्रयोग पर दृष्टि फेर चुका था, अनंत ने पुकारा— "कृति, नाश्ता बन गया?"

"बस दस मिनट," कृति की आवाज़ आई, जिसमें एक खास उत्सुकता थी।

दस मिनट बाद टेबल पर दो खाली प्लेटें, एक सॉस की बोतल, और एक कटोरी में हरी चटनी सजी रख दी गईं।

"आज कुछ खास लग रहा है... क्या बना रही हो?" अनंत ने मुस्कुरा कर पूछा।

"करेले के पकौड़े," कृति बोली। "आज एनिवर्सरी है, तुम्हें सरप्राइज़ जो देना हैं।"

थोड़ी देर बाद कृति हाथ में एक थाली लेकर लौटी—जिसमें सुनहरे, गरमागरम दही कबाब सजे थे।

"दही कबाब!" वह खुशी से उछल पड़ा। हर रेस्तराँ में वह स्टार्टर के तौर पर इसे ही ऑर्डर करता। पर कृति ने आज तक इन्हें कभी घर पर नहीं बनाया था। उसके इस प्रिय व्यंजन बनाने के लिए कृति ने दो दिन तक यूट्यूब पर कई वीडियो देखे थे, थोड़ी रिहर्सल भी की थी—ताकि आज का दिन अनोखा बन सके।

"आज मैं खिलाऊँगी," वह बोली।

कृति ने कबाब का एक टुकड़ा तोड़ा, हरी चटनी में डुबोया और अनंत के मुँह में रख दिया।

स्वाद लेते ही अनंत की आँखें चमक उठीं—
"रेस्टोरेंट वाला भी इसके आगे फेल है!"

अनंत ने दूसरा टुकड़ा उठाया, चटनी में सराबोर किया और कृति के मुँह में रख दिया। दोनों ने एक-दूसरे को देखा और खिलखिलाकर हँस पड़े।

दही कबाब से पेट ही नहीं, दिल भी भर गया था। स्वाद की उस संपूर्णता के बाद दोनों ने साथ बैठकर अदरक वाली चाय की चुस्की ली— शब्दों से ज़्यादा, मौन में कुछ कहती हुई।

थोड़ी देर सुस्ताकर कृति नहाने चली गई।

जब वह स्नान के बाद कमरे में तैयार हो रही थी, तभी बाहर से अनंत की आवाज़ आई—
"बिंदी मत लगाना!"

कृति एक पल को ठिठकी। कुछ महीनों पहले तक वह चाहती थी कि सालगिरह के दिन एक नई, सुंदर ड्रेस पहने। पर इस बार परिस्थितियाँ ऐसी नहीं थीं। बाजार से कुछ नया लाना संभव नहीं हो पाया था। न ही अब इच्छा बाकी रह गई थी।

सो, उसने अपनी शादी की साड़ियों में से वह साड़ी निकाली जिसे वह सबसे ज़्यादा पसंद करती थी। वही साड़ी जिसका रंग अनंत को बेहद प्रिय था। उसने सावधानी से साड़ी पहनी, खुद को सँवारा, आँखों में काजल, होंठों पर हल्की मुस्कान, और जब बिंदी लगाने की बारी आई... तो अनंत के शब्द फिर कानों में गूंजे—"बिंदी मत लगाना।"

उसने हाथ रोक लिया।

उधर अनंत, बिना मोबाइल और लैपटॉप के, जैसे समय से जूझ रहा था। अख़बार को कई बार पलट-पलट कर पढ़ चुका था। जब कृति तैयार होकर ड्राइंग रूम में आई, तो वह ठहर गया।

अनंत ने अखबार नीचे रख दिया और उसे एकटक देखने लगा। कृति के मन में वही गुदगुदी हुई, जो पहली मुलाकात के दिन हुई थी।

वह धीरे से अनंत के सामने वाली कुर्सी पर बैठ गई।

अनंत मुस्कराया—"तुम रुको।"

वह उठकर अंदर गया और दराज़ से एक छोटा पैकेट लेकर लौटा। उसने पुलिंदे से एक छोटी सी शीशी निकाली— तरल बिंदी की बोतल। वही जिसे कभी उसकी माँ और बुआएँ इस्तेमाल करती थीं— डंडी से माथे पर बिंदी लगाई जाती थी, गोल, सुडौल, सिंदूरी। अब तो लोग चिपकने वाली बिंदियाँ ही प्रयोग करते थे।

कृति चकित रह गई।

अनंत ने बोतल खोली, उसमें डूबी हुई डंडी से थोड़ी-सी बिंदी निकाली और कृति के माथे पर लगा दी। फिर डंडी को हल्के से घुमाया। "गोल नहीं बन पा रही," वह बुदबुदाया। उसने फिर थोड़ी बिंदी ली और घुमाते हुए कोशिश की।

कृति के लिए आज गोला बनना बेमानी था। वह भाव विभोर हो रही थी। उसे लग रहा था जैसे स्वयं शिव उसके माथे पर पधार गए हैं।

अनंत ने पुलिंदे से एक-एक कर रंग-बिरंगी कांच की चूड़ियाँ निकालीं। हर चूड़ी का डिज़ाइन एक-सा था, पर रंगों की बहार अलग। कृति का एक हाथ थामकर उसने उसे जोर से दबाया और पहली चूड़ी चढ़ाने लगा। कृति को अनंत के इस कठोर पर स्नेहिल स्पर्श में एक

अजीब-सी सुखद अनुभूति हुई—काश, हर बार चूड़ी पहनाते वक्त वह ऐसे ही उसका हाथ थाम ले!

एक-एक करके उसने छह चूड़ियाँ कृति की कलाई में सरकाईं, फिर दूसरे हाथ में भी यही रस्म दोहराई। अब कृति की दोनों कलाइयाँ रंगीन चूड़ियों से लद चुकी थीं। वह मुग्ध होकर अपने हाथ कानों के पास ले गई और हिला दिया। चूड़ियों की मधुर खनक ने कमरे की हवा में एक संगीत भर दिया। फिर उसने श्रीदेवी की तरह चूड़ियों से सजे हाथों से अपना मुँह ढ़क लिया। वह बार-बार हाथ हिलाती, चूड़ियों के स्वरों में खोई रहती। आज उसकी कलाइयों का शोर किसी रागिनी से कम नहीं लग रहा था।

फिर अनंत ने उसी पुलिंदे में से एक पायल की जोड़ी निकाली। धीरे से कृति का पैर उठाया, अपनी जाँघ पर टिकाया, और पायल बाँधने लगा।

उसके हाथ पैरों में व्यस्त थे, पर नज़रें कृति की आँखों में गड़ी हुईं। कृति की पलकें, जो अब तक किसी बाँध में बंधी थीं, अचानक फूट गईं। आँखों से आँसुओं की धारा बह निकली।

अनंत घबरा गया, "सॉरी... क्या पायल चुभ रही है?"

कृति ने भरी आवाज़ में कहा, "नहीं... तुम बाँधो।"

अब कृति की बारी थी सरप्राइज देने की। वह मुस्कुराई, "चलो एक गेम खेलते हैं। इसे कहते हैं 'आँखों का पंजा लड़ाना'।

अनंत ने भौंहें उठाईं, "आंखों का पंजा?"

"हां," कृति ने बाल पीछे करते हुए कहा, "हम एक-दूसरे की आंखों में लगातार देखेंगे। जो पहले पलकें झपकाएगा, वह हारेगा।"

"ठीक है! मज़ा आएगा," अनंत ने कहा।

दोनों आमने-सामने बैठ गए, बीच में मात्र तीन फीट की दूरी। नज़रों की डोरी बंध गई। वक़्त ठहर गया।

काफ़ी देर तक किसी की पलक नहीं हिली। हवा भी जैसे रुककर देख रही थी—कौन पहले हारेगा?

थोड़ी देर बाद अनंत ने आंखें गड़ाए हुए गंभीर स्वर में कहा, "कृति... तुम्हारी बांह पर बड़ा सा कॉकरोच चल रहा है।"

कृति के चेहरे पर कोई हरकत नहीं हुई। वह अडिग बनी रही, आँखें गड़ाए।

कुछ क्षणों बाद अनंत ने फिर वार किया—"अरे! तुम्हारी आँखों में तो मोतिया है!" उसकी मासूमियत भरी आवाज़ इतनी स्वाभाविक थी कि कृति की हँसी फूट पड़ी। पलकें झपक गईं।

"यह तो चीटिंग है!" कृति बोली, "हम फिर से खेलेंगे।"

अब दूसरी पारी शुरू हुई। नज़रों की जंग फिर बंधी। हवा फिर से स्तब्ध।

कुछ देर बाद अनंत मुस्कराया, "बड़ी एक्सपर्ट लगती हो... लगता है कॉलेज में बहुत यह खेला करती थी।"

कृति ने होंठ भींचे, हँसी दबाने की कोशिश की।

तभी अनंत ने अंतिम वार किया—"अरे कृति, ध्यान से देखने पर तो तुम्हारी आंखों में तुम्हारे पुराने बॉयफ्रेंड नज़र आ रहे हैं।"

कृति फिर नहीं रोक पाई। अबकी बार हँसी विस्फोट बन गई। हँसते-हँसते उसने हार स्वीकार कर ली—"मैं हार गई... तुम जीते!"

उस खेल के बाद कृति चुपचाप अनंत की छाती पर सिर टिकाए देर तक लेटी रही। कमरे में एक सुकून भरी चुप्पी पसरी थी, जैसे समय

भी ठहर गया हो। थोड़ी देर बाद उसने धीमे स्वर में पूछा, "अब तुम्हारा अगला सरप्राइज़ क्या है?"

अनंत ने मुस्कुराते हुए बिस्तर के नीचे हाथ डाला और वहाँ से एक पुरानी सी नोटबुक निकाली। उसके भीतर से उसने एक हरा ग्राफ पेपर सावधानी से निकाला। उस पर कृति की पेंसिल से बनी एक तस्वीर उकेरी गई थी — कृति की एक पुरानी फोटो की नकल, पर इतनी सजीव कि मानो कागज़ से झाँक रही हो।

कृति चौंककर उठ बैठी। उसकी आँखों में हैरानी और प्रशंसा साथ-साथ चमक उठी। वह बोली, "बहुत खूबसूरत... पर तुम तो कभी ड्रॉइंग नहीं करते। ये कैसे बना ली?"

अनंत ने शांति से कहा, "तुमने गौर नहीं किया कि ये ग्राफ पेपर पर बनी है। और तुमने ये नहीं पूछा कि मैंने इसे ग्राफ पेपर पर ही क्यों बनाया।"

कृति क्षणभर में सब समझ गई। अनंत ने उसकी एक तस्वीर को ग्राफ पेपर पर प्रिंट किया था — फिर दूसरे ग्राफ पेपर पर एक्स और वाई अक्षों के सहारे, हर बिंदु को ध्यान से मिलाते हुए, उस चित्र को हाथ से दोहराया था। परिश्रम से बनी यह कृति इतनी सटीक थी कि मानो पल भर में साँस ले़ने लगेगी।

कृति अभिभूत हो गई। वह न केवल अनंत की सर्जनात्मकता से, बल्कि उसकी उस श्रमसाध्यता से भी बेहद प्रभावित थी, जो उसने उस क्षण को अमर बनाने के लिए की थी। उसने चित्र को काफ़ी देर तक देखा, और फिर उसे बड़े जतन से अपनी अलमारी में रख लिया — जैसे कोई अनमोल धरोहर।

आज कृति ने विशेष मन से अनंत के लिए खाना बनाया था — उड़द की दाल से भरी कुरकुरी बेड़मी और मसालेदार आलू की सब्ज़ी,

ठीक वैसे ही जैसे उसे पसंद है। पहले तो उसने सोचा कि और भी सब्ज़ियाँ बना ले, कुछ चटनी, रायता या मिठाई भी जोड़ दे। फिर मन में विचार आया — बहुत कुछ परोस देने से किसी एक चीज़ की आत्मा खो जाती है। बेहतर यही होगा कि एक ही व्यंजन हो, पर उसमें दिल डूबा हो।

उसने ढेर सारी बेड़मियाँ तलीं — गर्म, सुनहरी, फूली हुई — और फिर एक बड़ी थाली में सजाया। बीच में आलू की सब्ज़ी का कटोरा रखा और चारों ओर गोलाई में बेड़मियों की सुंदर माला सी बना दी।

अनंत ने जैसे ही वह थाली देखी, उसकी आँखों में चमक आ गई। मुस्कराते हुए बोला, "वाह, व्हाट ए सरप्राइज़, कृति!" कृति ने चुटकी ली, "असली सरप्राइज़ तो अभी बाकी है।"

उसने मेज़ के सामने दो कुर्सियाँ खींचीं और अनंत से कहा, "मान लो कि मैं एक लूली लड़की हूँ जिसके दोनों हाथ नहीं हैं।" अनंत तुरंत समझ गया। मुस्कराया, बेड़मी का एक टुकड़ा तोड़ा, उसे आलू की सब्ज़ी में डुबोया और बड़े स्नेह से कृति के मुंह में रख दिया। अगला कौर उसने अपने लिए उठाया। फिर एक उसके लिए, एक अपने लिए — जैसे कोई प्रेमगीत, जिसमें हर दूसरा सुर किसी और के लिए गाया गया हो।

कृति की आँखों में शरारत थी, बोली, "अब कहानी में एक नया मोड़ है — अब मानो हमारे दाहिने हाथ ज़ख़्मी हैं, और हमें सिर्फ़ उल्टे हाथों से खाना है।" उसने अपना दाहिना हाथ अनंत के दाहिने हाथ में उलझा दिया, जैसे कोई खेल में बाँध दिया जाता है।

दोनों बड़ी मुश्किल से कौर तोड़ते और उसे उल्टे हाथ से आलू की सब्जी में डुबोते और फिर खाते। दोनों को अपने फूहड़पन पर बड़ा मजा आ रहा था।

एक थाली, एक सब्ज़ी, दो उलझे हाथ — और अनगिनत हँसते पल।

दोपहर का भोजन समाप्त हो चुका था। घर में एक अलसाई सी खामोशी फैली थी — जैसे दीवारें भी दोपहर की झपकी ले रही हों। थोड़ी देर सुस्ताने के बाद कृति ने मुस्कराते हुए कहा, "अब तुम्हारी बारी है, अनंत।"

अनंत ने आंखें मूंदी, एक गहरी सांस ली और बोला, "आज मैं तुम्हें कुछ गाने गाकर सुनाऊंगा।"

कृति की आँखों में हैरानी चमक उठी। वह जानती थी कि अनंत गुनगुनाने तक से कतराता है — और आज वह गाने की बात कर रहा था! उसके लिए यह सरप्राइज़, सचमुच एक अप्रत्याशित उपहार था।

वह उठकर अनंत के सामने बैठ गई, जैसे किसी शास्त्रीय संगीत सभा में श्रोता अपने गायक की ओर पूरे समर्पण से देखते हैं।

अनंत ने पहला गीत आरंभ किया, स्वर धीमे थे, पर भाव सच्चे:

"जानेमन, जानेमन, तेरे दो नयन
चोरी-चोरी ले गए देखो मेरा मन
जानेमन, जानेमन...
तेरे दो नयन चोर हैं सजन,
यूँ ही नहीं खोया होगा कहीं मेरा मन..."

कृति ने तुरंत हस्तक्षेप किया, "अरे, यह दूसरी लाइन तो गलत है! असली तो यह है—

फिर उसने पूरी तल्लीनता से सही पंक्ति गुनगुनाई:
"मेरे दो नयन चोर नहीं सजन,
तुमसे ही खोया होगा कहीं तुम्हारा मन... जानेमन, जानेमन..."

अनंत मुस्कराया, आंखों में शरारत चमक उठी। बोला, "मैं जैसा महसूस करता हूँ, वैसा ही गाता हूँ। ज़रूरी नहीं कि मेरी हर पंक्ति किसी गाने से मेल खाए — मेरा गाना मेरे बोल।"

कृति मुस्कराने लगी — जैसे किसी शरारती बच्चे को उसकी मासूमियत के लिए दुलार दिया जाए।

और फिर वह अगले गीत में कूद पड़ा:

"गुम है किसी के प्यार में दिल सुबह-शाम,
पर तुम्हें लिख नहीं पाऊं...
कृति तेरा नाम...
हाय राम... हाय राम... हाय राम..."

कृति की आंखें चमक उठीं, फिर उसने तालियाँ बजाकर इस प्रदर्शन का सम्मान किया। अनंत अब अगले गीत की ओर बढ़ चला था, मानो उसकी अदाकारी का मंच अभी और विस्तार चाहता हो...

"देखा हज़ारों दफ़ा आपको, फिर भी ये बेक़रारी कैसी है,
हो गया पूरा एक साल, फिर भी ये ख़ुमारी कैसी है..."

कृति मंत्रमुग्ध-सी बैठी रही। अनंत हर गीत में एक अलग ही रंग भर रहा था — सुर भी सधे हुए थे, और अंदाज़ भी गहराई से भरा हुआ। हर बार वह पहली पंक्ति को दोहराता, मानो किसी अल्पविराम के बाद फिर वही बात कहना ज़रूरी हो। और जब वह गाता, तो अक्सर कृति की आंखों में आंखें डालकर — जैसे हर शब्द उसके दिल से निकलकर सीधे उसकी आत्मा को छू रहा हो।

अनंत ने अगला गीत शुरू किया — आवाज़ में हल्की चंचलता और आँखों में शरारत:

"ग़ज़ब का है दिन सोचो ज़रा,
ये दीवानापन देखो ज़रा
तुम हो साथ, हम भी साथ
मज़ा आ रहा है, क़सम से... हां क़सम से..."

कृति खिलखिला उठी, "हां, वाक़ई बहुत मज़ा आ रहा है... क़सम से!"

फिर अनंत ने स्वर को थोड़ा और नरम किया, और अगला गीत छेड़ दिया — एक ख़्वाहिश, एक दुआ की तरह:

"ये तुम्हारी-मेरी बातें,
हमेशा यूँ ही चलती रहें...
ये हमारी मुलाक़ातें,
हमेशा यूँ ही चलती रहें...
ये हमारी मदभरी शामें,
हमेशा यूँ ही ढलती रहें...
तू मेरी बाँहों में,
हमेशा यूँ ही मचलती रहें..."

कृति चुप थी, लेकिन उसकी आँखों में कुछ सजीव हो रहा था — जैसे कोई कविता भीतर खिल रही हो।

अब अनंत ने धीमे स्वर में कहा, "आज का आख़िरी गीत..." और फिर शब्दों को ठहराव और भाव से गूंथकर गाया:

"कहीं न जा, आज कहीं मत जा,
फिर मिले न मिले ये पल, ये समां...
बाँहों में आ जा..."

कृति मुस्कराई, और बिना एक शब्द कहे, धीरे-धीरे उसकी बाहों में सिमट गई। वह अनंत की बाहों में काफ़ी देर तक सिमटी रही।

काफ़ी देर बाद कृति धीरे-धीरे उठी, "मैं चाय बनाती हूँ..." उसने धीमे से कहा।

अनंत ने पीछे से फिर वही अधूरा सुर छेड़ा, गहराई से भरा हुआ:

"आज जाने की ज़िद न करो,
यूँ ही पहलू में बैठी रहो..."

कृति ने मुड़कर देखा नहीं, बस मुस्कराई।

"हाय मर जाएंगे, हम तो लुट जाएंगे...
ऐसी हरकतें किया न करो..."

कृति मुस्कुराते हल्के क़दमों से कमरे से बाहर निकल गई।

चाय की प्याली अब खाली हो चुकी थी, लेकिन माहौल में अब भी मिठास बाकी थी। अनंत ने मुस्कराते हुए कहा, "अब तुम्हारी बारी, कृति।"

कृति की आँखों में एक चमक उभरी। वह कुर्सी से थोड़ी आगे खिसकी और बोली, "अब हम एक खेल खेलेंगे — 'शब्द संगत।"

"मैं एक शब्द बोलूंगी, और वह शब्द सुनते ही तुम्हारे मन में जो पहला शब्द आए, वह तुम्हें तीन सेकंड के भीतर बोलना होगा। "जैसे अगर मैंने कहा 'टीवी', और तुम्हारे ज़ेहन में आया 'चैनल' — तो तुम्हारा जवाब वही होगा। या मैंने कहा 'शॉर्ट', तो तुम कह सकते हो 'सफेद'।" जैसे मैं कहूँ 'आसमान', तुम कहो 'तारे'।"

अनंत ने सिर हिलाया, "समझ गया। शुरू करो।"

कृति ने ध्यान से शब्दों का चयन किया:

"एनिवर्सरी?"

"हमारी।"

"प्रेम?"

"कृति।" (उसकी आँखें मुस्कराने लगीं।)

"गाना?"

"गुलज़ार।"

"पहला प्यार?"

"क्रिकेट।"

अनंत का अप्रत्याशित जवाब सुनकर कृति थोडा निराश हुई - वह किसी नाम की उम्मीद कर रही थी। मगर अनंत चतुर निकला।

"बेंगलुरु?"

"हमेशा।" अनंत ने कहा, जैसे वह शहर उनके लिए अनंत काल का प्रतीक हो।

अब अनंत की बारी थी।

"शादी?"

"सब कुछ।"

"एनिवर्सरी?"

"मज़ेदार।"

"गहने?"

"बेकार।"

"पैसे?"

"आ जाएंगे।"

"बॉयफ्रेंड?"

"पापा।"

"पापा?" कृति का अजीबोगरीब जवाब सुनकर अनंत चौंका, "पापा कैसे बॉयफ्रेंड हो सकते हैं?"

कृति हँस पड़ी, "नहीं, वही तो मेरे पहले बॉयफ्रेंड थे!"

अब फिर से कृति की बारी थी। उसने एक के बाद एक शब्द फेंकने शुरू किए — हल्के, मगर नुकीले।

"पैसे?"
अनंत मुस्कराया, "थोड़े।"

"नौकरी?"
"तनाव।"

"शादी?"
"बढ़ा तनाव।"
इतना सुनते ही कृति ने अनंत की पिंडलियों पर हल्की सी चपत लगा दी — एक शरारती चेतावनी जैसी।

"चाय"
"बालकनी"

"प्रेम पत्र?"
"खो गए..."

कृति की भौंहें तन गईं, " *कहां खो गए!*"

अनंत ने हाथ जोड़ने वाले अंदाज़ में जवाब दिया, "कहीं नहीं गए, भाई! लेकिन ई-मेल, एसएमएस और व्हाट्सएप के इस डिजिटल युग में... हाथ से लिखे वो मोहब्बत भरे कागज़... सच में खो से गए हैं।"

अब फिर अनंत की बारी थी।

"सपना"
"भट्ठी" अनंत मुस्कुराया क्योंकि सपना नाम की उसकी स्कूल की एक सहपाठी बैंगलोर में रहती थी।

"कमज़ोरी"
"चॉकलेट"

"सर्दी"
"रजाई"

"उलझन",
"चोटी"

"भूल"
"शॉपिंग" कृति तपाक से बोली। अनंत ने महसूस किया की तीन महीने में कितना कुछ बदल गया हैं।

अब बारी थी अनंत की — उसका दिन का आखिरी सरप्राइज़। उसने धीरे से अपनी किताब खोली और उसमें से कागज़ के चालीस छोटे-छोटे टुकड़े निकालकर टेबल पर बिखेर दिए। फिर मुस्कराकर बोला, "बचपन में तुमने न पचास, सौ, शायद हज़ार टुकड़ों वाली पज़ल बनाई थी? आज बस चालीस टुकड़ों की पज़ल है।"

कृति ने जिज्ञासु निगाहों से टुकड़ों को देखा। हर टुकड़ा एक तरफ से खाली था, दूसरी ओर कुछ छपा हुआ। आकार भी

अजीबोगरीब—कोई बड़ा, कोई टेढ़ा, कोई सीधा, कोई त्रिकोण जैसा। कृति ने झुंझलाकर कहा, "ये क्या बला है! मुझसे नहीं होगा, मैं बचपन में भी पज़ल से दूर ही रहती थी।"

अनंत मुस्कराया, "कोशिश तो करो।"

अनंत के कहने पर कृति ने हाथ बढ़ाया और टुकड़ों को उलट-पलट कर देखने लगी।

सबसे पहले उसने सारे टुकड़ों को सीधा किया—सफेद भाग नीचे, छपा भाग ऊपर। धीरे-धीरे उसकी नज़रों ने पैटर्न पकड़ना शुरू किया—कहीं आँख, कहीं बालों की लटें, कहीं कपड़ों की झलक, तो कहीं कुछ लिखा हुआ। एकाएक उसे समझ आया - यह कोई तस्वीर थी जिसे अनंत ने जानबूझकर अराजक टुकड़ों में काट दिया था!

अब उसकी उत्सुकता जाग चुकी थी।वह ध्यानपूर्वक जोड़ने लगी—शब्दों की रेखाएं मिलने लगीं। कुछ टुकड़े जुड़े तो कृति को महसूस हुआ कि यह तो अंग्रेजी में लिखा हुआ यू शब्द है। वह तुरंत भांप गई कि यह आई लव यू लिखा हुआ है। उसने आई और लव के टुकड़े ढूंढने शुरू कर दिए और जल्दी ही उन्हें जोड़ लिया। कागज का निचला भाग पूरा तैयार हो गया था।

अब उसने ऊपर के हिस्से की ओर ध्यान दिया—यहाँ दो चेहरे बनते नजर आ रहे थे। पहले आँखें बनीं, फिर मुस्कराहट, फिर वह पल... यह तो उन दोनों की शादी की वह अविस्मरणीय तस्वीर थी, जिसे अनंत ने कलाकारी से काटकर एक प्रेमपूर्ण पहेली में बदल दिया था।

कुछ ही देर में पूरी पज़ल जुड़ चुकी थी। एक फ्रेम में कृति और अनंत, साथ-साथ मुस्कराते हुए... और नीचे सुंदर टाइप में लिखा—"आई लव यू."

अनंत ने यह तस्वीर अपने लैपटॉप पर डिजाइन की थी, पास की दुकान से प्रिंट निकलवाया, और खुद ही उसे प्यार से टुकड़ों में काट दिया था—बस एक और अनोखे अंदाज़ में "आई लव यू" कहने के लिए।

कृति इस अंदाज़ पर मोहित थी। उसे पज़ल को देखते हुए लगा जैसे हर टुकड़ा जैसे कह रहा था—हम अधूरे नहीं हैं, बस एक-दूसरे में पूरे होते हैं।

रात ढल रही थी, चांद अपनी जगह पकड़ रहा था, जब अनंत ने मुस्कुराकर पूछा, "तो डिनर का क्या प्लान है?" कृति ने आंखों में शरारत भरकर कहा, "डिनर भी एक सरप्राइज है।"

अनंत ने देखा—कृति सब्ज़ियाँ कैसरोल में भर रही है, रोटियाँ सिल्वर फॉयल में लपेट चुकी है, चम्मच, प्लेटें, पानी की बोतल... सब कुछ सहेजकर एक बैग में रख रही है।

वह हैरान होकर बोला, "मतलब हम रात आठ बजे पिकनिक पर जा रहे हैं?"

कृति मुस्कुरा दी, "हां।"

"कहां?"

"बस तुम मेरे साथ चलो।"

"कम से कम कपड़े तो बदल लूं?"

"ज़रूरत नहीं," उसने नर्म लहज़े में कहा।

घर की कुंडी बंद हुई। कृति ने बैग उठाया और दोनों लिफ्ट में दाखिल हुए। उसने आठ का बटन दबाया। अनंत ने भौंहें चढ़ाईं, "हम नीचे जा रहे हैं या ऊपर?" कृति की मुस्कान गहराई।

उनका घर तीसरी मंज़िल पर था, और छत तक पहुँचने के लिए उन्हें आठवीं मंजिल पर उतरकर एक मंज़िल की सीढ़ियाँ चढ़नी पड़ीं। कृति पहले ही ऊपर वाले पड़ोसी से छत की चाबी ले आई थी।

दरवाज़ा खोलते ही जैसे शहर का एक अलग ही रूप उनके सामने खुल गया—एक शांत, स्थिर, रात्रि का आलिंगन किए हुए शहर।

छत पर हल्की-सी हवा चल रही थी। कृति ने एक जगह देखकर चादर बिछाई और बड़े सलीके से खाना सजाया। अनंत छत से नज़ारा देखता रह गया। चारों ओर चमकती बहुमंज़िला इमारतें, रौशनी की लहरों में डूबा शहर—एक ऐसी ऊँचाई से जिसे छूना हमेशा अधूरा रह जाता है। "घर की बालकनी तो बस एक झरोखा थी," वह बुदबुदाया, "ये तो जैसे पूरी दुनिया है।"

छत पर घना अंधेरा था। अनंत ने पूछा, "मोबाइल की टॉर्च जला दूं?" कृति ने उसका हाथ पकड़कर कहा, "नहीं... आज अंधेरे में खाना खाएंगे।"

और फिर शुरू हुआ एक अनूठा अनुभव - जहाँ हर कौर एक रहस्य था, हर स्वाद एक आश्चर्य। न सब्ज़ी दिख रही थी, ना रोटियों की गिनती का होश था। चम्मच में छिपी सब्जी की मात्रा का अनुमान लगाना अपने आप में एक कला बन गया। कभी चम्मच आधी भरी मिलती, तो कभी एकदम लबालब - मानो भाग्य ही तय कर रहा हो कि आज किसका नंबर है।

रोटी के टुकड़े ढूँढ़ने की कोशिश में उनकी उँगलियाँ कभी थाली के किनारे से टकरातीं, तो कभी एक-दूसरे से। हर छूने पर एक बिजली-सी दौड़ जाती - क्या यह रोटी का टुकड़ा है या फिर उसका हाथ? अनंत ने जान-बूझकर एक बार कृति की उँगलियों को पकड़ लिया और रोटी समझकर मुँह की ओर ले जाने का नाटक किया, जिस पर कृति की हँसी छूट गई।

कभी नमक कम लगता, तो कभी मिर्ची ज्यादा - पर आज हर गलती मजेदार लग रही थी।

धीरे-धीरे उनकी इंद्रियाँ और संवेदनशील होती गईं। कानों को हर छोटी आवाज सुनाई देने लगी - चम्मच की खनखनाहट, पत्ते की सरसराहट, दूर किसी कुत्ते के भौंकने की आवाज। नाक को हर सुगंध तीव्र लगने लगी - खाने की खुशबू, हवा में मिली नमी, दूर नीचे की बालकनी से आती गुलाब की सुगंध।

वो डिनर नहीं था—एक अनुभव था। इस अंधेरी छत पर, टिमटिमाते तारों के नीचे, दो लोगों ने न सिर्फ भोजन किया, बल्कि अपनी इंद्रियों, अपने रिश्ते और जीवन के छोटे-छोटे आनंदों को फिर से खोजा।

रात गहराने लगी थी। कमरे की बत्तियाँ बुझ चुकी थीं, पर खिड़की से आती चांदनी ने वातावरण में एक मद्धम उजास घोल दिया था। रात की नीरवता में कृति अनंत के कंधे पर सिर टिकाए, एक सुकून भरे मौन में डूबी थी , जैसे कोई प्रवासी पक्षी अपने घोंसले में विश्राम करता हो। यह छोटा-सा स्पर्श उसे एक अद्भुत सुरक्षा और स्नेह का अहसास दिलाता था। उसे यूँ लेटना बहुत प्रिय था, जैसे मन भी कंधे पर ठहर गया हो।

चुप्पी तोड़ते हुए उसने मधुर स्वर में पूछा, "अनंत, यदि तुम्हारी नौकरी चल रही होती और हम किसी पर्यटन स्थल पर अपनी वर्षगांठ मना रहे होते, तो कितना खर्च आता?"

अनंत ने आँखें बंद करके हिसाब लगाया, "तीस-चालीस हजार तो बस होटल और यात्रा का... तुम्हारे लिए कोई विशेष उपहार जोड़ दें तो शायद पचास-साठ हज़ार तक पहुँच जाए।"

कृति ने उत्सुकता से पूछा, "और फिर जब लोग पूछते कि हमने अपनी वर्षगांठ कैसे मनाई, तो क्या बताते?"

अनंत ने गहरी साँस ली, "बहुत कुछ... समुद्र किनारे रोमांटिक डिनर, सूर्यास्त की सैर, स्पा ट्रीटमेंट, इत्यादि"।

"पर अब?" कृति ने धीरे से पूछा, "अब हम उन्हें क्या बताएँगे?"
एक क्षण की चुप्पी के बाद अनंत बोला, "शायद कुछ भी नहीं।"

******

6. सदा सदी नदी

मित्रगणों की तालियों के बीच, नंदीश अपने मित्र सदानंद की पोती द्वारा घर पर बनाया हुआ केक काट रहे थे। वासुदेव ने तो पूर्व संध्या को ही, सुबह फूलों का गुलदस्ता उपहार में देने का प्रबंध कर लिया था। सदानंद, वासुदेव और अन्य तीन मित्र नंदीश की सुबह की सैर के साथी थे।

नंदीश के लिए सुबह का समय दिन का सबसे सुखद समय हुआ करता था — वह समय जब वह दिन भर में बनी झुर्रियों को कुछ उलट लिया करता था, वह समय जब पक्षी उसके लिए संगीत रचते थे, वह समय जब वह पेड़ों को नए जीवन के साथ खिलखिलाते हुए देखा करता था, वह समय जब उसकी देह और दिल में रक्त प्रवाह बेहतर होता था, वह समय जब वह देश भर की राजनीतिक घटनाओं से अवगत हुआ करता था, वह समय जब वह अपने आसपास के समुदाय और शहर की खबरों के प्रति जागरूक बना रहता था, वह समय जब वह युवाओं को व्यायाम करते हुए देखकर अपनी उम्र की सीमाओं को महसूस करता था — और वह समय जब उसमें जीने की इच्छा फिर से थोड़ी जागृत हो जाया करती थी।

दोस्तों ने उसका पैंसठवाँ जन्मदिन और उससे भी अधिक महत्वपूर्ण — उसकी सेवानिवृत्ति की पांचवी वर्षगांठ मनाई।

घर की दहलीज में कदम रखते ही, नंदीश के सामने फिर वही पुराना दृश्य था। उसकी पत्नी सुजाता की आवाज़, जिसमें झुंझलाहट साफ़ झलक रही थी, कानों में गूंजी। "फिर से देर," उसने निराशा और खीझ के साथ कहा। नंदीश ने घड़ी की ओर देखा और चुपचाप आह भरी, यह सोचते हुए कि सुबह की सैर में फिर से समय का पता ही नहीं चला।

सुजाता की नज़र उसके हाथ में लटके खाली किराने के थैले पर पड़ी। "और वो नींबू और अदरक कहाँ हैं, जो मैंने खास तौर पर लाने के लिए कहा था?" उसने हाथ कमर पर रखकर पूछा। नंदीश ने अंदर ही अंदर झेंपते हुए कहा, "अरे, वो? मेरे ध्यान से निकल गए, सुजाता। माफ़ कर दो, भूल गया। मैं अभी जाकर ले आता हूँ," उसने स्थिति को संभालने की कोशिश की।

वह कुछ और कहता, उससे पहले ही सुजाता का चेहरा कठोर हो गया। उसके लहजे में अब थकावट के साथ ताना भी घुल गया था। "ध्यान से निकल गए?" वह बोली, "हर रोज़ कुछ न कुछ! एक छोटा-सा काम भी नहीं हो पाता तुमसे। क्या तुम्हें लगता है कि घर चलाना, खाना बनाना, नौकरानी, पड़ोसी — ये सब अपने आप हो जाता है? मैंने सिर्फ नींबू-अदरक मंगवाए थे, और वो भी नहीं ला पाए!"

"सुजाता, मैं समझता हूँ," नंदीश ने शांति बनाए रखने की कोशिश करते हुए कहा। "मैं सचमुच अपनी पूरी कोशिश कर रहा हूँ। बस..."

"बस क्या?" सुजाता ने उसकी बात बीच में ही काट दी। उसकी आवाज़ अब तेज़ और तीखी हो गई थी।

"बस इसलिए कि तुम रिटायर हो गए हो? घर पर दिन भर बैठे रहना इतना भी मुश्किल नहीं होना चाहिए, नंदीश! ये पहली बार नहीं है। ऐसा लगता है जैसे तुम कोई बच्चा हो, जिसे मुझे हर वक्त संभालना पड़ता है!"

नंदीश भीतर तक आहत हो गया। वह बच्चा नहीं था — और रिटायरमेंट, उसके लिए, कोई बोझ नहीं था। उसने तो सोचा था कि यह वह समय होगा जब वह और सुजाता मिलकर जीवन को एक नई दिशा देंगे — कुछ नया देखेंगे, कुछ नया सीखेंगे, बातें करेंगे, शांत और सुकून

भरे दिन बिताएंगे। लेकिन हाल के दिनों में, सुजाता के साथ हर बातचीत एक शिकायत, एक उलाहना, एक खिंचाव बनकर रह जाती थी — जैसे साथ तो था, पर साझेदारी कहीं खो गई थी।

"मैं कोई मुश्किल नहीं बनना चाहता, सुजाता," उसने धीमी आवाज़ में कहा। "मैं बस..." वह रुक गया। शब्द उसके गले में अटक गए, जैसे मन में बहुत कुछ था लेकिन कहने की हिम्मत नहीं जुटा पाया।

सुजाता ने झुंझलाकर अपने हाथ हवा में उठा दिए। "ठीक है, छोड़ो। मैं खुद ही जाकर ले आती हूँ। तुमसे नहीं हो पाएगा।" इन अंतिम शब्दों के साथ वह रसोई से बाहर निकल गई, और नंदीश वहीं खड़ा रह गया — अकेला, मौन, और बोझिल। सुजाता के शब्दों का भार किसी भी किराने के थैले से कहीं अधिक भारी था। सुजाता ने न तो उसके जन्मदिन को याद किया और न ही कोई शुभकामनाएँ दी। और अब, नंदीश ने भी इन छोटी-छोटी उम्मीदों को धीरे-धीरे मन के कोने में दफन करना सीख लिया था।

हर सुबह की तरह, नंदीश ने अपनी नियमित इडली-सांबर का जाना-पहचाना स्वाद लिया। फिर, एक गरमागरम फिल्टर कॉफी से — जिसकी ताज़ा खुशबू पूरे घर में फैल चुकी थी — अपने मुंह के स्वाद को जैसे दो चाँद लगा दिए।

इसके बाद वह अपनी पसंदीदा कुर्सी पर आकर बैठ गए। पास ही दो अख़बार रखे थे — एक कन्नड़ में, दूसरा अंग्रेज़ी में। ये दोनों उनके दिन के बड़े हिस्से के समझदार और प्रेरणादायक साथी थे।

अक्सर नंदीश अख़बार का एक-एक शब्द, यहाँ तक कि विज्ञापनों तक को भी पढ़ डालते — और खुद को विश्व की घटनाओं, स्थानीय समाचारों, और कारों व मोबाइलों के नए-नए मॉडल की चमक-दमक में डुबो देते।

लेकिन आज... वह कन्नड़ अख़बार के केवल दूसरे पन्ने तक ही पहुँचे थे — जब वह हुआ, जो टल नहीं सकता था।

नौकरानी कमरे में दाखिल हुई और उसने पंखा पूरी रफ्तार से शुरू कर दिया। नंदीश को कभी समझ नहीं आता था कि आखिर सभी नौकरानियों को रेगुलेटर पांच पर ही क्यों पसंद आता है। निश्चित रूप से धीमी रफ्तार भी तो पर्याप्त होती और फर्श कुछ अतिरिक्त मिनटों में सूख जाता। लेकिन शिकायत करना एक निष्फल अभ्यास था। वह जानता था कि नौकरानी को सुजाता का अटूट समर्थन प्राप्त है। अपनी बेचैनी को व्यक्त करने का कोई भी प्रयास हार के लिए निर्धारित था।

एक आह भरते हुए, नंदीश उठे और बालकनी में चले गए। नीचे भागते दौड़ते शहर को देखते हुए, उनके मन में एक सवाल उठा। ये सफाई करने वाली महिलाएं सुजाता की ज़िंदगी में इतनी अहम क्यों होती हैं? उन्होंने देखा था कि दफ्तर में कभी भी, किसी भी कर्मचारी को इतना निर्विवाद सम्मान कभी नहीं मिलता। वह सोचने लगा कि सुजाता की दुनिया में अधिक प्रमुख स्थान किसका है – वह स्वयं, उसका दशकों पुराना पति, या यह युवा महिला जो दिन में दो बार आती और चली जाती है? तर्क की माने तो जवाब उसके पक्ष में आना चाहिए था, पर नंदीश ने देखा कि महिला ने आसानी से निर्विरोध जीत हासिल कर ली। उनकी बेटी वनिता भी, उस सर्वशक्तिमान और सर्वविद्यमान प्रतिद्वंद्वी के सामने, असहज सी दिख रही थी।

अपनी विचित्रताओं और विशिष्टताओं के बावजूद, नौकरानियाँ भारतीय पत्नियों के लिए अपरिहार्य हैं, जो न केवल गृह कार्य में सहायता प्रदान करती हैं बल्कि अक्सर इनकी भरोसेमंद साथी बन जाती हैं। वे बहुधा सुनने वाले कान, सहानुभूतिपूर्ण मुस्कान, खबरें - खाली और भरते हुए मकान, व्यंजन बनाने कि चलती फिरती निदान, भाग कर लाती हुए दूकान, थोड़ी बहुत देर के लिए बच्चों कि दरबान, उबलते हुए दूध कि

निगहबान, मेहमानो के आने पर वरदान, गिनती कुकर की सीटियों का गान, करती कीड़े वाली सब्ज़ियों की पहचान और कभी-कभी बुद्धिमानी भरी समाधान बन जाती हैं और नियोक्ता और कर्मचारी के बीच की दूरी को मिटा कर ऐसे बंधन बना देती हैं हैं जो महज पेशेवर रिश्तों से परे होते हैं।

दोपहर के भोजन के बाद का समय नंदीश के लिए दिन का सबसे चुनौतीपूर्ण हिस्सा था। जबकि वह दोपहर की झपकी के लिए इच्छुक रहता था, वह जानता था कि ऐसा करने से उसकी रात की नींद की व्यवस्था बाधित हो जाएगी। अनुभव ने उसे सिखाया था कि दोपहर की नींद अक्सर बेचैन करने वाली रात बन जाती है, जिससे अगले दिन वह सुस्त और चिड़चिड़ा हो जाता है।

सेवानिवृत्ति के शुरुआती दिनों में, नंदीश दोपहर का समय एक अच्छी किताब के साथ बिताते थे। हालाँकि, जैसे-जैसे उनकी दृष्टि कमज़ोर होने लगी, पढ़ना आनंद से अधिक संघर्ष बन गया। इस खालीपन को भरने के लिए उन्होंने जल्द ही अन्य मनोरंजन की ओर रुख किया। यूट्यूब वीडियो का खजाना था, जो अंतहीन घंटों के लिए समाचार, मनोरंजन और संगीत का मिश्रण पेश करता था।

शामों की कहानी बिल्कुल अलग थी। जबकि नंदीश आईपीएल, क्रिकेट या टेनिस एक्शन देखना पसंद करते थे, टीवी रिमोट पत्नी सुजाता के नियंत्रण में था। उन्होंने खुद को दैनिक धारावाहिकों के अतिनाटकीय उतार-चढ़ावों के अधीन पाया, जहाँ कुटिल महिलाएँ नियमित रूप से चौंकाने वाली साज़िशें रचती थीं। इस निराशाजनक सामग्री के बावजूद नंदीश को इस तथ्य में सांत्वना मिलती थी कि पर्दे के पात्रों की तुलना में उनकी अपनी पत्नी सद्‌गुण और समझदारी की प्रतिमूर्ति थीं।

जैसे ही रात सघन होती, नंदीश सोने के लिए चले जाते, उत्सुकता से अपने दिन के सबसे अच्छे हिस्से का इंतजार करते - पार्क में अपने

दोस्तों के साथ बिताई जाने वाली सुबह। जीवंत बातचीत में शामिल होने, हँसी साझा करने और ताज़ी हवा का आनंद लेने की संभावना उन्हें ऐसी खुशी और सौहार्द की भावना से भर देती कि दोपहर की चुनौतियाँ उन्हें फीकी सी लगने लगती।

अपने कामकाजी वर्षों के दौरान, ऑफिस की रोज़मर्रा की भागदौड़ ने नंदीश को मानसिक और शारीरिक रूप से थका दिया था। वह उस दिन की प्रतीक्षा कर रहे थे जब वह रिटायर होकर जीवन को एक धीमी, अधिक आरामदायक गति से जी सकेंगे, जहाँ वो अपना समय अपनी मर्ज़ी से बिता सकेगा। लेकिन, अब रिटायरमेंट के पाँच साल बाद, नंदीश ने खुद को पहले से ज्यादा निराश पाया।

अपनी पूरी कोशिश के बावजूद, नंदीश को ऐसा महसूस होता था कि उनके आसपास की दुनिया — जिसमें उनकी पत्नी, नौकरानी, दुकानदार और अन्य लोग शामिल थे — उन्हें बेकार समझते हैं। वे साधारण काम, जो कभी उनके लिए सहज और आसान थे, अब उनके हाथ से फिसल रहे थे, और हर बार वे दूसरों की उम्मीदों पर खरा नहीं उतर पाने का डर सताता था। चाहे यह धारणा वास्तविक हो या कल्पित, यह धीरे-धीरे उनके आत्म-सम्मान को खोखला कर रही थी, और नंदीश खुद अपनी ही नजरों में गिरते जा रहे थे।

नंदीश के पार्क के करीबी दोस्त वासुदेव एक आध्यात्मिक संप्रदाय से काफ़ी समय से जुड़े थे। जब उन्होंने एक आगामी तीन दिवसीय ध्यान शिविर का जिक्र किया, जिसमें तनाव प्रबंधन, आंतरिक शांति और बेहतर स्वास्थ्य के लिए शक्तिशाली योग, अभ्यास और श्वास तकनीकों को सिखाया जाएगा, तो नंदीश इसमें शामिल होने के लिए आकर्षित हुए, खासकर इसलिए भी क्योंकि पार्क के उनके कई दोस्त भी इसमें भाग ले रहे थे, और वे संभावित सौहार्द का अनुभव करने की उम्मीद कर रहे थे।

सत्रों के बीच एक ब्रेक के दौरान, नंदीश, वासुदेव, और उनके दोस्त अनौपचारिक तरीके से अपने ध्यान प्रशिक्षक के साथ बातचीत कर रहे थे। बातचीत ने अप्रत्याशित मोड़ लिया जब नंदीश ने कर्नाटक सरकार के साथ एक भूगर्भशास्त्री के रूप में अपनी सेवानिवृत्ति का जिक्र किया। उन्होंने राज्य में नदी के आकार और संरचना (मॉर्फोलॉजी) और बाढ़ जोखिम मूल्यांकन पर व्यापक काम किया था। यह सुनकर प्रशिक्षक की रुचि जाग गई। उसने खुलासा किया कि उनके आश्रम में एक सूखी नदी को पुनर्जीवित करने का प्रोजेक्ट चल रहा है और नंदीश जैसे एक विशेषज्ञ की उन्हें तलाश हैं जो परियोजना को मार्गदर्शन प्रदान कर सकें।

इस नई संभावना से प्रभावित होकर, नंदीश ने प्रस्ताव पर विचार करने की इच्छा जताई। प्रशिक्षक ने सुझाव दिया कि आश्रम के स्वयंसेवकों का एक दल नंदीश के साथ, ध्यान पाठ्यक्रम समाप्त होने के तुरंत बाद, इंदुमति नदी का सर्वेक्षण करने जा सकता है। यह प्रस्ताव नंदीश को पसंद आया और उसने खुशी से सहमति दे दी। अपने भूगर्भीय ज्ञान को एक ऐसे उद्देश्य के साथ जोड़ने के लिए, जो उसके मूल्यों के साथ मेल खाता था, उन्हें आकर्षित लगा। नंदीश ने अपनी पत्नी सुजाता को फोन कर बताया कि वह नदी पर जाने की योजना बना रहा है और वह कुछ दिनों के बाद देरी से लौटेगा।

नंदीश के दिल में नदियों के लिए विशेष स्थान था। उनके लिए नदी सिर्फ बहता हुआ पानी नहीं थी, बल्कि जीवन का प्रवाह था।

नदियां जो
पेयजल प्रदान करती हैं,
वर्षा का निर्माण करती हैं,
मिट्टी को नम करती हैं,
कुओं के लिए भूमिगत जल को पुनर्भरण करती हैं,

अन्य जल निकायों जैसे तालाब और पोखर को जल प्रदान करती हैं,
अतिरिक्त वर्षा के पानी के लिए निकासी का काम करती हैं,
धरती को पुनर्भरण के लिए पानी प्रदान करती हैं,
विविध प्रकार की वनस्पतियों और जीवों को जीवन देती हैं,
अपने किनारों पर उगने वाली वनस्पतियों के लिए पानी प्रदान करती हैं,
मछलियों की आबादी को बनाए रखती हैं,
कृषि के लिए मिट्टी को उर्वरित करने के लिए तलछट जमा करती हैं,
सिंचाई के लिए पानी उपलब्ध कराती हैं,
बीजों के वितरण के लिए प्राकृतिक गलियारों का निर्माण करती हैं,
यात्रा की सुविधा देती हैं,
जल विद्युत उत्पन्न करती हैं,
बाँधों के माध्यम से जलाशय के रूप में काम करती हैं,
निर्माण के लिए रेत की आपूर्ति करती हैं,
बहुतों के लिए जीवनयापन का साधन होती हैं,
कई ऐतिहासिक स्थलों के लिए किनारा प्रदान करती हैं,
राज्यों के बीच प्राकृतिक सीमाओं के रूप में कार्य करती हैं,
शहरों और राजवंशों के निर्माण के लिए आधार प्रदान करती हैं,
परिदृश्य की सौंदर्यता को बढ़ाती हैं,
झरनों के साथ पर्यटन स्थलों के रूप में कार्य करती हैं,
नौकायन, कयाकिंग और राफ्टिंग जैसी मनोरंजक गतिविधियों के लिए व्यवस्था देती हैं,
नौ-परिवहन के लिए सरणी का काम करती हैं,
संध्या की सैर के लिए किनारा उपलब्ध कराती हैं,
आस-पास के निवासियों के लिए हवा को ठंडा करती हैं,

सभी पापों को धोने का कार्य करती हैं,
कुंभ मेला का आयोजन करती हैं,
मूर्तियों के विसर्जन का स्थान होती हैं,
हिंदू तीर्थ स्थलों को किनारा देती हैं,
संध्या आरती के लिए पृष्ठाधार बनाती हैं,
समुदायों के लिए एकत्रित होने का स्थान होती हैं,
धार्मिक और सांस्कृतिक आयोजनों के लिए स्नान के पानी की आपूर्ति करती हैं,
अस्थियों को विसर्जित करने का स्थान प्रदान करती हैं,
कला, साहित्य और संगीत को उद्दीप्त करती हैं,
फिल्मों के गीतों के लिए स्थल होती हैं,
भारतीय लोककथाओं और मिथकों को प्रेरित करती हैं,
वासुदेव के लिए गोकुल पहुंचने के लिए जल को शांत करती हैं,
राजा शान्तनु के सात बेटों को जन्म के समय डुबोने की क्षमता रखती हैं,
राम, सीता और लक्ष्मण के ठहरने के लिए किनारा प्रदान करती हैं,
राजा भागीरथ के पूर्वजों की आत्माओं को शुद्ध करने के लिए स्वर्ग से पृथ्वी पर उतरती हैं,
और कृष्ण को गोपियों और दोस्तों के साथ खेलने के लिए एक खेल का मैदान प्रदान करती हैं,
जीवन प्रवाह हैं।

आश्रम के स्वयंसेवकों के साथ नंदीश ने इंदुमती नदी का सर्वेक्षण आरंभ किया। यह वर्षा पोषित नदी बावन किलोमीटर लम्बी थी और इसका जलगाह क्षेत्र चार सौ साठ वर्ग किलोमीटर में फैला था। इसका

अंतिम स्थान टी.जी. हाली जलाशय था, जो बेंगलुरु शहर को जल प्रदान करता था। यहीं से नंदीश ने अपनी यात्रा की शुरुआत की।

पुरानी तस्वीरों में देखा गया वह कलकल करता पानी अब उजागर चट्टानों और धूल भरी तलछट वाले टूटे-फूटे परिदृश्य में बदल गया था। कभी प्रचंड बहती नदी अब अपने पुराने अस्तित्व की एक धुंधली छाया मात्र रह गई थी। तेजी से बहते पानी की गर्जना अब हवा में उड़ती रेत की सूखी फुसफुसाहट में बदल गई थी। एक भूवैज्ञानिक के रूप में, नंदीश के लिए यह सूखी नदी का तल समय का एक संपुट था, जिसे खोलना और समझना अभी बाकी था। पहले संकेत खुद नदी के तल में दिखाई दिए।

प्रमुख चट्टान चिकने, गोलाकार कंकड़ों से बनी हुई थी - जो नदी की कभी शक्तिशाली धारा का प्रमाण थी। इसमें धंसे हुए छोटे, चमकीले ग्रेनाइट और क्वार्ट्ज के कंकड़ दूर के पहाड़ों की ओर इशारा कर रहे थे, जिनके बीच से नदी ने अपना रास्ता काटा था। गहरे हिस्सों में महीन दानेदार बलुआ पत्थर की परतें दिखाई दीं, जो लाखों साल पहले जमा प्राचीन समुद्र तटों के अवशेष थे। नदी के मार्ग का अनुसरण करते हुए, नंदीश ने चट्टानों के गठन में सूक्ष्म बदलाव देखे। कंकड़युक्त चट्टान एक लालचट्टी मिट्टी की परत में बदल गई, जिसकी फटी हुई सतह सूखी दरारों के जाल को प्रकट कर रही थी। यह धीमे प्रवाह की अवधि का संकेत था, शायद कोई मौसमी बदलाव या जलवायु में परिवर्तन। अपने सर्वेक्षण के दौरान, नंदीश ने सावधानीपूर्वक नमूने एकत्र किए - चट्टानें, जीवाश्म और मिट्टी के कोर। इनका विश्लेषण उसकी प्रयोगशाला में किया जाएगा, जो न केवल परिदृश्य की संरचना को उजागर करेगा, बल्कि इस नदी के पतन की कहानी भी बताएगा।

आठ दिन की अनुपस्थिति के बाद जब नंदीश घर लौटे, तो उन्हें उम्मीद थी कि सुजाता यात्रा बढ़ाने और इतने लंबे समय तक दूर रहने के

लिए नाराज़ होंगी। लेकिन उन्हें सुखद आश्चर्य हुआ जब उन्होंने अपनी पत्नी को एक बदले हुए रूप में पाया। सुजाता ने उनका गर्मजोशी से स्वागत किया, मुस्कुराते हुए तुरंत कॉफी बनाई और दोपहर के भोजन में उनकी पसंदीदा सब्ज़ी भी परोसी। पत्नियाँ भी अजीब रहस्यमयी पहेलियाँ होती हैं। जब पति घर पर होते हैं, तो शिकायतें होती हैं; जब दूर होते हैं, तो उनकी कमी खलती है। जब पति पास होते हैं, तो उनसे जुड़े काम बोझ लगते हैं; और जब वे दूर चले जाते हैं, तो उन्हें घर में करने के लिए कुछ नहीं मिलता।

बेंगलुरु वापस आकर, नंदीश ने लुप्त हुई नदी के रहस्य को गहराई से जानने का प्रयास किया। उसने पता लगाया कि इस नदी के लिए पानी – तीन निर्धारित जलग्रहण क्षेत्रों से आता था। उसने सभी तीन क्षेत्रों के पिछले तीस, पचास और सौ वर्षों के वर्षा के न्यूनतम, अधिकतम, और औसत आंकड़ों का गहराई से विश्लेषण किया। हैरानी की बात यह थी कि आंकड़ों ने सभी क्षेत्रों में निरंतर और अच्छी वर्षा को दिखाया।

इससे नंदीश का ध्यान नदी के सूखने के कारणों की ओर गया। उनकी जाँच में छह प्रमुख कारण सामने आए: पहला, वनों की कटाई ने जल अवशोषण और निस्तार के प्राकृतिक चक्र को बाधित कर दिया, जिससे अचानक बाढ़ और सूखे की स्थितियाँ उत्पन्न होने लगीं। दूसरा, खनन गतिविधियाँ – जो अक्सर अनदेखी रह जाती हैं – ने भूजल स्रोतों को समाप्त कर दिया और नदी के तल में अवसादन को बढ़ा दिया, जिससे जल प्रवाह कम हो गया। तीसरा, सूखे के समय बोरवेल से भूजल का अत्यधिक दोहन किया गया, जिससे नदियाँ अपने भूमिगत जल स्रोतों से वंचित हो गईं। चौथा, यूकेलिप्टस जैसे व्यावसायिक वृक्षारोपण और फसलों के स्वरूप में बदलाव ने पानी की मांग को काफ़ी बढ़ा दिया। पाँचवाँ, शहरीकरण ने प्राकृतिक भूमि को ढक दिया, जिससे जल निकासी का प्रतिरूप बदल गया और जमीन में पानी के अवशोषण की क्षमता घट गई। छठा, वाष्पोत्सर्जन की प्रक्रिया – जिसमें भूमि से पानी वाष्प बनकर

उड़ता है और पौधों से नमी निकलती है – विशेषकर कमजोर मानसून वाले वर्षों में नदी बेसिनों में जल स्तर को और कम कर देती है।

नंदीश और सुजाता की दिनचर्या में शाम को पाँच बजे कॉफी का आनंद लेना शामिल था। सेवानिवृत्ति के बाद, अक्सर इन क्षणों में नंदीश चुपचाप बैठे रहते थे, जैसे भीतर कुछ चल रहा हो। पर अब वह बदलने लगे थे — अब वह उत्साह से अपनी खोजों, चिंतन और निष्कर्षों को सुजाता के साथ साझा करते थे।

एक ऐसी ही संध्या, जब कॉफी की गर्म भाप ठंडी होती हवा से मिल रही थी, नंदीश ने अचानक पूछा, "नदियाँ क्यों सूख जाती हैं?"

सुजाता ने मुस्कुराते हुए गहरे लेकिन सहज स्वर में उत्तर दिया, "जब उन्हें प्यार, देखभाल और ध्यान नहीं मिलता।"

यह उत्तर जितना सरल था, उतना ही गूढ़ भी। सुजाता के इस सरल जवाब ने नंदीश में एक गहरी समझ पैदा की। उन्होंने पहली बार नदी को केवल एक जलधारा नहीं, बल्कि एक जीवंत प्राणी की तरह महसूस किया — जिसे जीने के लिए अपने लोगों की ज़रूरत थी।

नंदीश को एहसास हुआ कि नदी को पुनर्जीवित करने का काम तब तक संभव नहीं, जब तक उसके किनारे बसने वाले लोग उसे अपनी जिम्मेदारी न मानें। वे ही नदी के रक्षक थे, और उनके पिछले, वर्तमान और भविष्य के कार्यों से नदी का स्वास्थ्य तय होगा। इस समझ से नंदीश के दृष्टिकोण को एक नई दिशा मिली। यह परियोजना सिर्फ नदी को बहाल करने के बारे में नहीं थी, बल्कि समुदाय में स्वामित्व और भागीदारी की भावना पैदा करने के बारे में थी।

नंदीश ने व्यापक शोध किया और समाधान पर पहुंचने के लिए अपने पुराने सहयोगी सुब्रमण्यन से परामर्श किया। उन्होंने तीन-सूत्री रणनीति अपनाने का निर्णय लिया - अपरदन (कटाव) नियंत्रण उपाय,

भूजल पुनर्भरण संरचनाएँ, और जल निकायों का पुनरुत्थान। पूरे नदी बेसिन को अठारह छोटे जलग्रहण क्षेत्रों में विभाजित किया गया, जिनका आकार बारह से चालीस वर्ग किलोमीटर तक था। प्रत्येक छोटे जलग्रहण क्षेत्र में औसतन चौबीस गांव थे, जिनकी संख्या तेरह से सैंतीस तक हो सकती थी। प्रत्येक छोटे जलग्रहण क्षेत्र के लिए अलग कार्य योजना तैयार की गई।

नंदीश की नदी को पुनर्जीवित करने की यात्रा आश्रम के कुछ स्वयंसेवकों के साथ शुरू हुई। नंदीश ने एक निर्णय लिया कि वे एक जलग्रहण क्षेत्र को चुन कर उसमें एक परीक्षण परियोजना पर ध्यान केंद्रित करेंगे। गहन विचार-विमर्श के बाद, उन्होंने एक जलग्रहण क्षेत्र के एक प्रमुख गांव को इस परीक्षण परियोजना के क्रियान्वयन के लिए चुना। नंदीश अपने दल के साथ गांव गए और प्रधान और वरिष्ठ सदस्यों सहित समुदाय के नेताओं के साथ बातचीत की। उन्होंने अपने परियोजना के उद्देश्यों और इसके गांव के लिए होने वाले अनेक लाभों को जोश से समझाया। उनके प्रारंभिक प्रयासों को संदेह और शंका का सामना करना पड़ा। नंदीश जानते थे कि प्रारंभ में उन्हें चुनौतियों का सामना करना पड़ेगा।

उन्होंने और उन के दल ने गांव में एक उपेक्षित कल्याणी, जो एक पारंपरिक मंदिर का तालाब और जलाशय था, की सफाई और गाद निकालने का काम शुरू किया। यह एक बार की कोशिश नहीं थी। नंदीश और उनकी टीम नियमित रूप से दौरा करते थे, स्थानीय आरती समारोहों में भाग लेते थे और लगन से कल्याणी की सफाई दोहराते थे। कई हफ्तों की इस निरंतर निष्ठा ने और कल्याणी की पुनर्जीवन ने धीरे-धीरे गांव वालों में उत्साह जगाना शुरू कर दिया।

नंदीश ने गांव वालों के साथ मिलकर शुरुआती परियोजना के रूप में पास के एक जलकुंड को बहाल करने की योजना बनाई, जो

इंदुमती नदी के प्राकृतिक प्रवाह का एक हिस्सा था। ग्रामीणों के साथ मिलकर काम करते हुए, नंदीश और उनकी स्वयंसेवकों की टीम ने जलाशय को गहरा करने की योजना बनाई, ताकि इसकी भंडारण क्षमता बढ़ाई जा सके। उन्होंने जलाशय के भीतर बड़े पत्थर और लकड़ी के तने इस प्रकार से रखे ताकि मछलियों को आश्रय मिल सके और किनारों और तल दोनों को स्थिर किया जा सके। कटाव को रोकने और स्थिरता सुनिश्चित करने के लिए तटों के आकार को सावधानीपूर्वक तैयार किया गया। इसके साथ ही, टीम ने तटों के साथ देशी वनस्पतियों का रोपण किया, जिससे न केवल तटों की स्थिरता में सुधार हो, बल्कि स्थानीय वन्यजीवों के लिए एक नया आवास भी तैयार हो सके। जल प्रवाह को नियंत्रित करने के लिए, जल प्रवेशिका और निर्गम का सावधानीपूर्वक निर्माण किया गया, जिससे जलाशय में एक नियंत्रित और स्थायी प्रवाह सुनिश्चित हुआ।

मानसून की बारिश से पहले इन कार्यों को पूरा करना अत्यंत आवश्यक था। गांव वालों को परिणामों का प्रत्यक्ष अनुभव होना चाहिए था। और परिणाम अद्‌भुत थे! पुनर्जीवित जलाशय में इतना पानी भरा हुआ था, जो कई वर्षों से गांव वालो ने नहीं देखा था। जलाशय के चारों ओर वनस्पतियां हरी-भरी हो गईं, और यहां तक कि गांव के बोरवेलों में भी पुनर्भरण के संकेत दिखाई देने लगे।

एक शाम कॉफी पीते हुए नंदीश ने उत्सुकता भरी निगाहों से सुजाता की ओर देखा। "मैंने तुम्हें बहुत दिनों से भरतनाट्यम करते हुए नहीं देखा," उन्होंने कहा। सुजाता चौंक गईं, उन्हें हैरानी हुई कि नंदीश को याद भी था कि वे कभी भरतनाट्यम करती थीं। सचमुच, उसे नृत्य किए हुए बीस साल से भी ज्यादा हो गए थे। थोड़ी देर विचार करने के बाद, सुजाता ने कहा, "हाँ, काफ़ी समय हो गया है। ज़िंदगी ने मुझे एक अलग दिशा में मोड़ दिया, लेकिन नृत्य की यादें अब भी मेरे लिए बहुत खास हैं।"

"केवल यादें क्यों, तुम अब भी नृत्य कर सकती हो," नंदीश ने एक खेलपूर्ण मुस्कान के साथ कहा। सुजाता ने संकोच करते हुए कहा, "मेरे पैरों में अब उतनी ताकत नहीं है, और मैं नृत्य की मुद्राएँ भी लगभग भूल ही गई हूँ।" नंदीश ने तेजी से अपने मोबाइल पर खोज की और भरतनाट्यम के लिए प्रचलित एक प्रसिद्ध कर्नाटक संगीत का गीत बजाना शुरू कर दिया। उन्होंने कुछ कुशल हरकतों से कुर्सियों को हटाकर एक अस्थायी मंच तैयार किया और सुजाता को नृत्य करने का इशारा किया।

सुजाता अचानक हुई घटनाओं से दंग रह गईं लेकिन साथ ही उत्साह का ज्वार भी उठा। वह हिचकिचाते हुए उठीं और खुले स्थान के केंद्र में चली गईं। जैसे ही उसने अपनी आकस्मिक प्रस्तुति के लिए तैयारी की, उसके भीतर भावनाओं का मिश्रण उमड़ पड़ा। मांसपेशियों की यादें और नृत्य के प्रति प्रेम वापस आ गए, जिससे उसे खुशी और घबराहट दोनों का अनुभव हुआ।

प्रारंभिक कदमों में उसे नाचने में थोड़ी दिक्कत हुई। लेकिन हर अदावु (कदमों की श्रृंखला) के साथ, एक परिचित सुंदरता लौटने लगी। उसका शरीर आसानी से चलने लगा, मुद्राओं और नृत्य के माध्यम से कहानियाँ कहने लगा। संगीत ने उसे मार्गदर्शन किया, और वह नृत्य में पूरी तरह खो गई, समय का ध्यान भी नहीं रहा।

सुजाता लगभग पांच मिनट तक नाची, पूरी तरह से उस पल में लीन, जैसे कि दुनिया में सिर्फ वही थी। जब संगीत रुका, तो वह वहीं खड़ी रही, थोड़ी हांफ रही थी, वह विश्वास नहीं कर पा रही थी कि उसने अभी क्या किया। नंदीश उसकी आँखों में ढेर सारे आँसू देख रहा था, जो खुशी, पुरानी यादें और एक नया आत्म-विश्वास का मिश्रण थे। उन्होंने उसके प्रदर्शन की सुंदरता और अनुग्रह की सराहना करते हुए जोरदार ताली बजाई।

हालांकि इसमें कई महीने लगे, फिर भी, गाँव का यह परीक्षण परियोजना मील का पत्थर साबित हुई। नंदीश की सफलता की खबर आस-पड़ोस के गांवों में फैल गई। निमंत्रणों की झड़ी लग गई, और नंदीश ने आश्रम से अतिरिक्त स्वयंसेवकों के साथ अपनी टीम का विस्तार किया। प्रत्येक स्वयंसेवक को एक विशिष्ट जलग्रहण क्षेत्र सौंपा गया और उन्हें अपने क्षेत्र के स्थानीय ग्रामीणों के साथ मिलकर काम करना था। नंदीश की पूर्व-निर्धारित योजनाओं के अनुसार, उन्होंने बोल्डर चेक, पुनर्भरण कुएं और जलाशय का निर्माण किया, और नदी के पारिस्थितिकी तंत्र को धीरे-धीरे पुनर्स्थापित किया।

नंदीश ने अपनी टीम को सबसे पहले प्रत्येक जलग्रहण क्षेत्र में महत्वपूर्ण स्थानों पर बोल्डर चेक बनाने का निर्देश दिया। बारिश की अनिश्चितता के कारण, बहाव की दरें, पूरी धारा के मार्ग में बदलती रहती हैं। अधिक बारिश मिट्टी को कटाव कर सकती है और अवसादों को ले जा सकती है, जिससे जलाशयों में गाद जम जाती है। बहते पानी की गति को नियंत्रित करना, मिट्टी के कटाव को नियंत्रित करना, मिट्टी की नमी बढ़ाना और उथले और गहरे जलभृतों को पुनर्भरना आवश्यक था। इसे करने के लिए नदी की धारा में हर दो सौ पचास से तीन सौ मीटर पर बोल्डर चेक लगाए गए। इन चेक में तीस से चालीस किलो वजन वाले पत्थर या बोल्डर होते हैं, जिन्हें बारीकी से व्यवस्थित किया जाता है और बहते पानी के बल का सामना करने के लिए पतले पत्थर के टुकड़ों के साथ सुरक्षित किया जाते हैं। इन्हें धनुषाकार संरचनाओं के रूप में रचा जाता हैं, जिनकी पार्श्व भित्ति की ऊंचाई केंद्र भित्ति की ऊंचाई से आधी होती है। जब पानी इन संरचनाओं से होकर बहता है, तो यह धीमा हो जाता है, जिससे धारा के किनारों पर मृदा नमी बढ़ जाती है। यह तरीका बेसिन की पूरी धारा में लागू किया गया।

अगला फैसला पुनर्भरण कुएं बनाने का था। बहते हुए पानी को तेजी से भूजल में बदलने के लिए, प्रत्येक बोल्डर चेक के बगल में धाराओं के किनारे पुनर्भरण कुएं बनाए गए। कुओं को छेह मीटर की गहराई तक खोदा जाता, जहां चट्टान नरम होती थी, और उनमें सीमेंट की रिंग्स डाली जाती, जिनमें पानी निकलने के लिए छेद होते थे। फिर उनके चारों ओर बजरी और पत्थरों से भर दिया जाता है ताकि पानी कुओं में आसानी से प्रवेश कर सके, और कुओं के शीर्ष को कंक्रीट की प्लेट से बंद कर दिया जाता है। ये संरचनाएं पानी को औसतन 15 मीटर की गहराई तक रिसने में सक्षम बनाती हैं और साथ ही **धारा-जाल** के तल के साथ आधार प्रवाह को नीचे की ओर बहते हुए पानी के रूप में उभरने में सक्षम बनाती हैं, जिससे नदी के प्रवाह में वृद्धि होती है।

एक दिन, नदी से लौटते समय नंदीश की नज़र एक इमारत पर लगे बोर्ड पर पड़ी — *"भरतनाट्यम कक्षाएं यहाँ चलती हैं।"* उनकी रुचि जागी, और वे सहज ही गाड़ी रोककर भीतर चले गए। रिसेप्शन पर बैठी युवती ने उनका आत्मीय स्वागत किया और मुस्कराते हुए विभिन्न पाठ्यक्रमों की जानकारी देना शुरू कर दी, यह मानकर कि वे अपनी बेटी के लिए पूछताछ कर रहे हैं। नंदीश हल्के से मुस्कराए और बोले, "मेरी बेटी तो शादी करके अमेरिका में बस गई है।" फिर एक क्षण रुककर उन्होंने जिज्ञासावश पूछा, "क्या आपको एक शिक्षक की आवश्यकता है? मेरी पत्नी एक प्रशिक्षित और अनुभवी भरतनाट्यम नृत्यांगना हैं।" रिसेप्शनिस्ट उनके आत्मविश्वास और नम्रता से प्रभावित हुईं और उन्हें संस्थान के संचालक से मिलवाने ले गईं। संचालक ने बताया कि वे दोपहर तीन से चार बजे के बीच, सप्ताह में छह दिन एक योग्य भरतनाट्यम शिक्षक की तलाश में हैं। नंदीश को यह प्रस्ताव रोचक और

उपयुक्त लगा। उन्होंने विनम्रता से कहा, "मैं अपनी पत्नी से बात करके शीघ्र ही आपको उत्तर दूँगा।"

नदी पुनर्जीवन परियोजना का सबसे महत्वपूर्ण हिस्सा जल कुंडों का निर्माण था। योजना नदी तल में प्राकृतिक कुंडों को बहाल करने और महत्वपूर्ण स्थानों पर कृत्रिम कुंड बनाने की थी। जलकुंड नदियों के पुनरुद्धार में महत्वपूर्ण भूमिका निभाते हैं। ये कुंड शुष्क अवधि के दौरान शरणस्थली के रूप में कार्य करते हैं, जल स्तर बनाए रखते हैं और कम नदी प्रवाह के समय भी धारा बनाए रखते हैं। पानी उनके माध्यम से होकर बहता हैं तो वो पानी के प्राकृतिक निस्पंदन को सुगम बनाते हैं, अवसादों और प्रदूषकों को रोककर पानी की गुणवत्ता में सुधार करते हैं। इसके अतिरिक्त, जलकुंड भूजल के पुनर्भरण में योगदान करते हैं, जिससे शुष्क मौसम में नदियों में आधार प्रवाह को बनाए रखने में मदद मिलती है। कुंडों में संग्रहित पानी धीरे-धीरे जमीन में रिसकर उथले जलभृतों को पुनः भरता है, जो नदी में आधार प्रवाह में योगदान करते हैं। यह शुष्क अवधि के दौरान भी अधिक स्थिर प्रवाह बनाए रखने में मदद करता है। कम प्रवाह की अवधि के दौरान, जलकुंड मछली, अपृष्ठवंशी जीवों और जलीय पौधों के लिए महत्वपूर्ण शरणस्थली के रूप में कार्य करते हैं। ये कुंड इन जीवों के लिए शुष्क अवधि तक जीवित रहने के लिए आवश्यक आवास प्रदान करते हैं जब तक कि नदी का प्रवाह ठीक नहीं हो जाता।

लगभग दो सौ जलाशय स्थलों की पहचान पूरी धारा के विस्तार में की गई थी। योजना के अनुसार, जल कुंडों का निर्माण धारा और जल फैलाव क्षेत्र के संगम बिंदु पर किया जाएगा। प्रत्येक कुंड की खुदाई चार मीटर गहरी और आकार अट्ठाईस गुणा अट्ठाईस मीटर रखा जाएगा। किनारों की ढलानों को पत्थरों से मजबूत किया गया। ये जलाशय धारा के पार मिट्टी के बाँध बनाकर तैयार किए गए। बाँधों (मिट्टी के) की लंबाई और ऊँचाई, जलग्रहण क्षेत्र और जल प्रवाह पर निर्भर करती थी। यह कुंड बहाव के अपवाह में प्राप्त पानी को भी इकट्ठा करते थे और ऊपर की ओर बनाए गए पुनर्भरण संरचनाओं के कारण बढ़े हुए पुनर्भरण से उत्पन्न आधार प्रवाह द्वारा भी सहारा पाते थे।

नंदीश ने जब भरतनाट्यम शिक्षण के अवसर की बात सुजाता से की, तो उन्होंने पहले तो थोड़ी हिचकिचाहट दिखाई। वर्षों बाद नृत्य पर लौटने का विचार उन्हें संकोच से भर रहा था। लेकिन नंदीश के प्रोत्साहन और अपने भीतर की पुरानी लय को फिर से महसूस करने की चाह में उन्होंने अंततः हामी भर दी और मुस्कराकर कहा, "ठीक है, कोशिश करके देखते हैं।"

अगले दिन, नंदीश उन्हें संस्थान ले गए। वहाँ पहुँचते ही संस्थान के मालिक ने आत्मीयता से उनका स्वागत किया और सुजाता की भरतनाट्यम पृष्ठभूमि को लेकर गहन जिज्ञासा जताई। बातचीत के दौरान उन्होंने आग्रहपूर्वक कहा, "अगर आप चाहें तो एक छोटा-सा प्रदर्शन कर सकती हैं, ताकि हम आपकी शैली और प्रवाह को देख सकें।"

सुजाता थोड़ा संकोच में थीं, लेकिन उन्होंने स्वयं को केंद्रित किया और एक भाव-प्रधान नृत्य की प्रस्तुति दी। उनका प्रदर्शन जितना निपुण था, उतना ही उसमें वर्षों का अनुभव, सौम्यता और गहन समर्पण भी झलक रहा था। वातावरण कुछ क्षणों के लिए थम-सा गया।

मालिक न केवल उनके कौशल से, बल्कि नृत्य के प्रति उनके भीतर की सच्ची लगन से भी अभिभूत हुए। उन्होंने तुरंत उन्हें शिक्षिका पद की पेशकश की — यह नियुक्ति प्रारंभिक रूप से छह महीने की थी, जिसे बाद में उनकी सहजता और छात्रों की प्रतिक्रिया के आधार पर बढ़ाया जा सकता था।

सुजाता अपने जीवन के इस नए अध्याय को लेकर उत्साहित थीं — एक मीठी सी घबराहट और गहरी उमंग के साथ। वर्षों बाद मंच से हटकर अब पहली बार शिक्षिका की भूमिका निभाने जा रही थीं। यह अनुभव केवल भरतनाट्यम के प्रति उनके प्रेम को पुनः जीवंत करने का माध्यम नहीं था, बल्कि इस प्राचीन कला को अगली पीढ़ी के नर्तकों तक पहुँचाने का एक अर्थपूर्ण अवसर भी था। अपनी पहली कक्षा की तैयारी करते हुए उनके मन में हल्की सी धड़कन और सुखद उत्सुकता थी। वे सोच रही थीं — कैसे हर मुद्रा, भाव और ताल छात्रों के मन में गूंजें— कैसे नृत्य केवल चालों का अभ्यास न रह जाए, बल्कि आत्मा की भाषा बन जाए। सुजाता पूरी तरह तैयार थीं — भरतनाट्यम की कोमलता, गरिमा और सौंदर्य को न केवल सिखाने के लिए, बल्कि अपने छात्रों को उससे प्रेम करना सिखाने के लिए।

निर्मित जल कुंड भीषण गर्मी के महीनों में भी पानी बचाने में अत्यधिक प्रभावी साबित हुए। अपने कार्यात्मक लाभों के अलावा, ये कुंड अपने आस-पास के प्राकृतिक वातावरण के साथ सुंदरता से घुल-मिल गए। जल कुंडों के किनारों पर विभिन्न प्राकृतिक प्रजातियों के पेड़ सावधानीपूर्वक लगाए गए थे। ये पेड़ न केवल छाया प्रदान करते थे और क्षेत्र की शोभा बढ़ाते थे, बल्कि फूल और फल भी देते थे, जिससे मधुमक्खियाँ और पक्षी आकर्षित होते थे। इससे जल कुंडों के आसपास एक जीवंत पारिस्थितिकी तंत्र विकसित हुआ, जो क्षेत्र में जैव विविधता संरक्षण में सहायक था। ये पर्यावरण-अनुकूल कार्य केवल एक या दो गाँवों तक सीमित नहीं था; इन्हें इंदुमती बेसिन के नब्बे गाँवों में लागू किया गया। इन प्रयासों का समग्र परिणाम विशाल पारिस्थितिकी केंद्रों के निर्माण के रूप में सामने आया, जो न केवल जलाशयों के रूप में कार्य करते थे, बल्कि जैव विविधता और पर्यावरणीय पुनर्स्थापन के केंद्र भी थे।

सुजाता के दिन का सबसे अनमोल समय अब वह एक घंटा बन गया था, जब वह भरतनाट्यम सिखाती थीं। यह अनुभव किसी मोबाइल फोन को चार्ज करने जैसा था — जैसे पूरी तरह चार्ज हुआ फोन दिनभर ऊर्जा से भरा रहता है, वैसे ही वह एक घंटे की कक्षा के बाद पूरे दिन जीवंत और उत्साहित बनी रहती थीं। यह शिक्षण सिर्फ एक जिम्मेदारी नहीं था — यह उनके भीतर की तपस्या, कला के प्रति प्रेम और जीवन की गहराइयों से जुड़ने का माध्यम बन गया था। जब वह नृत्य अनुक्रमों की व्याख्या करतीं, मुद्राओं और भावों को विस्तार से समझातीं और अपनी संपूर्ण ऊर्जा के साथ उन्हें प्रस्तुत करतीं, तो वह केवल नृत्य नहीं सिखा रही होतीं — वह अपने भीतर के संगीत, अनुशासन और संवेदनाओं को छात्रों के साथ साझा कर रही होतीं थीं।

अगले दो वर्षों में, नंदीश की टीम और स्थानीय समुदायों के बीच गहराते सहयोग और निष्ठावान प्रयासों ने नदी के पूरे क्षेत्र का रूपांतरण कर दिया। जो नदी कभी अस्तित्व के लिए जूझती एक मरणासन्न धार बन

चुकी थी, वह अब जीवन से भरपूर, चहचहाते पक्षियों, लहराते वृक्षों और बहती धारा के मधुर स्वर वाली एक समृद्ध पारिस्थितिकी तंत्र में बदल चुकी थी। शुरुआत में संदेह से भरे गांव वालों की आंखों में अब विश्वास की चमक थी। उन्होंने जब अपने हाथों के श्रम का प्रत्यक्ष फल देखा, तो उनकी भागीदारी उत्साह में बदल गई। लोगों ने नदी किनारे सघन वृक्षारोपण किया, जलधारा को संजोने के लिए चेक डैम बनाए, और प्रदूषण व भूमि क्षरण को रोकने हेतु टिकाऊ कृषि विधियाँ अपनाईं। यह प्रयास मात्र एक सूखती नदी को फिर से बहाने का नहीं था — यह एक पूरे समुदाय की सांस्कृतिक, सामाजिक और भावनात्मक जीवन रेखा को पुनर्जीवित करने का आंदोलन बन गया था। यह नदी अब केवल जलधारा नहीं रही; यह संघर्ष, सामूहिक चेतना और आशा का प्रतीक बन गई।

अंततः वह दिन आ ही गया जब नंदीश, गर्व और संतोष से भरे, सुजाता को इंदुमती नदी के किनारे ले जा सके — उस नदी के पास, जिसकी पुनरुद्धार यात्रा में उन्होंने वर्षों की अथक मेहनत, विश्वास और समर्पण समर्पित किया था।

उस निर्बाध, जीवन्त बहती धारा में तीन नदियों का संगम था — एक दृश्य — जिसकी धारा उनके पैरों को छूते हुए बह रही थी, और दो अदृश्य, जो उनके और सुजाता के मन, आत्मा और जीवन के भीतर गहराई से प्रवाहित हो रही थीं।

(यह कहानी कर्नाटक राज्य में कुमुदवती नदी के पुनर्जीवन से प्रेरित है।)

******

7. आसमान तक का सफर

जबसे उसके मित्र ने यह बताया कि हवाई जहाज बादलों से भी ऊपर उड़ता है, प्रभात के पांव जैसे धरती पर टिक ही नहीं रहे थे। प्रभात की कल्पनाएँ पहले ही बादलों से ऊपर उड़ान भर रही थीं। वह खुद को हवाई जहाज़ की खिड़की से झाँकते हुए देख रहा था, जहाँ आकाश में बादल सफेद गुब्बारों की तरह झूलते दिखाई दे रहे थे। हवाई जहाज़ में उड़ने की उसकी आकांक्षा इतनी तीव्र थी—जैसे किसी नवजात चूज़े की पहली उड़ान की बेचैनी, जिसने अभी-अभी अंडे से बाहर कदम रखा हो, या किसी पिंजरे में बंद पक्षी की तड़प, जो खुले आसमान की चाह में छटपटा रहा हो। अपने विचारों में गहरे डूबा और आसमान की विशालता में खोया हुआ प्रभात, अचानक सामने से आ रही गाय से टकराते-टकराते बचा। उसका ध्यान पूरी तरह उस अनंत आकाश में था। ठीक उसी समय, पास से गुजरते एक बच्चे ने चुटकी लेते हुए कहा, "धरती पे चलेगा या आसमान में उड़ेगा?" प्रभात ने हंसते हुए सिर उठाया और एक हल्की सी मुस्कान के साथ उत्तर दिया , "आसमान में उड़ूँगा,"।

खेतों में काम और दोपहर का भोजन करने के बाद प्रभात थोडा सा सुस्ता रहा था। अपनी पुरानी खाट पर लेटे हुए, उसकी दृष्टि विशाल आसमान पर टिकी हुई थी। एक हल्की-सी हवा, मिट्टी की मंद सुगंध और गाँव की दूर-दराज़ की आवाज़ों को साथ बह रही थी, जिसमें कभी कभी पक्षियों की चहचहाहट भी घुलमिल जाती थी। उसकी आँखें क्षितिज को टटोल रही थीं। कुछ समय पहले तक यही आकाश गिद्धों की भव्य उड़ानों से सुसज्जित था, जिनके चौड़े पंख हवा को बड़ी सहजता से चीरते हुए उड़ते थे। प्रभात का मन बचपन की यादों में खो गया, जब आकाश इन अद्‌भुत पक्षियों से भरा रहता था, जो अपने अगले भोजन की खोज में ऊँचाई पर मंडराते फिरते थे। उन दिनों गिद्ध आकाश पर राज करते थे,

उनकी तेज नजरें दूर से ही मरे हुए जानवरों को पहचान लेती थीं। उसे वह दिन याद आया जब उनकी गाय ने प्राचीन बरगद के पेड़ की छाया में बीमारी के आगे घुटने टेक दिए थे। कुछ ही घंटों में गिद्धों का एक झुंड उस मृत देह पर टूट पड़ा। उनकी नुकीली चोंच और ताकतवर पंजे मांस को इतनी कुशलता से नोच रहे थे कि कुछ ही समय में, वह कभी शक्तिशाली जानवर केवल हड्डियों के ढांचे में बदल गया, जिसे इन दक्ष सफाईकर्मियों ने पूरी तरह साफ कर दिया था।

बचपन से, गिद्धों का प्रभात के हृदय में एक विशेष स्थान था। वे अन्य सभी पक्षियों से अलग और उसके पसंदीदा थे। उनकी भव्य उड़ान, हवा की धाराओं पर बिना किसी प्रयास के तैरती हुई, उसे मंत्रमुग्ध कर देती थी। जब वह उन्हें आकाश में अपने विशाल पंख फैलाकर सहजता और गरिमा के साथ उड़ते देखता, तो उसका मन उनकी विलक्षण उड़ान-कला के प्रति गहरे विस्मय से भर उठता। उन दिनों की स्मृतियाँ अब किसी स्वप्न सी प्रतीत हो रही थीं। आकाश अब सूना था, ऊँचाई पर मंडराते हुए गिद्धों की छवि से विहीन।

प्रभात को अक्सर, अपनी दादी द्वारा सुनाई गई रामायण की वह कहानी याद आती है, जिसमें जटायू का उल्लेख था। जटायू, एक शक्तिशाली गिद्ध जिसके विशाल पंख थे, राजा दशरथ का मित्र था। जब रावण, सीता जी का अपहरण कर रहा था, तो जटायू ने साहसपूर्वक उसे रोकने का प्रयास किया। अपनी पूरी शक्ति लगाने के बावजूद, रावण ने जटायू को पराजित कर उसके पंख काट दिए। कैसे घातक रूप से घायल होने के बावजूद, अपने प्राण त्यागने से पहले, जटायू ने हनुमान जी को सीता जी के स्थान की सूचना दी।

हवाई जहाज़ अब गिद्धविहीन आकाश में ही एकमात्र सांत्वना थे। एक विमान आमतौर पर उस समय उड़ान भरता था जब वह खेत से लौटता और आराम करता। प्रभात तब तक खाट पर पड़ा रहता जब तक

वो आसमान में विमान को देख कर अपनी आंखें न तृप्त कर ले। शायद यही उसके एकाकी जीवन का एकमात्र सौंदर्य था - आकाश में बहते हुए उस लौह पक्षी को देखना।

प्रभात की कल्पनाओं का संसार उसकी माँ की हल्की खाँसी की आवाज़ से अचानक टूट गया। भारी मन से, वह अपने खाट से उठकर अपने छोटे से घर के अंदर दाखिल हुआ। उसकी माँ बिस्तर पर लेटी हुई थीं, उनका चेहरा पीला और कमजोर, साँसें थकी और कठिन। पास ही खड़े प्रभात के पिता की आँखों में वही गहरी चिंता झलक रही थी, जो प्रभात के दिल में भी थी। शाम को वे उन्हें पास के प्राथमिक स्वास्थ्य केंद्र ले गए, जहाँ डॉक्टर ने बुखार और खाँसी के लिए दवाइयाँ लिख दीं।

लेकिन, आने वाले दिनों में प्रभात और उसके पिता बेबस होकर देखते रहे कि कैसे उसकी माँ की हालत लगातार बिगड़ती जा रही थी। गाँव के स्थानीय डॉक्टर नियमित रूप से घर आते थे, लेकिन उनके झुर्रियों से भरे माथे पर चिंता की लकीरें गहरी होती जा रही थीं। उन्होंने दवाइयाँ और उपचार दिए, लेकिन असर मामूली ही था। भारी मन से, प्रभात और उसके पिता ने अपनी माँ को पास के तालुका के बड़े अस्पताल ले जाने का निर्णय लिया। उन्होंने एक ट्रेक्टर की व्यवस्था की, घबराहट और हताशा के भंवर में डूबे हुए, वे उस यात्रा पर निकल पड़े। लेकिन नियति पहले ही अपना निर्दय खेल खेल चुकी थी। जब तक वे अस्पताल पहुँचे, तब तक बहुत देर हो चुकी थी। वरिष्ठ डॉक्टर, जिनके चेहरे पर गहरी गंभीरता और दुःख झलक रहा था, ने वह दिल तोड़ देने वाली खबर दी। डॉक्टर ने यह भी पुष्टि की कि उसकी मृत्यु का कारण गैस्ट्रोइंटेस्टाइनल एंथ्रेक्स था, एक विनाशकारी रोग, जो अब उस क्षेत्र में काफ़ी नियमित रूप से फैल रहा था।

प्रभात और उसके पिता के लिए यह सदमा और शोक असहनीय था। उन्होंने बेबसी से देखा था वह महिला, जो उनके परिवार की

आधारशिला थी, उनकी शक्ति का स्तंभ थी, जो उनकी आँखों के सामने धीरे-धीरे जीवन से दूर होती चली गई। सभी रस्मों को पूरा करने के बाद भी, जो निधन से जुड़ी थीं, प्रभात स्वयं को उन सवालों से मुक्त नहीं कर पा रहा था जो माँ की मृत्यु के कारणों को लेकर उनके मन में उठ रहे थे।

वह तालुका अस्पताल पहुंचा और उन्ही डॉक्टर से मिला जिन्होंने आख़री समय माँ का इलाज किया था। डॉक्टर ने प्रभात को अपने कार्यालय में बुलाया। "डॉक्टर," प्रभात ने कहना शुरू किया, उसकी आवाज़ दुःख और दृढ़ निश्चय से भरी हुई थी, "मैं अपनी माँ की बीमारी के बारे में और अधिक जानना चाहता हूँ। ये गैस्ट्रोइंटेस्टाइनल एंथ्रेक्स क्या हैं और उन्हें क्यों हुआ?"

डॉक्टर ने गहरी साँस ली और अपनी कुर्सी पर पीछे झुकते हुए बोले, "प्रभात, तुम्हारे नुकसान के लिए मुझे खेद है। गैस्ट्रोइंटेस्टाइनल एंथ्रेक्स वास्तव में हमारे जिले में तेजी से फैल रहा है, और यह एक गंभीर समस्या है। इसका मुख्य कारण मृत जानवरों की उपस्थिति है।"

प्रभात ने अपनी बेचैनी से प्रेरित होकर सवाल किया, "लेकिन क्यों, डॉक्टर? यह बीमारी इतनी आम क्यों बनती जा रही है?"

"देखो, प्रभात," डॉक्टर ने समझाना शुरू किया, "पहले, जब कोई जानवर मरता था, तो गिद्ध प्रकृति के सफाईकर्मी होते थे। वे मृत शरीर पर उतरते, हर मांस को हड्डी से बारीकी से हटा कर वे केवल एक साफ कंकाल छोड़ जाते। यह रोगों को फैलने से रोकता था, विशेषकर एंथ्रेक्स जैसे रोग जो सड़े-गले मांस पर पनपते हैं।" प्रभात ने सहमति में सिर हिलाया, उन विशाल पक्षियों को याद करते हुए, जो उसे हमेशा ही प्रिये थे। "लेकिन फिर डाइक्लोफेनाक आ गया," डॉक्टर की आवाज़ में उदासी का रंग था। " डाइक्लोफेनाक मवेशियों के लिए दर्द निवारक दवा, जो पहले वरदान समझी गई थी, गिद्धों के लिए घातक साबित हुई। जब गिद्धों ने उन जानवरों के शव खाया जिनका इस दवा से इलाज किया गया

था, तो उनकी किडनी इस ज़हर से प्रभावित हो जाती हैं, और यह बड़े पैमाने पर उनकी मृत्यु का कारण बना।"

"तो, गिद्धों के बिना," प्रभात ने बोला, "हमारे जिले में मृत जानवरों की सफाई ठीक से नहीं हो रही है?" "बिलकुल," डॉक्टर ने सिर हिलाया। "गिद्धों के बिना, जो पारिस्थितिकी तंत्र में अपनी महत्वपूर्ण भूमिका निभाते हैं, मृत जानवरों के शव पूरी तरह से नहीं खाए जाते। कुत्ते इन्हें आधा अधुरा ही खा पाते हैं। इससे मिट्टी और पानी का प्रदूषण होता है, और ऐसे रोगों का जन्म होता है जो मनुष्यों को प्रभावित कर सकते हैं।" प्रभात सन्न रह गया। दूर-दराज़ तक गांवों में एक दवा का मामूली उपयोग उसकी माँ की जान का कारण बना। उसने एक क्रोध को अपने अंदर उमड़ते हुए महसूस किया, न कि डॉक्टर के प्रति, बल्कि उस व्यवस्था के खिलाफ जो तात्कालिक लाभों को दीर्घकालिक परिणामों से ऊपर रखती थी।

उसने पूछा, "इस समस्या का समाधान क्या हो सकता है?" उसके मन में विचारों की एक श्रृंखला पहले ही दौड़ने लगी थी। डॉक्टर आगे झुकते हुए बोले, उनका चेहरा गंभीर था। "यह एक जटिल समस्या है, लेकिन इसका एक संभावित समाधान यह है कि डाइक्लोफेनाक के गिद्धों पर पड़ने वाले हानिकारक प्रभावों के बारे में जागरूकता बढ़ाई जाए। हमें मवेशियों की जरुरत हैं और उनके इलाज के लिए, डाइक्लोफेनाक का उपयोग व्यापक हैं। हमें गिद्धों के लिए सुरक्षित वैकल्पिक दवाओं के उपयोग को प्रोत्साहित करना होगा। इसके अलावा, गिद्धों की जनसंख्या को संरक्षित करने और पुनर्स्थापित करने के प्रयास अत्यंत आवश्यक हैं।" डॉक्टर के शब्दों को सुनते हुए प्रभात के दिल में एक संकल्प आकार लेने लगा। उसे लगा की उसे कुछ करना चाहिए, केवल अपनी माँ की स्मृति के लिए ही नहीं, बल्कि अपने समुदाय की भलाई के लिए भी।

प्रभात गाँव में लौट आया। नविन ज्ञान से सुसज्जित और शोक से प्रेरित, वह डाइक्लोफेनाक, गिद्धों के विनाश, और एंथ्रेक्स के बीच के संबंध के बारे में जागरूकता फैलाने के लिए दृढ़ संकल्पित था।

सबसे पहले, उसने अपने पड़ोसी चाचा और पिता के मित्र शंकर से बात की। उसने उन्हें डाइक्लोफेनाक, गिद्धों की मृत्यु और इसके इंसानों पर पड़ने वाले प्रभाव के बारे में विस्तार से समझाया। शंकर ने हुक्के का कश लेते हुए हंसते हुए कहा, "गिद्ध? वे बड़े-बड़े पक्षी जो आसमान में मंडराते हैं? मवेशियों की दवा भला उन पर क्या असर डाल सकती है? तुम ऐसी बातों पर विश्वास मत किया करो।" प्रभात ने फिर से विषाक्तता, गिद्धों की संख्या में कमी, और इसके कारणों के बारे में समझाया। शंकर ने ध्यान से सुना, लेकिन उनके झुर्रीदार चेहरे पर संदेह ज्यों का त्यों बना रहा। "ये ऊँची-ऊँची बातें आती-जाती रहती हैं, प्रभात। गिद्ध तो वैसे भी अब कम ही दिखते हैं।"

फिर प्रभात अपने बचपन के मित्र रामाधीर के पास गया, जो चार गायों का मालिक भी था, और उसे यह संबंध समझाया। रामाधीर ने प्रभात की माँ की मृत्यु के लिए सहानुभूति व्यक्त की। "लेकिन प्रभात," रामाधीर ने धीरे से कहा, "जानवर तो हमेशा से खेतों में मरते रहे हैं। इसका हम पर क्या असर पड़ सकता है?"

प्रभात के भीतर हताशा भर रही थी। "क्योंकि पहले गिद्ध इन्हें साफ कर देते थे, रामाधीर! अब ये बीमारियाँ सड़ने वाले शवों से फैलती हैं, पानी के ज़रिए हम तक पहुँचती हैं और हमें नुकसान पहुँचाती हैं।" रामाधीर की आँखें विस्मित थी, लेकिन संदेह अब भी बाकी था। "यह जो बात तुम कह रहे हो, प्रभात, इसका क्या प्रमाण हैं। हो सकता है कि बीमारियों के और भी कारण हों।"

प्रभात ने गाँव में और भी कईयों से बात की पर सबका जवाब ऐसा ही था। कोई भी प्रभात की बातों पर विश्वास नहीं कर रहा था। आखिर

मित्र रामभूल ने संशय भरे स्वर में कहा, "हम इस बारे में ज़्यादा नहीं जानते। यह दवा तो पशु-चिकित्सक लगाते हैं और वो इसे कई सालों से इस्तेमाल कर रहे हैं। अगर यह दवा न हो, तो हम अपने मवेशियों का इलाज कैसे करेंगे? बेहतर होगा कि तुम पशु-चिकित्सक से बात करो और इस समस्या का कोई हल निकालो।"

प्रभात ने गाँव के पशु-चिकित्सक से मुलाकात की। प्रभात: "डॉक्टर साहब, मुझे आपकी मदद चाहिए। गाँववालों को डाइक्लोफेनाक का इस्तेमाल बंद करने के लिए मनाना ज़रूरी है। यह हमारे गिद्धों और पर्यावरण को नुकसान पहुँचा रहा है।" पशु-चिकित्सक: (सहानुभूति से) "तुम्हारे नुकसान के लिए मुझे खेद है, प्रभात। लेकिन डाइक्लोफेनाक एक बहुत ही प्रभावी दवा है, इसलिए इसका व्यापक उपयोग होता है। हम इसे बिना किसी विकल्प के तुरंत प्रतिबंधित नहीं कर सकते। वैकल्पिक दवाएँ, काफ़ी महँगी हैं और आसानी से उपलब्ध भी नहीं हैं।"

प्रभात फिर गाँव की पंचायत के पास पहुँचा और उनसे डाइक्लोफेनाक पर प्रतिबंध लगाने का अनुरोध किया। प्रभात (गाँव की पंचायत से): "मैं आपसे विनती करता हूँ कि हमारे गाँव में डाइक्लोफेनाक के उपयोग पर प्रतिबंध लगाने पर विचार करें। यह हमारे पारिस्थितिक तंत्र को अपूरणीय क्षति पहुँचा रहा है।" पंचायत सदस्य (सहानुभूतिपूर्वक): "हम तुम्हारी चिंता समझते हैं, प्रभात, लेकिन हमें ऐसा निर्णय लेने से पहले एक व्यवहार्य विकल्प की ज़रूरत होगी। डाइक्लोफेनाक इसलिए व्यापक रूप से इस्तेमाल होता है क्योंकि यह प्रभावी है। बिना किसी उपयुक्त विकल्प के, हम किसानों से इसे बंद करने के लिए नहीं कह सकते।" प्रभात का दिल बैठ गया। वह सबकी आपत्ति के पीछे की तर्कसंगतता को समझ गया। डाइक्लोफेनाक निस्संदेह प्रभावी थी, और बिना किसी व्यवहार्य विकल्प के, गाँव वाले अपने मवेशियों के स्वास्थ्य को जोखिम में नहीं डाल सकते थे।

प्रभात कई दिनों तक गहरी निराशा में डूबा रहा। उसे कोई भी राह नहीं सूझ रही थी। आज दोपहर, वह फिर से अपनी खाट पर लेटा हुआ था, और अपने ऊपर फैले हुए पूराने आकाश को निहार रहा था। आकाश में उड़ता हुआ विमान अब उसे पहले से भी अधिक दूर और अप्राप्य सा लग रहा था। उसे ऐसा आभास हो रहा था कि न तो वह कभी इस बीमारी को रोकने का उपाय ढूंढ पाएगा, और न ही कभी उस विमान की तरह आसमान में उड़ने का सपना साकार कर सकेगा।

एक आवारा कुत्ता, जो आमतौर पर उनके घरों के आस-पास घूमा करता था, प्रभात के पास आकर उल्टी करने लगा। प्रभात को गुस्सा आ गया और उसने तुरंत कुत्ते को भगाकर दूर कर दिया। हालांकि, उसने यह गौर किया कि यह कुत्ता, जो पिछले कुछ दिनों से उदास और निरस था, अब अचानक ऊर्जा से भरपूर नजर आ रहा था। यह देख प्रभात को अचरज हुआ और उसने पशु चिकित्सक से इस बारे में चर्चा की। डॉक्टर ने बताया कि कुत्ते और बिल्ली अक्सर स्वयं उपचार में संलग्न होते हैं। उदाहरण स्वरूप, कुत्ते घास खाते हैं ताकि उल्टी कर सकें और अपने पेट में मौजूद किसी उत्तेजक या विषाक्त पदार्थ को बाहर निकाल सकें। घास खाने से कुत्तों को जठराव संबंधी समस्याओं, जैसे मतली, दस्त, या सूजन आंत्र रोग से राहत मिल सकती है।

यह जानकारी प्रभात के मन में एक विचार उत्पन्न कर गई। उसने सोचा कि क्या गायें और भैंसें, जो मनुष्यों द्वारा पालतू बनाए जाने से पहले, खुद को इलाज करने के तरीके नहीं अपनाती होंगी? ये सवाल लेकर प्रभात फिर से पशु चिकित्सक के पास गया। डॉक्टर ने कहा कि वह पूरी तरह से यकीन नहीं हैं, लेकिन यह संभावना है कि कुछ खास पत्तियां या घास हो सकती है, जिन्हें गायें खुद को उपचार देने के लिए खाती हों। "तो फिर हम उन्हें वही पत्तियाँ क्यों नहीं दे सकते?" प्रभात ने पूछा। डॉक्टर ने कहा कि उसे यह नहीं मालूम कि कौन सी पत्तियां गायें के इलाज के लिए उपयुक्त हो सकती हैं।

उसने अपना ध्यान मोड़ा। डाइक्लोफेनाक के विरोध की बजाय, अब उसने उसका विकल्प ढूँढ़ने का निश्चय किया। परंतु वह शुरुआत कहाँ से करे? आधुनिक चिकित्सा विज्ञान तो प्रभात का साथ नहीं दे रहे थे। उसे सहायता चाहिए थी—ऐसे व्यक्ति की, जो रोगों के उपचार की गहरी समझ रखता हो, किंतु जिसकी समझ केवल आधुनिक चिकित्सा की परंपराओं तक सीमित न हो।

अचानक, एक स्मृति उभर आई। गाँव के आयुर्वेदाचार्य, वैद्य भट्ट! वह पीढ़ियों से ग्रामीणों का इलाज करते आए थे, प्राचीन जड़ी-बूटियों पर आधारित समग्र उपचार के माध्यम पद्धति से। प्रभात जानता था कि यह एक कठिन राह थी, परंतु यही उसका एकमात्र विकल्प था।

अगली सुबह, प्रभात स्वयं को वैद्य भट्ट के चिकित्सालय के बाहर खड़ा पाया—एक सादा सा भवन, जिसके द्वार पर गेंदे के हार सजे थे। गहरी साँस लेकर, उसने लकड़ी का दरवाज़ा खोला और भीतर प्रवेश किया।

एक वृद्ध व्यक्ति, ज़िसका सदाशय चेहरा और वर्षों के ज्ञान से भरी आँखें थीं, ने अपनी मेज़ से ऊपर देखा। "नमस्ते," प्रभात ने अभिवादन किया, उसकी आवाज़ में हल्की सी घबराहट झलक रही थी।

"नमस्ते, बेटा," वैद्य ने उत्तर दिया और सामने पड़ी कुर्सी की ओर इशारा किया। "आज यहाँ कैसे आना हुआ?"

प्रभात ने अपनी विपत्ति का वर्णन किया, अपनी माता की बीमारी से शुरू करते हुए और डाइक्लोफेनाक के कारण गिद्धों की संख्या में कमी के संबंध में बताया। उसने गाँववालों और पशुचिकित्सक के साथ हुई बातचीत के बारे में बताया, और मवेशियों के लिए एक वैकल्पिक उपचार की आवश्यकता पर ज़ोर दिया।

वैद्य भट्ट ध्यान से सुनते रहे, उनकी भौंहों पर चिंतन की लकीरें उभर आईं। जहाँ प्रभात को पहले संदेह का सामना करना पड़ा था, वहाँ वैद्य के चेहरे पर संभावनाओं की एक हल्की झलक दिखाई दी। "यह एक रोचक परिस्थिति है, प्रभात," उन्होंने अंततः कहा, दाढ़ी पर हाथ फेरते हुए। "हालाँकि मैंने कभी पशुओं का उपचार नहीं किया, परंतु आयुर्वेद के मूल सिद्धांत सभी जीवों पर समान रूप से लागू हो सकते हैं।"

प्रभात के भीतर आशा की एक चिंगारी जगी। "आप सोचते हैं कि आप मदद कर सकते हैं, वैद्य जी?"

वैद्य ने होंठ भींचे, फिर बोले, "यह आसान नहीं होगा। पर," उन्होंने अपनी आवाज़ में दृढ़ता लाते हुए कहा, "मैं प्रयास करने को तैयार हूँ। आखिर, हमारी परंपरा में गायों को पवित्र माना गया है—उनकी सेवा तो स्वयं ईश्वर की सेवा के समान है।" प्रभात का हृदय कृतज्ञता से भर उठा।

आने वाले सप्ताहों में, प्रभात वैद्य भट्ट की दवाखाने का नियमित आगंतुक बन गया। दोनों ने मिलकर प्राचीन आयुर्वेदिक ग्रंथों का अध्ययन किया—विभिन्न जड़ी-बूटियों के गुणों और उनके शोथ (सूजन) निवारण में प्रभाव की चर्चा करते रहे, जो कि डायक्लोफेनाक के उपयोग का प्रमुख कारण था।

वैद्य, अपने वर्षों के मानव-उपचार के अनुभव के आधार पर, अनुमान लगाते थे कि ये औषधियाँ पशु शरीर में कैसे प्रतिक्रिया करेंगी। उनके प्रारंभिक प्रयासों से मिले-जुले परिणाम सामने आए। कुछ मिश्रण ऐसे थे जिन्हें गायों ने सूँघते ही अस्वीकार कर दिया, तो कुछ में सूजन पर कोई विशेष असर नहीं दिखा। गाँव वाले, जो सदैव उत्सुक दर्शक बने रहते थे, चुटकी लेने में पीछे नहीं रहे।

प्रभात, हालांकि, तनिक भी विचलित नहीं हुआ। वह हर प्रयास का सूक्ष्म दस्तावेज़ीकरण करता—कौन-सी जड़ी-बूटी उपयोग में आई, किस अनुपात में, और पशु की क्या प्रतिक्रिया रही। धीरे-धीरे एक रेखा स्पष्ट होने लगी। कुछ औषधियाँ संभावनाओं से भरी प्रतीत हुईं, विशेषकर पुनर्नवा—जिसे आयुर्वेद में शोथहर गुणों के लिए जाना जाता है—और गोमूत्र अर्क, जिसे चिरकाल से रोगहर और शुद्धिकारी माना गया है।

इस नवीन आशा के साथ, वैद्य ने एक नई औषधि की रचना की—पुनर्नवा बिल्व (जो पाचन में सहायक माना जाता है), अग्निमंथ (प्राकृतिक वेदनानाशक), और श्योनक (जिसे विषनाशक कहा गया है)—इन सबको गोमूत्र अर्क के साथ मिलाकर एक संतुलित योग तैयार किया गया।
इस बार परिणाम अधिक आशाजनक रहे।

जब इस औषधि को एक सूजन-ग्रस्त गाय को दिया गया, तो उसके कष्टों में स्पष्ट रूप से कमी आई। पीड़ा के वे संकेत—लंगड़ाना, चलने से हिचकिचाहट, और वे करुण रंभाएँ—इनमें उपचार के कुछ चक्रों के बाद स्पष्ट सुधार दिखा, विशेषकर जब औषधि को चारे में मिलाकर नियमित रूप से दिया गया।

प्रभात, जिसकी आशा अब उषा की पहली किरणों सी संकोचभरी किन्तु प्रखर थी, जानता था कि यह तो बस आरंभ भर है। अभी उन्हें और परीक्षण करने थे, दीर्घकालिक प्रभावों का अवलोकन करना था, और उस औषधि-संयोजन को परिष्कृत करना था—ताकि एक दिन वह डायक्लोफेनाक का समुचित विकल्प बन सके।

हालांकि आयुर्वेदिक मिश्रण की प्रारंभिक सफलता ने प्रभात के हृदय में आशा की एक कोंपल जगा दी थी, परंतु इसके व्यापक अपनाये जाने का मार्ग अभी भी कंटकाकीर्ण था। डाइक्लोफेनाक की तात्कालिक प्रभावशीलता का आकर्षण निर्विवाद था - यह एक मोहिनी मधुर गीत था

जो गाँववालों की अंतरात्मा में बसी आदतों से सहज ही ताल मिला लेता था। डॉ. शर्मा, पीढ़ियों से गाँव के विश्वसनीय पशु चिकित्सक, डाइक्लोफेनाक लिखते रहे, इसके सिद्ध इतिहास और आयुर्वेदिक विकल्प पर दीर्घकालिक अध्ययनों के अभाव का हवाला देते हुए। गाँववाले, जो अपने प्रिय पशुओं पर प्रयोग करने में हिचकते थे और किसी भी अपरिचित विधि से सशंकित रहते थे, डॉक्टर के बताए रास्ते पर चलते रहे—वही पुराना, सधा-सँवरा रास्ता, जिसमें सुविधा थी, जोखिम नहीं।

एक दोपहर एक व्याकुल गाँव वाले ने प्रभात को बताया की प्रधान के पिता काफ़ी बीमार हैं। "तेज बुखार से तप रहे हैं और लगभग बेहोश हैं!" लक्षण वही थे, जो कुछ समय पहले उसकी माँ के थे। प्रभात और उसके पिता ने एक पल की भी देरी नहीं की। प्रधानजी के पिता एक खाट पर निढाल पड़े थे—साँसें धीमी और कठिन, शरीर दुर्बल—उस सशक्त छवि से कोसों दूर, जिसे प्रभात कभी जानता था।

प्रभात के भीतर उसकी माँ की बीमारी की स्मृतियाँ उफान पर आ गईं।

"प्रधानजी," प्रभात ने घबराई किन्तु दृढ़ आवाज़ में कहा, "हमें उन्हें तुरंत उसी शहर के अस्पताल ले जाना होगा, जहाँ मेरी माँ का इलाज हुआ था।"

प्रधानजी, जिनकी आँखों में वही भय झलक रहा था जो प्रभात की आँखों में था, बिना किसी हिचकिचाहट के सहमत हो गए। सौभाग्यवश, प्रभात की माँ के विपरीत, प्रधानजी के पिता बीमारी की अंतिम अवस्था तक नहीं पहुँचे थे। डॉक्टरों ने त्वरित जाँच कर यह पहचाना कि यह *गैस्ट्रोइंटेस्टाइनल एन्थ्रैक्स* है, और तत्काल आवश्यक उपचार आरंभ कर दिया।

प्रधान के पिता की बीमारी की खबर एक झटके में सबको सच्चाई का आइना दिखा गई, मानो इनकार के आरामदायक सुन्नपन को चकनाचूर कर दिया हो। प्रधान, जो अपने पिता के मृत्यु के निकट पहुँचने के अनुभव से गहरे तक हिल गए थे, एक ऐसा परिवर्तन ले आए जो उस बीमारी जितना ही गहरा था। उन्होंने डाइक्लोफेनाक के प्रयोग के विनाशकारी परिणामों को अपनी आँखों से देखा - एक कड़वा सच जो बेरहमी से उजागर हो गया था। जो सुविधा यह दवा देती थी, वह मृत्यु और पीड़ा की संभावना के सामने फीकी पड़ गई।

अगली सुबह, प्रधान गाँव वालों की सभा में खड़े हुए थे, उनकी आवाज़ में एक नई दृढ़ता थी - पिछले कई हफ्तों से उन्हें घेरने वाली घबराहट के बिल्कुल विपरीत। "बहुत लंबे समय तक," उन्होंने घोषणा की, उनकी आवाज़ इकट्ठे हुए लोगों के बीच गूँजती हुई, "हमने सुविधा को सुरक्षा से ऊपर रखा है। वह बीमारी जिसने मेरे पिता को लगभग छीन ही लिया था, डाइक्लोफेनाक के प्रयोग का सीधा परिणाम थी। आज से दो महीने बाद मैं अपने गाँव में इस दवा के प्रयोग पर प्रतिबंध लगा रहा हूँ। हम इसके बजाय प्रभात और वैद्य भट्ट द्वारा विकसित आयुर्वेदिक औषधि का उपयोग करेंगे।"

प्रधान की घोषणा ने सभा में हलचल पैदा कर दी, आश्चर्य और बेचैनी की एक लहर सी दौड़ गई। कुछ गाँव वाले सहमति में सिर हिलाने लगे, जिन्होंने प्रधान की विपत्ति को स्वयं देखा था। कुछ अभी भी संशय में थे, अज्ञात से सशंकित।

प्रधान के प्रभाव और प्रभात के अथक समर्थन ने धीरे-धीरे गाँववालों के प्रतिरोध को कम करना शुरू कर दिया, संदेह की यह धीमी पर स्थिर घिसावट थी।

डॉ. शर्मा, जो प्रारंभ में परिवर्तन के प्रति प्रतिरोधी और अपनी स्थापित पद्धतियों से जुड़े हुए थे, अब डाइक्लोफेनाक के नुस्खों में कमी

और आयुर्वेदिक समाधान के बारे में पूछताछ में वृद्धि देखने लगे। उन्होंने प्रभात के प्रयोगों और प्रधान के पिता के स्वास्थ्यलाभ में सकारात्मक परिणाम देखे - यह विकल्प की प्रभावशीलता का जीवंत प्रमाण था। धीरे-धीरे, आयुर्वेदिक पद्धति के प्रति एक अनिच्छुक सम्मान उनके मन में पनपने लगा, जिसने उनकी प्रारंभिक संशयात्मकता का स्थान ले लिया। उन्होंने कुछ अधिक खुले विचारों वाले रोगियों को सावधानीपूर्वक आयुर्वेदिक मिश्रण की सलाह देना शुरू किया - उनका वैज्ञानिक मन अधिक आंकड़ों की लालसा करता था, जबकि उनका व्यावहारिक पक्ष सकारात्मक परिणामों को स्वीकार कर रहा था।

ग्राम प्रधान होने के नाते उन्हें अक्सर दूर-दराज़ के गाँवों की यात्राएँ करनी पड़ती थीं और अन्य गाँवों के प्रधानों से नियमित रूप से संवाद करना पड़ता था। इन मुलाक़ातों के दौरान वे डाइक्लोफेनाक जैसी हानिकारक औषधि के दुष्प्रभावों का उल्लेख करते, और बताते कि किस प्रकार उनके गाँव में इसके प्रयोग पर लगभग पूर्णतः विराम लग चुका है। उनके अनुभवों और प्रयासों की यह गाथा श्रोताओं के मन में उत्सुकता और प्रेरणा भर देती थी ।

धीरे-धीरे यह बात आस-पास के गाँवों में भी फैलने लगी। लोग इस आयुर्वेदिक औषधि के गुणों पर विश्वास करने लगे और अपने पशुओं के उपचार हेतु उसका प्रयोग आरंभ कर दिया। यह परिवर्तन किसी शोर-शराबे के साथ नहीं, बल्कि विश्वास और अनुभव की नर्म लहरों में बहते हुए आया—एक ऐसा बदलाव जो परंपरा और प्रकृति की गोद में पला, और फिर पूरे क्षेत्र में शांति से फैल गया।

करीब एक साल के भीतर, पूरे तालुके—हरित परिदृश्य में बसी गाँवों की यह गुच्छित दुनिया—ने डायक्लोफेनाक को अलविदा कह दिया। वातावरण में एक नवीन आशा की मधुर गूँज भर गई थी।

उनकी सफलता की खबरें, फुसफुसाहटों और वार्तालापों के पंखों पर सवार होकर, जिलाधिकारी के कानों तक पहुँचीं - इस क्षेत्र के सर्वोच्च प्रशासनिक अधिकारी के। स्थापित मानदंडों को चुनौती देने और एक प्राकृतिक समाधान खोजने की इस गाथा से आकर्षित होकर, स्वयं जिलाधिकारी ने प्रभात के गाँव का दौरा करने का निश्चय किया।

पर जो दृश्य वहाँ पहुँचकर उन्हें मिला, वह किसी विजय घोष से अधिक एक मौन पुनर्निर्माण की कहानी कहता था। यह कोई विजयोत्सव नहीं, बल्कि प्रकृति से एक बार फिर गहराता आत्मीय संबंध था। कलेक्टर ने प्रभात और प्रधानजी से भेंट की और उनकी बातों को गहनता से सुना - एक माँ की पीड़ा, एक पिता की आशंका, संघर्ष, अविराम संकल्प, और अंततः विजय। वे इस युग्म की निष्ठा, उनके अडिग प्रयासों और धरातल पर उतरे परिवर्तन से अत्यंत प्रभावित हुए।

उन्हें स्पष्ट दिखने लगा था—यह केवल एक गाँव की कहानी नहीं थी, यह तो एक व्यापक आंदोलन की संभावनाओं का बीज था।

निर्णायक कार्रवाई करते हुए जिलाधिकारी ने डाइक्लोफेनाक पर पूरे जिले में प्रतिबंध लगा दिया और आयुर्वेदिक विकल्पों को अपनाने का आह्वान किया। वे यहीं नहीं रुके। उन्होंने राज्य की राजधानी में एक आधिकारिक निवेदन प्रस्तुत किया, जिसमें प्रभात के गाँव की सफलता की गाथा को रेखांकित करते हुए पूरे राज्य में इस दवा पर प्रतिबंध की माँग की। उनके इस भावनापूर्ण निवेदन को, जो अकाट्य साक्ष्यों द्वारा समर्थित था, राज्य सरकार ने गम्भीरता से लिया।

यहाँ एक ऐसा समाधान था जो न केवल एक गंभीर पर्यावरणीय चिंता को संबोधित करता था, बल्कि एक प्राकृतिक विकल्प से जुड़ी लागत बचत की संभावना भी प्रस्तुत करता था। नौकरशाही के पहिये, हालांकि धीमी गति से, पर घूमने लगे।

तालुका से प्राप्त परिणामों और संभावित लागत लाभ से प्रभावित होकर राज्य सरकार ने आयुर्वेदिक मिश्रण के अध्ययन के लिए एक प्रयोगशाला को नियुक्त किया। वैज्ञानिकों की एक टीम, जो प्रारंभ में इस "अवैज्ञानिक" उपचार के प्रति संशयपूर्ण थी, सूक्ष्म ध्यान के साथ शोध में जुट गई। उन्होंने मिश्रण को परीक्षणों की एक श्रृंखला से गुजारा। इसकी संरचना, मवेशियों में सूजन के विरुद्ध इसकी प्रभावकारिता और संभावित दुष्प्रभावों का विश्लेषण किया।

उन्होंने डाइक्लोफेनाक के गिद्धों पर प्रभाव का भी गहन अध्ययन किया। वैज्ञानिक, जो अब डाइक्लोफेनाक की विषाक्तता के मौजूदा ज्ञान से संतुष्ट नहीं थे, इसके गिद्धों पर प्रभाव को गहराई से समझने लगे। उनका शोध और गहन हुआ, जिसमें उन्होंने बहुआयामी दृष्टिकोण अपनाया। उन्होंने प्रभावित क्षेत्रों से एकत्र किए गए गिद्धों के ऊतकों का सूक्ष्मता से परीक्षण किया। नियंत्रित प्रयोगशाला परिस्थितियों में, उन्होंने वास्तविक दुनिया के परिदृश्यों की नकल की, जिसमें गिद्धों को डाइक्लोफेनाक के विभिन्न स्तरों के संपर्क में लाकर इसके शारीरिक प्रभावों का अवलोकन किया। इसके अतिरिक्त, डाइक्लोफेनाक के प्रयोग से पहले और बाद के जनसंख्या आँकड़ों का पुनः विश्लेषण किया गया, जिससे दवा के उपयोग और गिद्धों की जनसंख्या में गिरावट के बीच संबंध को स्पष्ट रूप से दर्शाया गया। इस व्यापक जाँच का उद्देश्य न केवल डाइक्लोफेनाक और गिद्धों की मृत्यु के बीच मौजूद संबंध को मजबूत करना था, बल्कि इन पक्षियों की शारीरिक क्रियाओं और व्यवहार पर दवा के प्रभाव की पूर्ण सीमा को समझना भी था।

अंततः, प्रभावशीलता की गहन जाँच और पुष्टि के बाद, राज्य सरकार ने एक ऐतिहासिक निर्णय लेते हुए अपने संपूर्ण राज्य में डाइक्लोफेनाक पर प्रतिबंध लगा दिया। अख़बार में यह समाचार देखते हुए प्रभात के मन में भावनाओं की एक तरंग उमड़ पड़ी। यह एक लंबी,

कठिन यात्रा रही थी - अपनी माँ के प्रति न्याय की और गैस्ट्रोइंटेस्टाइनल एंथ्रेक्स के खतरे से मुक्त भविष्य की अथक खोज।

प्रतिबंध लागू होने के बाद, ज़िला कलेक्टर ने प्रभात को अपने कार्यालय बुलाया। उन्होंने मुस्कराते हुए कहा, "सरकार आपको सम्मानित करना चाहती है। बताइए, आपको क्या चाहिए?" प्रभात कुछ क्षण मौन रहा, फिर धीमे स्वर में बोला, "मैंने हमेशा सपना देखा है—एक बार हवाई जहाज़ में उड़ने का।" बिना किसी देर के, निकटतम हवाई अड्डे से देश की राजधानी तक आने-जाने के लिए उसके नाम पर हवाई टिकट बुक कर दिए गए।

जब प्रभात ने हवाई जहाज़ की खिड़की से झाँका, तो उसकी आँखों में जो उल्लास था, वह शब्दों में नहीं, केवल आकाश की विशालता में मापा जा सकता था। नीचे पसरी धरती अब एक चित्रकला-सी लग रही थी — खेत जैसे हरी चादर, नदियाँ जैसे चाँदी की लकीरें, और गाँव धूल में सजे बिंदुओं की तरह। बादलों के ऊपर उड़ते हुए उसका मन किसी उत्सव-सा झूम रहा था; उसे ऐसा लग रहा था मानो धरती की सारी ज़ंजीरें उसके पैरों से खुल गई हों और वह स्वच्छंद आकाश का नागरिक बन गया हो, बिलकुल अपने प्रिय गिद्धों की तरह।

(भारत सरकार ने 2006 में पशु चिकित्सा में डाइक्लोफेनाक के उपयोग पर प्रतिबंध लगाया था, जब देशभर में गिद्धों की संख्या में भयावह और तेज़ गिरावट देखी गई। यह कहानी एक काल्पनिक आख्यान है, जिसे इस प्रतिबंध को प्रेरित करने वाली एक संभावित घटना के रूप में गढ़ा गया है।)

******

8. बाढ़ का कमरा

योगेश भारी मन से अपने घर की ओर बढ़े, उसके कदम धीमे और आशंकित थे। दरवाजे में चाबियाँ डालते हुए, वह खुद को दूसरी तरफ कैद आश्चर्य के लिए तैयार कर रहे थे। जैसे ही उन्होंने चाबी घुमाई और दरवाजे को धक्का देकर खोला, एक अकस्मात जल-प्रवाह सरसराता, गरजता हुआ बाहर विस्फोटित हो गया। पानी के तेज बहाव ने उन्हें पीछे की ओर धकेल दिया। एक पल की हिचकिचाहट के बिना, उन्होंने तेजी से अपनी पत्नी रश्मी को पकड़ लिया। उसी क्षण, उनके पुत्र अतुल ने निकटतम, मजबूत -स्थंभ को थामते हुए स्वयं को उस अडिग जल के प्रहार के विरुद्ध स्थिर करने का प्रयास किया। बाढ़ का पानी इतनी तेज़ी से फूट पड़ा, जैसे वह खुद घर के अंदर दबकर साँस नहीं ले पा रहा हो। योगेश वहाँ खड़े थे, सराबोर और विस्मित। ऐसा लग रहा था कि पानी के जीवन का एक ही लक्ष्य है घर की चारदीवारी से भाग निकलना।

जैसे ही पानी कम हुआ, योगेश ने सावधानी से दहलीज पर कदम रखा, उसकी निगाहें कभी जानी-पहचानी जगह पर टिकी थीं। फर्श कीचड़ से सना हुआ था, फर्नीचर बेतरतीब ढंग से बिखरा हुआ था, और दीवारों पर पानी के धब्बे - बाढ़ के रोष के अवशेष। योगेश अपने सामने के दृश्य को देखते ही अविश्वास, दु: ख और हताशा का मिश्रित भावनाओं से अभिभूत हो गए। विनाश की यह अथाह गहराई उनकी कल्पना से परे थी।

जैसे ही वह आगे बढ़े, अपने बाढ़ से उभरे निवास की दहलीज को पार करते हुए, एक अजीब सी अनुभूति ने उसके पैरों का स्पर्श किया। ववह झुका आश्चर्य के साथ और उठा असीम विस्मय और निराशा के साथ। हाथ में थी कीचड़ में सनी , प्राचीन, पीतल की भगवान राम की

प्रतिमा, जो पीढ़ियों से चली आ रही थी, उसके परिवार में पूर्वजों की आराधना का प्रतीक थी। योगेश भावनाओं के ज्वार, सदमे और अविश्वास से घिर गए। वह कैसे, अपने अनजाने कदमों से, भगवान राम की पूजनीय प्रतिमा का अपमान कर सकते थे? उन्हें लगा कि उनकी अनेकों पीढ़ियां ऊपर से उन्हें धिक्कार रही हैं। अपराधबोध की भावना से अभिभूत, उन्होंने पवित्र मूर्ति को अपने कांपते हाथों में संभाला, और पीढ़ियों की भक्ति का भार अपनी अंतरात्मा पर महसूस किया।

अपने घर की खोई हुई गरिमा को पुनर्जीवित करने की गहन साधना में उनके दिवस और निशा एकाकार हो गए। पंद्रह दीर्घ दिवस—अविराम श्रम और अटूट संकल्प के साक्षी बने। घर का प्रत्येक कोना बाढ़ की निष्ठुर क्रूरता का शिकार था। वे हल्के और कलात्मक पर्दे, जो कभी नाजुक और अलंकृत थे, अब गाद की भारी परत से लदे हुए थे। वे नरम कालीन, जिन पर चलते ही सुकून का अहसास होता था, अब असंख्य जिद्दी दागों से ग्रसित थे। उनके प्रिय वस्त्र, जो जीवन के अनगिनत अनमोल क्षणों के साक्षी थे—अब बाढ़ की निर्दयी मिट्टी में सन चुके थे। परंतु रश्मि की कर्मठता डगमगाने वाली न थी। उसने हर परिधान को न केवल सावधानीपूर्वक धोया, बल्कि दो-दो बार मलकर यह सुनिश्चित किया कि बाढ़ की निर्मम छाया का एक भी अंश उनमें शेष न रह जाए। यह केवल घर की सफाई नहीं थी—यह स्मृतियों की पुनर्स्थापना, बीते सुखों की पुनर्रचना, और अचानक बिखरे जीवन को फिर से संजोने का संकल्प था।

किन्तु, सब कुछ बचाया नहीं जा सका। वह गद्देदार सोफ़ा, जो कभी आराम और सुकून का प्रतीक था, निर्दय जलधारा के सम्मुख नतमस्तक हो चुका था। उसका कपड़ा स्थायी रूप से धब्बों और नमी से संतृप्त हो गया था। परिवार को एक हृदयविदारक निर्णय लेना पड़ा: उसे त्यागने का। इस प्रकार, उन्होंने उस प्रिय फर्नीचर को विदाई दी, जिसने न केवल क्रिकेट और फिल्मों के असंख्य पलों का मूक साक्ष्य दिया था,

बल्कि मेहमानों की आत्मीय अगवानी की थी, थके-हारे दिनों की चुपचाप सहचरता निभाई थी, बच्चों की उछल-कूद को मुस्कराकर सहा था, और परिवार के कई उत्सवों, हँसी-ठिठोली और गंभीर चर्चाओं को अपने गद्दों में चुपचाप समेट लिया था। पुस्तक शेल्फ, जो कभी ज्ञान और कल्पनाओं की शरणस्थली था, अब उजाड़ और निस्तब्ध खड़ा था। उसमें संजोई गई सौ से अधिक पुस्तकें जल की असीम बाहों में समर्पित हो चुकी थीं। उन्हें बचाने का प्रयास किया गया, परंतु उनके पृष्ठ सूखने की पीड़ा में स्थायी रूप से विकृत हो गए थे—शब्द बिखर गए थे, कहानियाँ खो चुकी थीं। नींद अब एक कठिन उपक्रम बन चुकी थी। बाढ़ के पानी से भीगे गद्दे आर्द्रता के बोझ तले सूखने के लिए संघर्षरत थे। पूरे एक सप्ताह तक परिवार ने अस्थायी टाट-पट्टियों और चटाइयों पर रातें बिताईं। नींद असुविधा और जीवन में आई इस विघटनकारी व्यवधान की याद से घिरी रही। यह केवल वस्तुओं का नाश नहीं था—कई यादों का विसर्जन था।

किंतु, इन असंख्य क्षतियों के मध्य, दो आघात ऐसे थे जो योगेश के हृदय को असहनीय पीड़ा दे रहे थे। पहला था उसके पूजा-घर का अपवित्रीकरण और राम के दिव्य प्रतिमा पर अनजाने में हुआ पद-स्पर्श। दूसरा आघात उनके जीवन की सबसे प्रिय धरोहर पर पड़ा—उनके हस्ताक्षर संग्रह पर। यह मात्र एक शौक न था, बल्कि पिता से मिली विरासत थी, जिन्होंने दशकों तक धैर्य और जुनून के साथ इन दुर्लभ हस्ताक्षरों को संजोया था। पचास से अधिक महान हस्तियों—खिलाड़ियों, संगीतकारों, सिने सितारों और यहाँ तक की बिहार के मुख्यमंत्रियों तक—के हस्ताक्षरों से समृद्ध यह संग्रह अब जल में विलीन हो चुका था। वे हस्ताक्षर, जिन्हें कभी उन्होंने घंटों के धैर्यपूर्ण इंतज़ार के बाद, कभी भीड़ को चीरते हुए, कभी दूर-दराज़ के कार्यक्रमों और समारोहों में अनगिनत प्रयासों से, तो कभी सुरक्षा कर्मियों की सख़्ती और झिड़कियों को चुपचाप सहते हुए संजोया था। कभी-कभी तो वे ट्रेन या सभागार के बाहर अंतिम क्षणों में दौड़ते हुए, बस एक मुस्कान और बढ़े हुए हाथ के सहारे वह

अमूल्य निशान प्राप्त कर पाए थे। हर हस्ताक्षर के पीछे छुपी थी एक छोटी-सी कहानी—संकोच और उत्साह की मिली-जुली तरंगें, धड़कनों की तेज़ रफ़्तार, और अंततः मिलन के उस क्षण में आँखों की चमक, जो उस स्मृति को जीवन भर के लिए अमर कर देती थी। वे हस्ताक्षर, वे बहुमूल्य कागज़, जिन पर कभी प्रसिद्ध व्यक्तित्वों की लेखनी अंकित थी, अब फटे, गल चुके और पुनः सहेजे जाने की सीमा से परे थे। यह नष्ट हुआ संग्रह केवल कागजों का ढेर नहीं था, बल्कि अतीत की अनमोल स्मृतियों का अंत था, जो अब सदा के लिए लुप्त हो चुका था।

योगेश प्रसाद बिहार के सहरसा जिले में जिला शिक्षा अधिकारी के पद पर कार्यरत थे। उनकी वंशावली इस क्षेत्र से गहराई से जड़ी हुई थी, और उनकी पुश्तैनी संपत्ति कोसी नदी के अब शांत तट पर गर्व से खड़ी थी। यह आवास, एक एकल-मंजिला घर जिसका नाम सप्तकोशी कुंज था, जो नेपाल में कोसी नदी के नाम पर रखा गया था, उनके दादा की दीर्घकालिक विरासत का प्रतीक था—एक ऐसा ठिकाना, सत्तर से अधिक वर्षों से परिवार आश्रय प्रदान किया था और जिसकी दीवारों ने तीन पीढ़ियों की यादों और कहानियों को सहेजा था।

योगेश की पत्नी, सौम्य और समर्पित रश्मि, एक कुशल गृहिणी थीं। उनकी ज्येष्ठ पुत्री, वैवाहिक सुख से विभूषित, अपने जीवनसाथी—एक सरकारी अधिकारी—के साथ पड़ोसी नगर पूर्णिया में अपनी गृहस्थी बसा चुकी थी। योगेश की बड़ी बहन भी पूर्णिया में ही निवास करती थीं, जिससे पूर्णिया के साथ पारिवारिक बंधन और अधिक सघन एवं सुदृढ़ हो गया था। उनका छोटा पुत्र अतुल, जो स्थानीय इंजीनियरिंग कॉलेज में शिक्षा प्राप्त कर रहा था, अपने हृदय में महान स्वप्न संजोए हुए था। उसकी महत्वाकांक्षाएँ उसे दिल्ली की तंग गलियों की ओर बुला रही थीं, जहाँ वह सिविल सेवा परीक्षा की कठिन यात्रा का आरंभ करने के लिए तत्पर था।

प्रसाद परिवार के लिए जीवन एक नियत लय में बहता आ रहा था, जिसमें कभी-कभार कोसी नदी के प्रचंड स्वभाव से साक्षात्कार हो जाता था। हर कुछ वर्षों में, यह नदी मानो अपनी गहरी निद्रा से जाग उठती और अपने गृह-आँगन की सीमाओं को लाँघने का प्रयास करती। किंतु इस वर्ष की आपदा अपवादस्वरूप थी—नेपाल और हिमालयी पर्वत श्रेणियों में हुई अविरल वर्षा ने मानो प्रकृति के समस्त बंधनों को तोड़कर इस भूभाग पर जलप्रलय का कोप बरसाने का संकल्प ले लिया था। जिले के एक उत्तरदायी अधिकारी होने के नाते, योगेश को आगामी बाढ़ की चेतावनी समय रहते प्राप्त हो गई थी। स्थिति की गंभीरता को भाँपते हुए, प्रसाद परिवार ने त्वरित और सामूहिक निर्णय लिया। यह निश्चित हुआ कि जब तक यह अक्रोशित जलराशि शांत न हो जाए, वे अपने वंशगत निवास को निर्दयी लहरों के हवाले कर, पूर्णिया में योगेश की बहन के सान्निध्य में शरण लेंगे। प्रकृति की अनियंत्रित शक्ति के समक्ष नतमस्तक होने के अतिरिक्त कोई विकल्प नहीं था।

जैसे-जैसे योगेश अपने पुराने घर के जीर्णोद्धार में जुटे, उन्हें धीरे-धीरे यह बोध होने लगा कि यह एकमंजिला आवास, जो कभी उनके दादा की वास्तुकला और स्वप्नों का सजीव प्रतीक था, अब काल के थपेड़ों से थक चुका है। दीवारों की दरारें, छत की झुकी हुई सांसें और ज़मीन की नमी—सब मिलकर यही कह रहे थे कि अब एक नए प्रारंभ की आवश्यकता है। इस यथार्थ के आगे झुकते हुए, योगेश ने स्वीकार किया कि अब नया घर बनाना अपरिहार्य है। परंतु निर्णय का सबसे कठिन पक्ष अब सामने था—नया घर बने तो कहाँ? उनकी पत्नी रश्मि और पुत्र अतुल, एक नई शुरुआत की आशा में, बाढ़ों की भयावह स्मृतियों से दूर, नगर के एक शांत और ऊँचे हिस्से में घर बसाने के पक्ष में थे। किन्तु योगेश की जड़ें कहीं और थीं। वे केवल एक ज़मीन से नहीं, तीन पीढ़ियों की स्मृतियों से जुड़े थे। वह आँगन जहाँ उन्होंने पहला कदम रखा था, वह दीवारें जिनके पीछे परिवार ने जीवन के उत्थान और पतन दोनों को जिया था,

और वह ज़मीन जिसने कठिनतम समय में भी उन्हें थामे रखा—इन सबसे मुंह मोड़ना उनके लिए एक विरासत से विमुख होने जैसा था। परिवार में इस विषय को लेकर कई गहन चर्चाएँ हुईं—कभी भावनाओं में डूबी, कभी तर्कों में उलझी। अंततः योगेश ने शांत किन्तु दृढ़ स्वर में आग्रह किया: 'यह ज़मीन केवल मिट्टी का टुकड़ा नहीं, हमारे इतिहास की जीवित धड़कन है।' उन्होंने परिवार को विश्वास दिलाया कि वे एक ऐसा घर बनाएंगे, जो कोसी की प्रचंडता के सामने अचल और अडिग रहेगा—नया, सुदृढ़ और आत्मा से जुड़ा हुआ। योगेश के आत्मविश्वास और भावनात्मक प्रतिबद्धता के आगे अंततः परिवार झुक गया।

अपने परिवार के लिए एक सुरक्षित और समृद्ध भविष्य रचने के दृढ़ संकल्प के साथ, योगेश ने एक ऐसे आश्रय की कल्पना की, जो केवल स्थापत्य सौंदर्य की परिधि तक सीमित न होकर, संधारणीयता, नवाचार और आत्म-सम्मान का प्रतीक बन सके। उनका सपना था—एक ऐसा घर, जो समय की कसौटी पर खरा उतरे और आपदाओं के समक्ष नतमस्तक न हो। इस स्वप्न की आधारशिला दो मूल स्तंभों पर टिकी थी। पहला— सुरक्षा। एक ऐसा निवास, जो नदी की अनिश्चित, उग्र और निर्मम प्रवृत्तियों के विरुद्ध अडिग खड़ा रह सके। यह केवल ईंट और सीमेंट का ढांचा नहीं, बल्कि एक सुदृढ़ दुर्ग हो, जो बाढ़ जैसे प्रचंड संकट में भी परिवार को आश्रय, ऊर्जा और आहार प्रदान कर कम से कम दस दिन तक आत्मनिर्भर बनाए रखे। दूसरा स्तंभ था—प्रकृति के प्रति श्रद्धा। योगेश ऐसा घर चाहते थे, जो पृथ्वी के साथ संघर्ष न करे, अपितु उसकी लय के साथ तालमेल बिठाए। ऐसा आवास जो पर्यावरणीय चेतना का जीवंत रूप बनकर प्राकृतिक परिवेश में ऐसे विलीन हो जाए, मानो वह वहीं का अंश हो—माटी से जन्मा, माटी में रमा हुआ।

इन महत्त्वाकांक्षी कल्पनाओं को साकार रूप देने की अभिलाषा लिए, योगेश ने पटना नगर के श्रेष्ठतम वास्तुशिल्पियों से संपर्क साधा। अपनी कल्पनाओं की उड़ान और वास्तुशिल्प की यथार्थवादी नींव के मध्य

एक पुल निर्मित करने हेतु, उन्होंने कई बार शहर की यात्राएँ कीं—हर बार एक नई आशा, एक नया दृष्टिकोण साथ लेकर। प्रत्येक मुलाक़ात मात्र औपचारिक नहीं रही; वह एक रचनात्मक अन्वेषण थी—स्वप्न और संभावना के बीच एक गूढ़ संवाद। वास्तुकारों ने, जो अपने शिल्प के कुशल साधक थे, योगेश के समक्ष ईंट-पत्थरों की भाषा में ऐसी कथाएँ बुनीं, जिनमें स्थायित्व और सौंदर्य, विज्ञान और कला, परंपरा और नवाचार एकसूत्र में बँधे प्रतीत हुए। उनकी कल्पनाओं में उगती रेखाएँ जब वास्तुविदों के अनुभवी हाथों से आकार लेने लगीं, तब वह हर खाका एक दर्शन बन गया—एक ऐसा सम्मिलन, जहाँ योगेश के स्वप्नों को ज़मीन मिली, और वास्तुकला को एक नई उड़ान।

कई चरणों की यात्राओं और अनगिनत विचार-विमर्शों की लंबी प्रक्रिया के पश्चात, योगेश ने अंततः अपने स्वप्न-सदन के शिल्पी के रूप में आर्य प्रकाश का चयन किया—एक ऐसा वास्तुकार, जो केवल दीवारें और छतें नहीं गढ़ता था, बल्कि प्रकृति के साथ सहजीवन रचने की कला में निपुण था। एक शांत संध्या को, जब चर्चा गहराई में उतर चली, आर्य ने मुस्कराते हुए कहा, "जब हम रसोई में प्रवेश करते हैं, तो वही पकाते हैं जो हमारे पास उपलब्ध होता है। यही दृष्टिकोण वास्तु में भी होना चाहिए। हमें अपने आस-पास की वस्तुओं, संसाधनों और परंपराओं को अपनाना चाहिए—न कि इस भ्रांति में पड़ना चाहिए कि उत्कृष्टता केवल नवीनतम और महँगे विकल्पों में निहित है। वास्तुकला तब सार्थक होती है, जब वह पृथ्वी पर बोझ न बने, बल्कि उसके साथ मिलकर साँस ले।" आर्य के इन विचारों ने योगेश के हृदय में गहरी प्रतिध्वनि उत्पन्न की।

अपनी अगली पटना यात्रा के दौरान, योगेश ने आर्य के साथ एक लंबी और गहन चर्चा की, जिसमें दोनों ने घर की मूल रूपरेखा को अंतिम रूप दिया। सबसे पहले उन्होंने यह निर्णय लिया कि घर में बाढ़ से सुरक्षा हेतु एक विशेष कक्ष होगा, जिसे उन्होंने "बाढ़ का कमरा" नाम दिया। दोनों ने मिलकर यह तय किया कि पूरे भूतल को बाढ़ के लिए समर्पित

किया जाएगा, जबकि मुख्य आवास प्रथम तल और उसके ऊपर निर्मित होगा।

पिछली बाढ़ में उनके घर की दीवारों पर जलस्तर के आठ फीट तक के चिन्ह रह गए थे। इसे ध्यान में रखते हुए, उन्होंने सुरक्षा के लिए चार फीट अतिरिक्त ऊँचाई जोड़ते हुए, कुल बारह फीट की ऊँचाई को बाढ़ से सुरक्षित रखने का निश्चय किया। अगला महत्वपूर्ण निर्णय यह था कि "बाढ़ के कमरे" के ऊपर कितनी मंजिलें बनाई जाएँ। हालाँकि योगेश ने अपना पूरा जीवन एक एकल-मंजिला घर में बिताया था, किंतु भविष्य की पीढ़ी को ध्यान में रखते हुए, उन्होंने दो मंजिलों का निर्माण करने का निर्णय लिया। इस प्रकार, घर के भूतल को खुला छोड़ते हुए, मजबूत स्तंभों पर दो मंजिलों को खड़ा करने की योजना बनाई गई। बाढ़ का कमरा नीचे था, और आशाओं की मंज़िलें ऊपर।

प्रथम तल पर उन्होंने एक आगंतुक कक्ष (ड्राइंग रूम), भोजन कक्ष, एक विशाल शयनकक्ष, पूजा कक्ष और एक खुली रसोई रखने का निश्चय किया। द्वितीय तल पर दो संलग्न स्नानगृह सहित शयनकक्ष और एक विस्तृत पुस्तकालय सहित एक सभाकक्ष बनाने का निर्णय लिया गया।

योगेश ऐसा घर चाहते थे जो बाढ़ के दौरान दस दिनों तक बिना बिजली ग्रिड से आपूर्ति या जल बोर्ड से जलप्रवाह के भी सुचारु रूप से कार्य कर सके। इस लक्ष्य को प्राप्त करने के लिए उन्होंने छत पर सौर पैनल और एक जल संचयन प्रणाली स्थापित करने का निर्णय लिया। सौर पैनलों की व्यवस्था इस प्रकार की जाएगी कि सामान्य परिस्थितियों में दिन के समय उत्पन्न ऊर्जा पहले बैटरियों को चार्ज करेगी, फिर घर की आवश्यकताओं को पूरा करेगी, और यदि अतिरिक्त ऊर्जा शेष रहती है, तो उसे नेट मीटरिंग प्रणाली के तहत विद्युत बोर्ड को बेचा जाएगा। रात्रि में, घर सामान्य रूप से ग्रिड से बिजली खींचेगा, और यदि बिजली कट

जाए, तो बैटरियों का उपयोग किया जाएगा। बाढ़ की स्थिति में, जब ग्रिड से कोई आपूर्ति नहीं होगी, तो दिन में सौर पैनल बिजली प्रदान करेंगे, जबकि रात में यथासंभव बैटरियों से आवश्यक ऊर्जा प्राप्त की जाएगी।

योगेश और आर्य ने केवल घर के समग्र डिज़ाइन पर ही नहीं, बल्कि दीवारों, फर्श, छत, रेलिंग, वायु स्तंभों और छत की संरचना पर भी विस्तृत चर्चा की।

आर्य और योगेश ने यह निश्चय किया कि दीवारों के निर्माण में अधिकतम मात्रा में पुनर्नवीनीकृत सामग्री का उपयोग किया जाएगा। पुनः प्रयोज्य सामग्रियों में सबसे पहले उन्होंने पुराने घर के ध्वस्तीकरण से प्राप्त ईंटों को प्रयोग में लाने का निर्णय लिया। इन ईंटों को साफ करके नई दीवारों के निर्माण में पुनः उपयोग किया जाएगा। उन्होंने यह तय किया कि प्रथम तल की सभी दीवारें केवल इन पुनः प्राप्त ईंटों से ही निर्मित होंगी। यदि किसी प्रकार की कमी होती है, तो वे अन्य स्थानों से भी पुनः प्राप्त ईंटों की व्यवस्था करेंगे। इन दीवारों को प्लास्टर न करने का निर्णय लिया गया, ताकि उनकी मौलिकता और प्राकृतिक सौंदर्य बना रहे।

द्वितीय तल की दीवारों के लिए वे एक नया प्रयोग करना चाहते थे। उन्होंने यह योजना बनाई कि कुछ दीवारें खाली कांच और प्लास्टिक की बोतलों से निर्मित की जाएँगी। ये बोतलें "बॉटल ब्रिक्स" के रूप में पुनः प्रयोजित की जाएँगी, जिनमें रेत भरकर उन्हें मज़बूत बनाया जाएगा। पुराने घर के पुनर्चक्रित मलबे को नारियल रेशे, धान की भूसी तथा मात्र दस प्रतिशत सीमेंट के साथ मिश्रित कर संयोजक पदार्थ के रूप में उपयोग किया जाएगा। इन बोतलों को इस प्रकार व्यवस्थित किया जाएगा कि उनका आधार घर के बाहरी भाग की ओर और ढक्कन अंदर की ओर रहे, जिससे दीवारों पर एक अद्भुत कलात्मक स्वरूप उभरे।

चूँकि निकटवर्ती उत्तर-पूर्वी राज्यों में बाँस प्रचुर मात्रा में उपलब्ध था, इसलिए दूसरी मंजिल की कुछ दीवारें बाँस की मजबूत संरचना से बनाने का निर्णय लिया गया। इन बाँस की दीवारों को मिट्टी, धान की भूसी, नारियल रेशे और सीमेंट के मिश्रण से सुदृढ़ किया जाएगा, जिससे वे न केवल पर्यावरण-सम्मत होंगी, बल्कि अत्यधिक मजबूत और टिकाऊ भी बनेंगी।

आर्य और योगेश के बीच दीवारों पर प्लास्टर के उपयोग को लेकर लंबी चर्चाएँ हुईं। आर्य का मानना था कि प्लास्टर का उपयोग केवल सौंदर्य के लिए किया जाता है, और इसका भवन की मजबूती पर कोई विशेष प्रभाव नहीं पड़ता। उन्होंने यह भी महसूस किया कि प्लास्टर दीवारों में अधिक गर्मी आकर्षित करता है और समय के साथ इसके पुनः प्लास्टरिंग की चिंता बनी रहती है। अंततः दोनों ने प्लास्टर को पूरी तरह छोड़ने का निर्णय लिया और इसके स्थान पर प्राकृतिक रंगों से दीवारों को रंगने तथा स्थानीय बिहारी कला से दीवारों पर सुंदर अलंकरण बनाने का निश्चय किया।

आर्य और योगेश इस बात को लेकर पूरी तरह स्पष्ट थे कि टाइल्स का प्रयोग न्यूनतम रखा जाएगा। उन्होंने यह तय किया कि सिर्फ बाथरूम और रसोई में ही टाइल्स का उपयोग किया जाएगा। इन स्थानों पर भी साधारण कोटा पत्थर और मिट्टी की टाइलें प्रयोग में लाई जाएँगी, न कि मोज़ेक टाइल्स।

फर्श—वह केवल ज़मीन का ठोस टुकड़ा नहीं था, न ही सिर्फ़ पैरों के नीचे बिछी कोई सतह। योगेश के लिए यह घर की आत्मा थी, एक ऐसा मौन साक्षी, जिसने उसके जीवन की अनगिनत परतों को अपने भीतर सँजो रखा था। बचपन की किलकारियाँ इसी फर्श पर गूँजी थीं। यही वह ज़मीन थी जिस पर घुटनों के बल रेंगते हुए उसने चलना सीखा, जहाँ नन्हे पाँवों की दौड़, खिलखिलाती हँसी के बीच की फिसलन और

निर्भीकता की मिठास बसी थी। दोस्तों संग खेले गए क्रिकेट के लंबे दोपहरों के बाद जब वह थककर यहीं निढाल हो जाता, तो यह फर्श उसके शरीर की थकान को जैसे अपने भीतर समो लेता, उसे सहेजता, शीतल करता। किशोरावस्था में, जब वह परीक्षाओं की तैयारी में देर रात कमरे में टहलता, तब यही जानी-पहचानी सतह उसकी अनकही चिंता की सांत्वना बन जाती —हर कदम पर साथ निभाती हुई, बिना बोले हौसला देती हुई। विवाह के बाद भी यह संबंध विच्छेद नहीं हुआ। वह अब भी उसी ज़मीन से जुड़कर सोना चाहता था—उस गद्दे पर, जो धरती को छूता हो। रश्मि को यह आदत थोड़ी अस्वस्थकर प्रतीत होती थी, पर दोनों ने एक समझौता रचा: डबल बेड के ठीक पास एक एकल गद्दा बिछा दिया गया—एक कोना जो योगेश के लिए किसी तीर्थ-सा था। जब कभी नींद आँखों से दूर रहती, वह उसी गद्दे पर लौट आता। ठंडी ज़मीन का स्पर्श उसके भीतर तक उतरता, जैसे वह फिर माँ की गोद में लौट आया हो। और उस क्षण, फर्श की वह मिट्टी, बचपन और स्मृति की मिश्रित गंध—उसे अपनी बाहों में समेट लेती, और वह निःशब्द, निशंक निद्रा में विलीन हो जाता।

कमरे के फर्श की सामग्री पर गहन विमर्श हुआ। योगेश और आर्य कुछ ऐसा चाहते थे जो समय की कसौटी पर खरा उतरे, रखरखाव में सरल हो, और प्रकृति के प्रति उनकी जवाबदेही को भी अभिव्यक्त करे। विविध विकल्पों पर मंथन के पश्चात अंततः उन्होंने पुनः प्रयोज्य लकड़ी और बाँस को फर्श की सामग्री के रूप में चुनने का निर्णय लिया। योगेश ने तय किया कि उनके पुराने घर से जो भी लकड़ी पुनः प्रयोग योग्य है, उसे सहेजकर इस नए आशियाने की ज़मीन में समाहित किया जाएगा—जैसे अतीत की स्मृतियाँ भविष्य के पथ का आधार बन रही हों। आर्य का विश्वास था कि वर्षों पूर्व काटी गई लकड़ी अधिक परिपक्व, संतुलित और टिकाऊ होती है। इसके अतिरिक्त, प्राकृतिक लकड़ी का फर्श केवल दृश्य सौंदर्य ही नहीं रचता, बल्कि यह पर्यावरणीय वायु को

शुद्ध करने की अपनी मौन भूमिका भी निभाता है। तय किया गया कि आवश्यक अतिरिक्त लकड़ी बिहार के स्थानीय पुनर्चक्रण विक्रेताओं से ही ली जाएगी।

फर्श की रूपरेखा में बाँस को एक केंद्रीय भूमिका दी गई—एक ऐसा प्राकृतिक संसाधन जो न केवल पूर्वोत्तर भारत की भूमि में प्रचुरता से उपलब्ध है, बल्कि अपनी संरचनात्मक मजबूती और पर्यावरणीय अनुकूलता के कारण आदर्श भी है। निर्माण की प्रक्रिया में भी सजगता और संवेदनशीलता का समावेश किया गया। यह सुनिश्चित किया गया कि बाँस की परतों को जोड़ते समय जल-आधारित, न्यूनतम वाष्पशील कार्बनिक यौगिक (VOC) उत्सर्जित करने वाले, पर्यावरण-मित्र चिपकने वाले पदार्थों का ही प्रयोग हो। इससे न केवल घर के भीतर की वायु गुणवत्ता सुधरेगी, बल्कि निर्माण प्रक्रिया का पारिस्थितिक प्रभाव भी न्यूनतम रहेगा। अपशिष्ट की समस्या को भी सजगता से संबोधित किया गया। बाँस की पट्टियों को सटीक माप और काट-छांट के साथ इस प्रकार तैयार किया जाएगा कि सामग्री का अपव्यय नगण्य रहे। इसके साथ ही, आधुनिकता और सुविधा का संगम करते हुए 'क्लिक-लॉक सिस्टम' को अपनाने का निर्णय लिया गया—एक ऐसी तकनीक जिसमें फर्श की परतों को बिना किसी गोंद के आपस में जोड़ा जा सकता है। यह प्रणाली न केवल स्थापना को सरल बनाती है, बल्कि भविष्य में आवश्यकता पड़ने पर इन फर्शों को बिना क्षति के हटाकर पुनः उपयोग की संभावनाएँ भी सुनिश्चित करती है।

योगेश और आर्य ने एक और चुनौती अपने ऊपर ली, वह थी बिना एयर कंडीशनर (एसी) के एक घर को डिजाइन करना।

योगेश कभी भी एसी को पसंद नहीं करते थे। योगेश के लिए, एसी घुसपैठिए थे —यांत्रिक ढोंगी जो जीवन के प्राकृतिक लय को बिगाड़ देते थे। हालाँकि उसके घर में दो एसी यूनिट्स थीं, जो रश्मी के ज़ोर देने

पर लगवाई गई थीं, योगेश, अकेले में, शायद ही कभी उनका इस्तेमाल करते थे। उन्हें तो छत पंखे की सादगी में ही सच्ची ताज़गी मिलती थी। योगेश के लिए, एसी चलाते समय हर खिड़की और हर दरार को बंद कर देना एक कैद की तरह महसूस होता था। यह उन्हें घुटन भरा बना देता, मानो दीवारें सिमटती जा रही हों, और उन्हें बाहरी दुनिया से काट दिया गया हो। "एयर कंडीशनर की हवा और प्राकृतिक हवा में," योगेश मुस्कुराते हुए कहते, "अंतर वैसा ही है, जैसा कृत्रिम फूलों और असली फूलों में होता है।"

नदी कोसी से ठंडी बयार सदैव प्रवाहित होती रहती थी । दोनों ने निश्चय किया कि इस प्राकृतिक वायु प्रवाह का प्रयोग करते हुए घर का ऐसा वेंटिलेशन किया जाए, जिससे एसी की आवश्यकता ही न रहे। आर्य ने खिड़कियों और खुले स्थानों का उपयोग करते हुए वायु संचार के लिए 'फ़नल प्रभाव' उत्पन्न किया। इस तकनीक में दो निकटवर्ती सतहें आपस में हवा को संकुचित करती हैं, जिससे वायु का प्रवाह तेज़ हो जाता है। घर के डिज़ाइन में, कोसी नदी की दिशा में, अर्थात् उत्तर और पूर्व की ओर, बड़े उद्घाटन बनाए गए, ताकि ताज़ी हवा घर के भीतर प्रवाहित हो सके। इसके अतिरिक्त, आर्या ने भवन के दो मंज़िलों के मध्य फर्श में एक छोटा-सा वर्गाकार छिद्र बनाया, जिससे न केवल क्षैतिज दिशा में, बल्कि ऊर्ध्वाधर रूप से भी वायु संचार हो सके।

आर्य ने ध्यानपूर्वक अवलोकन किया कि भवन की दक्षिण और पश्चिमी दीवारें दिनभर तीव्र सूर्यप्रकाश के संपर्क में रहेंगी, जिससे भीतर का वातावरण असहज रूप से गरम हो सकता है। इस चुनौती से निपटने के लिए उन्होंने एक सहज लेकिन अत्यंत प्रभावशाली उपाय सुझाया—इन दीवारों को बाँस के हरे-भरे झुरमुटों से आच्छादित किया जाएगा। यह प्राकृतिक परदा न केवल सौंदर्य बढ़ाएगा, बल्कि छाया प्रदान कर दीवारों को तपने से भी बचाएगा, जिससे घर का आंतरिक तापमान स्वाभाविक रूप से दो डिग्री तक घटाया जा सकेगा। छत को भी केवल निर्माण की

औपचारिकता के रूप में नहीं, बल्कि ऊर्जा और जीवन के स्रोत के रूप में देखा गया। वहाँ दो महत्वपूर्ण घटकों की योजना बनाई गई—सौर पैनल और रसोई उद्यान। सौर पैनल जहां घर के लिए ऊर्जा का सतत स्रोत बनेंगे, वहीं वे छत पर थर्मल इन्सुलेशन की भूमिका भी निभाएँगे, जो ऊपर से आने वाली ऊष्मा को रोककर घर को अधिक शीतल बनाए रखेंगे। रसोई उद्यान, केवल ताज़ी और जैविक सब्ज़ियों की आपूर्ति का माध्यम भर नहीं था; उसमें भविष्य की एक हरित कल्पना भी निहित थी। यह बग़ीचा आने वाले समय में प्रस्तावित बायोगैस संयंत्र के लिए आवश्यक जैविक अपशिष्ट भी उत्पन्न करेगा।

योगेश का यह स्पष्ट मत था कि बाढ़ के दौरान जल प्रबंधन हेतु जल संचयन (वॉटर हार्वेस्टिंग) की आवश्यकता होगी। उनके परिवार की दैनिक जल खपत लगभग पन्द्रा सौ लीटर थी। इसे ध्यान में रखते हुए, उन्होंने दस हज़ार लीटर क्षमता वाला एक भूमिगत जल टैंक बनाने का निश्चय किया, जो वर्षा जल को एकत्रित और संरक्षित कर सके। वर्षा जल को कुशलतापूर्वक संग्रहित करने के लिए छत के किनारे पर नालियां (गटर) स्थापित की जाएंगी, जो जल को नीचे जाने वाली पाइपों की ओर निर्देशित करेंगी। आर्य ने सुनिश्चित किया कि इन पाइपों पर एक विशेष कचरा-रोधक फ़िल्टर लगाया जाए, ताकि सूखी पत्तियाँ, टहनियाँ और अन्य अवांछित तत्व जल भंडारण प्रणाली में प्रवेश न करें। इसके अतिरिक्त, भूमिगत जलाशय में जल संग्रहित करने से पहले, उसे एक रेतीले तलछट फ़िल्टर से गुज़ारा जाएगा, जिससे जल शुद्ध रहेगा और किसी प्रकार की रुकावट उत्पन्न नहीं होगी। जल की सुचारू उपलब्धता और गुणवत्ता बनाए रखने हेतु, एक पंप और उन्नत निस्पंदन प्रणाली स्थापित की जाएगी, ताकि पूरे घर में स्वच्छ और सुरक्षित जल उपलब्ध कराया जा सके।

घर में प्राकृतिक रोशनी को अधिकतम करने के लिए बड़ी खिड़कियाँ और दीवारों में जालियों का उपयोग किया गया। ये तत्व न

केवल दिन के समय भरपूर रोशनी प्रदान करेंगे, बल्कि हवा के प्रवाह को भी सुचारू बनाएंगे, जिससे ऊर्जा की खपत कम होगी। योगेश और आर्या ने निर्णय लिया कि भूतल से छत तक जाने वाली सीढ़ी पुनः प्राप्त की गई लकड़ी से बनाई जाएगी। इसके अतिरिक्त, पैनल, रेलिंग, ग्रिल आदि के लिए उपयोग की जाने वाली संपूर्ण लकड़ी को अपसाइकिल किया गया, जिससे संसाधनों का प्रभावी उपयोग सुनिश्चित किया जा सके। घर के कुछ विशेष भाग—जैसे कि खिड़कियाँ, सीढ़ियाँ, रसोई की अलमारियाँ, पुस्तक रैक—त्यागे हुए पाइन्वुड पैकिंग केस से बनाए जाएँगे। इन्हें प्राकृतिक सौंदर्य प्रदान करने और उनकी स्थायित्व क्षमता बढ़ाने के लिए अलसी के तेल से पॉलिश किया जाएगा।

योगेश ने एक घन मीटर क्षमता वाला बायोगैस संयंत्र स्थापित करने का निर्णय लिया, जो जैविक कचरे को संसाधित कर प्रति माह पैंतीस से चालीस किलोग्राम गैस उत्पन्न करेगा। यह गैस लगभग पन्द्रह से बीस किलोग्राम एलपीजी के समकक्ष होगी। बायोगैस संयंत्र से निकलने वाला अवशिष्ट पदार्थ जैविक खाद के रूप में रसोई उद्यान के लिए अत्यंत उपयोगी होगा।

घर की विस्तृत रूपरेखा तैयार करने और सभी तकनीकी पहलुओं को अंतिम रूप देने में आर्या और योगेश को लगभग दो माह का समय लगा। आर्या ने भवन के वेंटिलेशन को प्रभावी बनाने के लिए स्थल का दौरा किया और वहाँ की दिशाओं व वायु प्रवाह की विस्तृत समझ विकसित की।

योगेश ने अस्थायी रूप से डेढ़ वर्ष के लिए एक नया घर किराए पर लिया, इस अवधि में वे अपने पुराने घर के विध्वंस और पुनर्निर्माण की प्रक्रिया को पूर्ण करने की आशा कर रहे थे।

घर की परिकल्पना पूरी होने के बाद, योगेश के सामने दो प्रमुख चुनौतियाँ थीं—एक सक्षम विध्वंस ठेकेदार और एक योग्य निर्माण

ठेकेदार का चयन। दोनों जानते थे कि इन विशेषज्ञताओं को खोजना आसान नहीं होगा, लेकिन वे इस चुनौती का सामना करने के लिए पूरी तरह तैयार थे। योगेश और आर्य ने एक विस्तृत योजना तैयार की, जिसमें विध्वंस के क्रम को सावधानीपूर्वक निर्धारित किया गया, ताकि पुनः उपयोग योग्य सामग्रियों को संरक्षित किया जा सके और उनके पुनर्चक्रण की संभावनाओं का अधिकतम लाभ उठाया जा सके। उन्होंने क्षेत्र के कई विध्वंस ठेकेदारों से संपर्क किया, किंतु कोई भी उनके कठोर मानकों को पूरा करने के लिए तैयार नहीं था। अत्यधिक कठिनाई के बाद, एक ठेकेदार ने सहमति व्यक्त की, किंतु आमतौर पर लगने वाली लागत से लगभग दोगुनी कीमत पर। योगेश और आर्या ने पुनः उपयोग योग्य सामग्रियों के संभावित लाभों का विश्लेषण किया और अंततः इस लागत को स्वीकार कर लिया।

विध्वंस प्रक्रिया को अत्यंत सुनियोजित तरीके से क्रियान्वित किया गया। सबसे पहले पुनः प्रयोग किए जा सकने वाली फिटिंग्स, दरवाजे, खिड़कियाँ और लकड़ी की अलमारियाँ हटाई गईं। इसके पश्चात छत से शुरू करते हुए भवन को नीचे की ओर क्रमबद्ध रूप से विखंडित किया गया। प्रत्येक ईंट को सावधानीपूर्वक हटाया गया और प्लास्टर से मुक्त कर पुनः उपयोग के लिए तैयार किए गए। कंक्रीट और प्लास्टर को एकत्र कर उसे पुनः चूर्णित करने एवं निर्माण में पुनः प्रयुक्त करने की योजना बनाई गई।

योगेश और आर्य चाहते थे कि पुराने घर का प्रत्येक भाग किसी न किसी रूप में पुनः प्रयोग या पुनर्चक्रित किया जाए। संपूर्ण निर्माण सामग्री को लकड़ी, धातु, कंक्रीट, कांच और ईंटों के विभिन्न वर्गों में व्यवस्थित रूप से वर्गीकृत किया गया। जहाँ स्थानीय ठेकेदार इस प्रक्रिया को मात्र पंद्रह दिनों में पूर्ण कर सकता था, वहीं योगेश के संकल्प और संधारणीय निर्माण के सिद्धांतों के कारण यह कार्य लगभग डेढ़ महीने में संपन्न हुआ।

विध्वंस प्रक्रिया पूर्ण होने के बाद, निर्माण कार्य आरंभ हुआ। किंतु, इसके लिए उपयुक्त ठेकेदार खोजने में तीन महीने से अधिक का समय लग गया। उन्हें कई जिलों में भटकना पड़ा, क्योंकि ऐसा कोई ठेकेदार आसानी से नहीं मिल रहा था जो बांस, लकड़ी की फ़्लोरिंग, न्यूनतम सीमेंट उपयोग, जल संचयन प्रणाली और उन विशेष फ़िनिशिंग तकनीकों में निपुण हो, जिनकी वे कल्पना कर रहे थे। आर्य इस बात को लेकर स्पष्ट थे कि नींव, स्तंभ और बीम के निर्माण में कोई प्रयोग नहीं किया जाएगा। उन्होंने ऐसा ढाँचा तैयार किया जो रिक्टर पैमाने पर आठ की तीव्रता के भूकंप को भी सहन कर सके। केवल इसके पूर्ण होने के बाद, उन्होंने घर के अन्य तत्वों में नवाचार के प्रयोग किए। निर्माण कार्य अत्यंत चुनौतीपूर्ण सिद्ध हुआ। यह घर नवाचार और प्रयोगों का केंद्र बन गया, यहाँ तक कि योगेश को स्वयं ठेकेदार की भूमिका निभानी पड़ी। पुनः उपयोग की गई लकड़ी और बांस से फ़र्श बिछाने की जटिल प्रक्रिया हो या बोतलों को भरकर दीवारें खड़ी करने की अभिनव तकनीक—इनमें से किसी भी कार्य में न तो योगेश, जो आकस्मिक ठेकेदार बन चुके थे, और न ही श्रमिकों को कोई पूर्व अनुभव था। वे केवल परीक्षण और सुधार की प्रक्रिया से ही इस कार्य में निपुण हो पाए।

योगेश की प्रतिबद्धता अटूट थी—वह लगभग हर दिन स्थल पर जाते और अपने संपूर्ण सप्ताहांत इस निर्माण यात्रा को समर्पित कर देते। जहाँ इस परियोजना को नौ से बारह महीनों में पूरा होने का अनुमान था, वहीं यह अंततः सोलह महीनों तक विस्तारित हो गई। निर्माण की तकनीकी और संरचनात्मक चुनौतियों के बाद, एक और कठिनाई सामने आई—ऐसे कुशल कलाकारों की खोज जो घर की दीवारों को बिहार की पारंपरिक कलाओं मधुबनी, मंजूषा और टिकुली से सजा सकें।

योगेश चाहते थे कि बैठक कक्ष और शयनकक्ष की दीवारें बिहार की इन तीन समृद्ध कलाओं से सजाई जाएँ। मधुबनी चित्रकला, जो मिथिला क्षेत्र की लोकप्रिय कला है, वहाँ के लोगों की रचनात्मकता और

संवेदनशीलता को अभिव्यक्त करती है। इसकी विशेषता गहरे काले रेखाचित्रों से उभरी हुई आकृतियाँ, मछली जैसी बड़ी आँखें और नुकीली नाक होती हैं। परंपरागत रूप से ये चित्र उंगलियों, तिनकों, माचिस की तीली और आधुनिक युग में पेन निब से बनाए जाते हैं। इन चित्रों के विषय और डिज़ाइन व्यापक रूप से हिंदू देवी-देवताओं—कृष्ण, राम, शिव, दुर्गा, लक्ष्मी, सरस्वती—सूर्य, चंद्रमा, तुलसी पौधा, दरबारी दृश्य, विवाह समारोह और सामाजिक घटनाओं को दर्शाते हैं। प्रायः इन चित्रों में चमकीले रंगों का उपयोग किया जाता है, और चावल के पेस्ट से बनी रूपरेखा इसकी बुनियादी संरचना का आधार होती है। इस कला की सबसे अनूठी विशेषता यह है कि चित्रों में कोई रिक्त स्थान नहीं छोड़ा जाता। यदि कोई सीमा (बॉर्डर) बनाई जाती है, तो वह ज्यामितीय एवं पुष्पीय आकृतियों से अलंकृत होती है। इन चित्रों के लिए प्रायः प्राकृतिक रंगों का उपयोग किया जाता है।

मंजूषा कला अंग प्रदेश (वर्तमान में बिहार के भागलपुर ज़िले) की प्राचीन विरासत है। यह कला भागलपुर में लंबे समय से प्रचलित रही है, लेकिन 1931 से 1948 के बीच इसे विशेष पहचान मिली। यह भारत के इतिहास की एकमात्र ऐसी चित्रकला शैली मानी जाती है, जो किसी कथा को क्रमबद्ध रूप से चित्रों की श्रृंखला में प्रस्तुत करती है। इस कारण इसे 'स्क्रॉल पेंटिंग' भी कहा जाता है। मंजूषा चित्रकला में एक कथा को कालानुक्रमिक रूप में दर्शाया जाता है, और यह चित्रों की एक श्रृंखला के रूप में प्रकट होती है। इनमें प्रायः किसी पौराणिक चरित्र या घटना का विवरण दिया जाता है। भारतीय पौराणिक गाथाओं के सांस्कृतिक प्रसंग सदियों से लोगों को मोहित करते आए हैं, और मंजूषा चित्रकला इसी परंपरा को सजीव रूप में प्रस्तुत करती है।

टिकुली कला का नाम उस बिंदी से जुड़ा है, जिसे पारंपरिक रूप से महिलाओं के माथे पर सजावट के रूप में पहना जाता है। हालांकि, टिकुली केवल एक अलंकरण नहीं है, बल्कि इसकी जड़ें गहरी

सांस्कृतिक और आध्यात्मिक मान्यताओं में समाई हुई हैं। प्राचीन काल में बिंदी को बुद्धि और सौम्यता की उपासना का प्रतीक माना जाता था, तथा यह महिलाओं की मर्यादा और गरिमा की रक्षा करने का प्रतीक थी। समकालीन बिहार में टिकुली कला अब महिलाओं के सशक्तिकरण का प्रतीक बन चुकी है। यह न केवल परंपरा और सौंदर्य का संगम है, बल्कि यह कला उन महिलाओं को स्वावलंबी बनाने का भी माध्यम बन रही है, जो अपने हुनर के बल पर आत्मनिर्भर बनने की दिशा में अग्रसर हैं। योगेश और आर्य के लिए इन कलाओं को अपने घर की दीवारों पर स्थान देना केवल सौंदर्य की दृष्टि से नहीं था, बल्कि यह एक सांस्कृतिक धरोहर के संरक्षण और उसकी महत्ता को पुनर्स्थापित करने का प्रयास भी था।

इन चित्रों को साकार करना एक श्रमसाध्य और लंबी प्रक्रिया सिद्ध हुई। यह कई जटिल चरणों से गुज़री, जिनमें अत्यधिक समय, धैर्य और परिश्रम की आवश्यकता थी। पूरी यात्रा में पहले उपयुक्त कलाकारों की तलाश करना, फिर उस पूर्णता एवं भावनात्मक गहराई को व्यक्त करने वाला आदर्श डिज़ाइन तय करना, उसके बाद प्राकृतिक एवं पारंपरिक रंगों का प्रबंध करना, और अंततः उस कल्पित कृति को दीवारों पर जीवंत रूप में उकेरना शामिल था। इस समूचे प्रयास को पूर्ण होने में तीन महीने से अधिक का समय लगा।

परिवार को अपने नए घर में आए हुए लगभग चार महीने हो चुके थे। दीवारें जैसे बीते जंगलों की सुगंध को अपनी साँसों में समेटे हुए थीं—उनकी लकीरों में कभी घने और शान से खड़े वृक्षों की कहानियाँ बसी थीं, जो अब नए रूप में आश्रय बनकर खड़े थे। परिवार ने घर के भीतर चप्पलें न पहनने का निर्णय लिया। नंगे पाँव चलते हुए फर्श की ठंडी, मुलायम सतह एक धीमी, अज्ञात ऊर्जा से स्पंदित होती प्रतीत होती थी, मानो धरती स्वयं जीवंत हो, उनके स्पर्श से पुलकित और कृतज्ञ। बड़ी खिड़कियों से छनकर आने वाली प्रकाश की शुद्ध, निर्बाध किरणें घर के हर कोने में फैल जाती थीं, इसकी शांति भरी सुंदरता को और निखारती

हुईं। इस बार योगेश ने अपनी बात मनवा ली और रश्मि को फर्श पर बिस्तर लगाने के लिए राजी कर लिया। हर रात उसकी साँसों में पुरानी लकड़ी और बाँस की हल्की सुगंध भर जाती। उन्होंने रश्मि को मना कर ड्राइंग रूम में सोफे की जगह फर्श पर बैठने के लिए आसन और सहारे लगवा दिए। डाइनिंग टेबल भी लकड़ी का एक ऊँचा चबूतरा था, जहाँ परिवार फर्श पर बैठकर साथ में भोजन का आनंद लेता। वे पहले से कहीं अधिक जुड़े हुए महसूस कर रहे थे—सिर्फ़ एक-दूसरे से ही नहीं, बल्कि उस मूल तत्व से जिसने हम सब को बनाया हैं। ऐसा लगता था जैसे यह घर भी कोई जीवंत प्राणी हो, जिसने उन्हें अपनी गोद में भर रखा हो।

घर शहर में एक तीर्थस्थल सा बन गया, एक चमत्कार जहाँ सौंदर्य और प्रकृति एक दूसरे में गुंथे हुए थे। पुनः प्राप्त लकड़ी के फर्श, बाँस की चौखटों वाले खिड़की-दरवाज़े और धूप से आलोकित स्काइलाइट—हर कोना, हर तत्व लोगो को एक नवीनता का अहसास करा रहा था। दीवारों पर सजी मधुबनी और मंजुला चित्रकलाएँ, उनकी जीवंत परंपराओं की कहानियों उन्हें मंत्रमुग्ध कर देतीं। कोसी नदी से उठती शीतल बयार घर के भीतर बिना रोक-टोक ऐसे बहती, मानो अंदर और बाहर के बीच की सीमाएँ विलीन हो गई हों। सौर पैनल और वर्षा जल संचयन प्रणाली, जो शहर में अपनी तरह के पहले थे, नवाचार और संधारणीयता के प्रतीक बनकर खड़े थे, जो लोगों में विस्मय और जिज्ञासा जगाते थे।

आर्य, इस घर की पारंपरिक सौंदर्य और संधारणीय विकास की अनूठी संगति से अभिभूत होकर, ने इसके डिज़ाइन को एक प्रतिष्ठित वास्तुकला पत्रिका में जमा किया, जो हर साल उल्लेखनीय वास्तुशिल्प चमत्कारों को सम्मानित करती थी। दो महीने बाद, पत्रिका का नवीनतम अंक आया, जिसकी चमकदार पन्नों ने उनकी रचना का सार दुनिया तक पहुँचाया। एक मनमोहक तस्वीर उसके केंद्र में सजी थी— योगेश और आर्य अपने घर के सम्मुख खड़े थे, पूरी भव्य संरचना एक ऐसे फ्रेम में

बंधी थी, मानो स्वयं श्वास ले रही हो, जीवंत और स्पंदित। चित्र के नीचे गहरे, भावपूर्ण अक्षरों में अंकित था—"**बाढ़ का कमरा**"।

******

9. धुएँ से जीवन तक

अंधकार के उस घनेतम पहर में — जब आकाश चाँद की छाया से भी रिक्त था — रामस्वरूप और कमला एक-दूजे से सटकर बैठे थे, थकी हुई बाँहों में अपने डेढ़ साल के शिशु को थामे। उनके कक्ष में गूँज रही थी उस नन्हे प्राण की करुण खाँसी की असह्य तान — मानो पीड़ा की कोई अमंगल रागिनी, जो आत्मा को चीरकर भीतर तक उतरती जा रही थी। कमला ने अपनी सामर्थ्य की सीमा तक हर संभव उपाय आजमाया - बच्चे की पीठ को सहलाते हुए कोमलता से रगड़ना, शहद की मीठी बूंदें चटाना, उसे अपने हृदय से लगाकर छाती का ताप देना, धीरे-धीरे पंखा झलना - किंतु उस नन्हें प्राण की खाँसी जैसे उनकी सारी ममता को ठुकराती हुई, थमने का नाम ही नहीं ले रही थी। रामस्वरूप भी बेचैनी से बारंबार शिशु को अपनी गोद में उठा लेता और कमरे में अधीर कदमों से चक्कर काटने लगता, शायद इस आशा से कि इस डुलान से बच्चे का ध्यान बँट जाए। पर प्रत्येक प्रयास निराशा के गर्त में समा जाता। अंततः पराजित मन से वह उस नन्हें बोझ को पुनः माँ की शरण में सौंप देता, जहाँ कमला की आँखों में असहायता के आँसू छलक आते। बाहर, रात्रि एक भयावह मौन में लिपटी हुई थी, मानो संसार भी उनके दुःख की प्रतीक्षा में साँस रोके बैठा हो।

रामस्वरूप और कमला का डेढ़ साल का वह पुत्र—दो कन्याओं के उपरांत प्राप्त वह तारणहार, अनगिनत आराधनाओं की साधना का फल, क्षेत्र के प्रत्येक मंदिर के चरणों में बिखरे मनौतियों का प्रतिफल, कमला के रखे पचास से अधिक निर्जल व्रतों का साक्षी, परिचितों द्वारा बताए गए हर साधु-संत के आशीर्वाद का प्रतीक, हर देसी-विदेशी उपचार की परीक्षा से उतरा हुआ, ताबीजों और मंत्रों से सजा हुआ, "हे

प्रभु! अब तुझसे कुछ न माँगेंगे" की सौगंध के साथ प्राप्त वह अनमोल रत्न—आज उन्हीं की गोद में कराह रहा था।

अंततः घंटों की व्याकुलता, अथक प्रयासों और थके हुए होठों से निकली असंख्य मिन्नतों के बाद वह शिशु निद्रा की गोद में समा गया। कमला को पता भी न चला कि कब वह अपने ही आँसुओं से भीगी साड़ी में, शिशु को थामे, शक्तिहीन हो धराशायी हो गई।

दोनों पति-पत्नी प्रातःकाल जल्दी ही उठ गए। पुत्र अनिल अब भी निद्रा में था, और राहत की बात यह थी कि उसकी खाँसी शांत थी। बीती रात की तड़प अभी भी स्मृति में ताजा थी, इसीलिए उन्होंने निर्णय लिया कि वे आज प्राथमिक स्वास्थ्य केंद्र के स्थान पर टोहाना तालुका सामुदायिक स्वास्थ्य केंद्र जाएँगे—जहाँ के डॉक्टर अधिक योग्य और अनुभवी माने जाते थे।

चूंकि वहाँ भीड़ अधिक लगती है और कतारें लंबी होती हैं, अतः दोनों ने निश्चय किया कि भोर होते ही प्रस्थान करेंगे। रामस्वरूप ने अपनी पुरानी मोटरसाइकिल पर लगभग पंद्रह किलोमीटर की दूरी तय की और सुबह आठ बजे से पहले ही तालुका अस्पताल के प्रांगण में पहुँच गए। अस्पताल का समय तो नौ बजे से आरंभ होता था, किंतु चिकित्सक प्रायः सवा नौ के बाद ही आते थे।

सौभाग्यवश, रामस्वरूप को बाल-रोग विशेषज्ञ के लिए पर्ची मिल गई। इधर जब तक डॉक्टर पधारे और उनकी बारी आई, अनिल की आँख खुल चुकी थी—और उसके साथ ही फिर आरंभ हो गई थी तीव्र खाँसी की एक नयी लहर। किंतु अब वे अस्पताल की छत्रछाया में थे, और बारी आने ही वाली थी — इसलिए कल रात जैसी घबराहट अब उनके मन को नहीं जकड़ रही थी। कमला बार-बार बेटे को सांत्वना देती रही— "बस बेटा, अब डॉक्टर से मिलेंगे, सब ठीक हो जाएगा।"

डॉक्टर एक महिला थीं—गंभीर, किंतु वात्सल्य से भरी दृष्टि वाली।

उन्होंने बालक का सूक्ष्म परीक्षण किया, उसकी साँसों की गति सुनी, और माँ से पूछा—"घर में खाना कैसे बनता है?"

"गैस चूल्हे पर बनाते हैं, मैडम," कमला ने झिझकते हुए उत्तर दिया।

डॉक्टर ने फिर पूछा—"कल घर के आसपास कोई धुआँ तो नहीं हुआ था?"

रामस्वरूप ने सिर हिलाया—"जी मैडम, कल शाम घर के पास खेत में पराली जलाई गई थी... धुएँ से पूरा इलाका ढँक गया था।"

"यही कारण है," डॉक्टर ने गंभीर स्वर में कहा। "आपके बेटे के फेफड़े कमज़ोर हैं। किसी भी प्रकार का प्रदूषण, विशेषकर धुआँ, उसके लिए अत्यंत हानिकारक हो सकता है। आपको उसे धुएँ से बचाकर रखना होगा।"

उन्होंने नर्स को संकेत किया कि बच्चे को नेब्युलाइज़र लगाया जाए, और कुछ दवाएँ भी लिख दीं। रामस्वरूप और कमला ने आशंकित होकर पूछा, "अगर फिर से रात जैसी खाँसी हो जाए तो क्या करें?"

डॉक्टर ने उन्हें सलाह दी कि वे एक नेब्युलाइज़र घर पर ले लें, और बताया कि ज़रूरत पड़ने पर किस दवा को उसमें मिलाकर दिया जा सकता है।

नेब्युलाइज़र —उनके सीमित संसाधनों में यह एक बड़ा ख़र्च था। परंतु जिस तरह बीती रात उनके पुत्र ने हर साँस के लिए संघर्ष किया था, और जिस पीड़ा को दोनों ने उसकी आँखों में पढ़ा था, उसे भुला पाना उनके लिए असंभव था।

घर लौटते समय रामस्वरूप और कमला ने देखा कि उनका पड़ोसी किसान जगदीश, अपने खेत में पराली जलाने की तैयारी कर रहा था। एक क्षण के लिए कमला की आँखें फिर डर से भर उठीं—उस काली रात की छायाएँ फिर सामने आने लगीं। बिना समय गंवाए, रामस्वरूप जगदीश के पास पहुँचा—चेहरे पर विनम्रता और आँखों में एक पिता की पीड़ा।

"जगदीश भैया..." रामस्वरूप ने विनम्र स्वर में अभिवादन किया।

"अरे रामस्वरूप! आज दिन भर कहाँ थे?" जगदीश ने आश्चर्य से पूछा।

"डॉक्टर के पास गए थे... हमारा बेटा ठीक नहीं है," रामस्वरूप ने धीमे स्वर में उत्तर दिया।

"क्या हुआ उसे?"

"डॉक्टर कहती हैं उसके फेफड़े कमज़ोर हैं... और उसे धुएँ से बचाकर रखना होगा। जगदीश भैया," रामस्वरूप की आँखों में याचना झलकने लगी, "आपसे एक बिनती है—क्या आप पराली न जलाएँगे?"

जगदीश कुछ क्षण चुप रहा, फिर बोला, "रामस्वरूप, गेहूँ की बुआई को अब दस दिन ही बचे हैं। पराली जलाना ज़रूरी है, नहीं तो खेत की जुताई नहीं हो पाएगी। अगली फ़सल पर असर पड़ेगा..."

फिर एक पल की चुप्पी के बाद वह थोड़ा कठोर होकर बोला, "और भाई, तुमने भी तो पिछले हफ़्ते अपनी पराली जलाई थी। और सब भी तो यही कर रहे हैं। अब अकेले तुम क्यों रोक रहे हो?"

रामस्वरूप की दृष्टि झुक गई। जगदीश ने ठंडी साँस ली, फिर बोला, "समझता हूँ रामस्वरूप... पर मैं अपनी अगली फ़सल को दाँव पर नहीं लगा सकता।"

रामस्वरूप निरुत्तर खड़ा रह गया। दूसरों से पराली न जलाने की कैसे कहे, जब वह स्वयं अपनी पराली जला चुका था?

खिड़कियाँ कसकर बंद कर धुएँ को बाहर रखने की भरसक कोशिश के बावजूद, उस रात उनके बेटे की खाँसी थमने का नाम नहीं ले रही थी। दवा की एक अतिरिक्त खुराक देकर उन्होंने प्रयास किया, पर कोई असर नहीं हुआ। अंततः नेब्यूलाइज़र के इस्तेमाल का निर्णय लिया गया। यद्यपि मेडिकल स्टोर के मालिक ने इसके प्रयोग की विधि समझा दी थी, पर उनके लिए यह पहला अनुभव था। बड़ी मशक्कत से उन्होंने डिब्बे पर लिखे निर्देशों का पालन किया, और जब नेब्युलाइज़र चलने लगा, तो उसमें से निकलती दवा की सफेद धुंआनुमा भाप उन्हें दिखाई दी। दस मिनट की नेब्युलाइज़र चिकित्सा के बाद जब उनका बेटा थोड़ा शांत हुआ, तो चिंतित माता-पिता ने कुछ राहत की साँस ली।

पराली की धुँध अब भी हवा में तैर रही थी, और रामस्वरूप और कमला देर रात तक बैठकर विचार करते रहे। बेटे के स्वास्थ्य की चिंता उन्हें भीतर ही भीतर कचोट रही थी। अंततः एक कठिन निर्णय लिया गया। कमला के मामा जी जो उत्तराखंड में रहते थे — प्रदूषण से दूर, एक सुरक्षित ठिकाना। उन्होंने तय किया कि जब तक हवा कुछ साफ न हो जाए, कमला सभी बच्चो को लेकर वहीं चली जाएगी।

अगले दिन सुबह उन्होंने यह योजना कमला के मामा जी से साझा की। मामा जी ने स्थिति को भली-भाँति समझते हुए उन्हें स्नेहपूर्वक अपने यहाँ आने का आमंत्रण दिया। कमला, तीनों बच्चों को साथ लेकर उत्तराखंड की ओर रवाना हुई। वह लगभग डेढ़ महीने तक वहाँ रही— अनिल की देखभाल करते हुए और धुएँ के छँटने की प्रतीक्षा में। इस बीच,

रामस्वरूप पीछे रह गए, घर और कामकाज की देखभाल करते हुए उनके लौटने की बेसब्री से प्रतीक्षा करते हुए।

क्षेत्र के अनगिनत किसानों की भाँति, रामस्वरूप ने इस बार भी अपने खेतों में गेहूँ बो दिया था। वर्षों से वही चक्र चला आ रहा था—बरसात में धान, जाड़ों में गेहूँ—एक ऐसा सिलसिला जो ऋतुओं की तरह स्थिर और स्वाभाविक जान पड़ता था। यही तो पुश्तैनी रीत थी, जो पीढ़ियों से चली आ रही थी और जिसने अब तक उसके परिवार का पेट पाला था। पर रामस्वरूप के अंतर्मन में अब एक असहज सच्चाई सिर उठाने लगी थी—यह चक्र अब टिकाऊ नहीं रहा। पर्यावरण पर पड़ता बोझ, परिवार के स्वास्थ्य पर होते कुठाराघात, और थकी-मांदी ज़मीन से मिलती घटती हुई पैदावार—इन संकेतों को अब और अनदेखा नहीं किया जा सकता था। वह एक ऐसे मोड़ पर आ खड़ा हुआ था, जहाँ आत्ममंथन और परिवर्तन अपरिहार्य थे। अब कुछ बदलना ही होगा। उसे उस चिरपरिचित लय से बाहर निकलना होगा। उसे कोई वैकल्पिक मार्ग खोजना होगा, जो उसकी धरती के लिए, उसकी जीविका के लिए, और सबसे बढ़कर, उसके बच्चों के भविष्य के लिए अधिक उपयुक्त हो।

यद्यपि अनिल अब लौट आया था, पर रामस्वरूप और कमला के मन में उसकी सेहत को लेकर गहरी चिंता बनी हुई थी। वे इस बात को लेकर दृढ़प्रतिज्ञ थे कि अब किसी भी प्रकार के धुएँ का असर अनिल तक न पहुँचे। गाँव के कई घर आज भी रसोई में ईंधन के रूप में उपलों का उपयोग कर रहे थे, किंतु रामस्वरूप और कमला ने अनिल की रक्षा के लिए ठोस कदम उठाए। सबसे पहले, उन्होंने अपने घर को पूरी तरह धुआँ-मुक्त रखने की ठानी — बाहर खाना पकने के समय सभी खिड़कियाँ कसकर बंद रखी जाने लगीं। साथ ही, उन्होंने अनिल की बाहरी गतिविधियों पर भी नियंत्रण रखा, विशेषकर उन समयों में जब वातावरण में धुएँ की मात्रा अधिक रहती। उन्होंने उन पड़ोसी परिवारों से संपर्क किया जो अब भी उपलों का प्रयोग कर रहे थे, और उनसे आग्रह

किया कि वे गैस चूल्हों जैसे स्वच्छ विकल्प अपनाने पर विचार करें। उन्होंने समझाया कि उनके बेटे को धुएँ से कितना खतरा है, और यह भी कि स्वच्छ ईंधन का उपयोग उनके अपने परिवारों के स्वास्थ्य के लिए भी हितकारी होगा। स्वस्थ वायु सुनिश्चित करने के प्रयासों को और आगे बढ़ाते हुए, उन्होंने अपने घर में कई वायु-शुद्धि करने वाले पौधे लगाए। साथ ही, अनिल के फेफड़ों की सेहत की नियमित निगरानी के लिए उसी डॉक्टर से लगातार संपर्क बनाए रखा गया, ताकि कोई भी समस्या समय रहते पकड़ी जा सके और उसका उपचार तुरंत किया जा सके।

कुछ महीनों पश्चात, रामस्वरूप को एक विवाह समारोह में शामिल होने का अवसर मिला, जो पंजाब के समीपवर्ती बठिंडा ज़िले के एक गाँव में आयोजित हुआ था। विवाह की रौनक में डूबते-उतरते, रामस्वरूप की भेंट वहाँ के कुछ किसानों से हुई। वह अपने को रोक न सका। उसने उत्सुकतावश उनसे धान की कटाई के बाद पराली के निपटारे के बारे में पूछ ही लिया।

रामस्वरूप: "धान की कटाई के बाद आप लोग पराली का क्या करते हैं?"

पंजाबी किसान 1: "अब हम पराली नहीं जलाते, जी।"

रामस्वरूप: (आँखें चौड़ी हो गईं) "सच में? फिर आप क्या करते हैं?"

पंजाबी किसान 2: "हम बैलर मशीन वाले को बुला लेते हैं। वो धान की बची हुई पराली को कसकर गोल गठरियों में बाँध देता है—इन्हें बेल्स कहते हैं।"

रामस्वरूप: "बेल्स? जैसे सूखी घास के गट्ठर होते हैं?"

पंजाबी किसान 1: "कुछ-कुछ वैसे, पर ये ज़्यादा ठोस और बेलनाकार होते हैं, क्योंकि ये मशीन द्वारा बनाए जाते हैं।

रामस्वरूप: (आँखों में चमक) "बहुत दिलचस्प! लेकिन... आप इन बेल्स का करते क्या हैं?"

पंजाबी किसान 1: "बैलर वाले को ही बेच देते हैं! खेत भी साफ़ हो जाता है और जेब में कुछ अतिरिक्त पैसे भी आ जाते हैं।"

रामस्वरूप: "और इन गट्ठरों का आगे क्या होता है?"

पंजाबी किसान: "उन्हें बायोएथेनॉल में बदला जाता है, जो पेट्रोल के साथ मिलाया जाता है, या फिर उससे बायोगैस बनती है जो गरम करने के काम आती है। इससे खेत भी बचते हैं और आमदनी भी होती है।"

रामस्वरूप: "यह तो कमाल है। क्या आपके पास उस बैलर मशीन वाले का संपर्क है?"

पंजाबी किसान: "है जी, बिलकुल है। मैं आपको दे देता हूँ।"

यह समाधान रामस्वरूप के लिए ऐसा था जैसे किसी अंधे को आँखें मिल गई हों — एक नई दृष्टि, एक नया रास्ता, और शायद एक नया भविष्य।

उसी शादी के अवसर पर, रात्रि-भोज के पश्चात् रामस्वरूप कुछ अन्य कृषकों के साथ तारों से सजे आकाश के नीचे टहलने निकला। गाँव की सुनसान गलियों से गुजरते हुए, उनमें से एक किसान ने अनायास ही बताया कि वह अब परंपरागत गेहूँ-धान की खेती नहीं करता। अब उसका सारा ध्यान सब्जियों की खेती पर केंद्रित है।

उस किसान ने एक गर्व के साथ बताया कि वह अपने मोबाइल फोन को आधुनिक कृषि के उपकरण की भाँति प्रयोग करता है। "मैं देखता हूँ कि किस मौसम में कौन-सी फसल उपयुक्त होगी, बीज कब

बोना है, मौसम की भविष्यवाणी क्या कहती है, कब कितना पानी देना हैं, और मेरी फसल का स्थानीय बाज़ार में क्या मूल्य चल रहा है—सब कुछ मोबाइल से जान लेता हूँ," उसने आत्मविश्वास से कहा, जो अनुभव से उपजा था।

उसने आगे बताया कि वह नियमित रूप से यूट्यूब पर वीडियो देखता है, जहाँ बीज उपचार से लेकर जैविक कीटनाशक तक, सब्ज़ी की खेती के श्रेष्ठ उपायों को विस्तार से दिखाया जाता है। इसके अतिरिक्त वह कई कृषि-ऐप्स का भी उपयोग करता है, जो विशेषज्ञ सलाह, शिक्षण सामग्री और समयानुकूल जानकारी उपलब्ध कराते हैं—विशेष रूप से किसानों के लिए बनाए गए।

रामस्वरूप गहन मनोयोग से सुनता रहा, प्रत्येक शब्द के साथ उसकी जिज्ञासा गहराती गई। यह विचार कि एक साधारण मोबाइल फोन कृषि में इतना सशक्त सहयोगी बन सकता है, उसे अचंभित कर गया। उस शांत सांझ की सैर में, खेतों की मर्मराती हवाओं के बीच, रामस्वरूप ने प्रेरणा की एक चिंगारी महसूस की - शायद परिवर्तन की बयार उसकी कल्पना से कहीं अधिक निकट थी।

भटिंडा से लौटने के बाद रामस्वरूप ने एक पल की भी देरी नहीं की। लौटते ही उसने तुरन्त बेलर मशीन के संचालक को फ़ोन लगाया—उस प्रक्रिया की पहली कड़ी जोड़ने के लिए, जिसने उसकी कल्पना को झकझोर दिया था। परन्तु बातचीत वैसी नहीं रही जैसी उसने मन में सोची थी। ऑपरेटर ने उसे बताया कि बेलर मशीन की सेवा केवल उन्हीं क्षेत्रों में भेजी जा सकती है जो सौ किलोमीटर की परिधि में आते हों—वो भी तब, जब पर्याप्त किसान अपने धान की पराली देने को तैयार हों। रामस्वरूप के लिए यह सूचना एक साथ चौंकाने वाली भी थी और शिक्षाप्रद भी। उसने तुरंत समझ लिया कि यदि उसे अपने गाँव में यह समाधान साकार करना है, तो वह यह यात्रा अकेले तय नहीं कर सकता।

उसे अपने सहकृषकों को, जो परंपरा में गहरे जड़ें जमाए बैठे हैं और हर बदलाव को संदेह की दृष्टि से देखते हैं, इस राह में साथ लाना होगा। और जैसे इतना ही पर्याप्त न हो, संचालक ने उसे सधे हुए लहजे में यह भी याद दिलाया कि अभी ग्रीष्म की तपन अपने चरम पर है। धान की कटाई तो अभी चार महीने दूर हैं।

रामस्वरूप ने भटिंडा से मिली दूसरी सीख पर ध्यान केंद्रित करने का निश्चय किया। उसने रुख किया टोहाना की ओर—निकटतम नगर, जहाँ बाज़ार की हलचल थी, और आशा का एक मधुर, व्याकुल कोलाहल। वहाँ पहुँचकर, मन ही मन बहुत सोच-विचार और थोड़ा मोल-भाव करने के बाद, उसने अपने पुराने फीचर फ़ोन—कड़े बटनों और काले-सफेद स्क्रीन वाले उस यंत्र—को एक सेकंड हैंड स्मार्टफ़ोन से बदल दिया। उसका टच स्क्रीन बीते वर्षों की खरोंचों से भरा हुआ था, लेकिन रामस्वरूप की नज़रों में वह किसी भविष्य की झलक की तरह चमक रहा था—जैसे किसी खिड़की से झाँकती नयी सुबह।

मदद मिली एक अप्रत्याशित दिशा से—उसकी मौसेरी बहन का कॉलेज जाता बेटा, एक ऐसा युवक जो तकनीक और सौम्यता—दोनों भाषाओं में समान रूप से दक्ष था। उसने सहज शब्दों और धैर्यपूर्ण हाथों से रामस्वरूप को उस चमकती हुई आयताकार दुनिया की सैर कराई। दोनों ने मिलकर यूट्यूब और कई हिंदी भाषा में उपलब्ध कृषि-एप्स फ़ोन में स्थापित किए। स्क्रीन पर सजे हुए ये चिह्न भले ही अजनबी लगते हों, पर उनके भीतर संभावनाओं का समंदर समाहित था।

शुरू में संकोच से काँपती उंगलियाँ जल्द ही आत्मविश्वास में बदलने लगीं। रामस्वरूप ने सीखा—कैसे हिंदी में टाइप करना है, कैसे आवाज़ के ज़रिए आदेश देना है, और कैसे एक स्पर्श से उस ज्ञान के संसार को बुलाना है, जो अब तक विश्वविद्यालयों के व्याख्यान कक्षों और

कृषि अनुसंधान केंद्रों में ही कैद था। अब वही ज्ञान उसकी हथेली में एक स्पर्श से प्रस्फुटित हो रहा था।

संध्या होते ही, जब सूरज सरसों के खेतों के पार ढल जाता और गाँव की हवाओं में निस्तब्धता उतर आती, रामस्वरूप अपने आँगन के एक कोने में चुपचाप बैठता। उसके कठोर, मेहनतकश हाथों में वह फ़ोन एक ज्ञानदीप की भाँति प्रकाशमान होता। वह फ़सल चक्र, कीट नियंत्रण, जैविक खादों और जल-संरक्षण तकनीकों पर आधारित वीडियो देखता। वह महाराष्ट्र, पंजाब, उत्तर प्रदेश और मध्यप्रदेश के किसानों की आवाज़ें सुनता—वे कृषक जो उसी की तरह मौसम, बाज़ार और फसल के अनिश्चित लय से जूझ चुके थे।

रामस्वरूप का निश्चय अटल था — वह धान की फसल कभी नहीं बोएगा। पीठ तोड़ देने वाली मेहनत, पानी की अंतहीन मांग, पराली जलाने का दमघोंटू धुआँ — ये सब बोझ अब वह आगे नहीं ढोएगा। उसकी चेतना अब मिट्टी के उन सौम्य वरदानों की ओर मुड़ गई थी, जो कम कहर ढाते हैं और जल्दी फल देते हैं—सब्जियाँ। एक ऐसी खेती जिसका चक्र तेज है, और तर्क से परिपूर्ण।

हथेली में चमकते अपने नवागत डिजिटल साथी—स्मार्टफ़ोन—के माध्यम से रामस्वरूप ने ख़रीफ़ ऋतु की संभावनाओं खोजनी शुरू की। यूट्यूब वीडियो और हिंदी में उपलब्ध कृषि ऐप्स के माध्यम से उसके सामने जैसे ज्ञान का खजाना खुल गया।

ख़रीफ़ मौसम के लिए उपयुक्त सब्ज़ियों की सूची लाजवाब थी—भिंडी की पन्नाभरी गरिमा, लौकी की लहलहाती बेलें, करेला का तीखा कसैलापन, तोरी की कोमलता, तुरई की खुरदुरी सादगी, लोबिया की मृदुल लताएँ, चौलाई की रक्तवर्णी सहनशीलता, ग्वार की गुच्छेदार आस, और मिर्च की आग जैसी पैठ।

हर सब्ज़ी का अपना एक अलग स्वभाव था, अपनी एक लय और चाल। अब रामस्वरूप एक जिज्ञासु विद्यार्थी बन चुका था—ध्यान से वीडियो देखता, किसानों की बातों को सुनता, जो कोई महाराष्ट्र के धूप में तपे खेतों से बोलता था, तो कोई पंजाब और मध्य प्रदेश की उर्वर मिट्टियों से। वह हर वीडियो को ध्यान से देखता, ज़रूरत पड़ने पर रोकता, फिर से देखता, और हर विवरण को आत्मसात करता—कब कौन सी फसल उगती है, उसमें कितना निवेश लगेगा, किस मिट्टी में वह फलेगी, और किस बाज़ार में उसका मूल्य अधिक मिलेगा।

बहुचिंतन और मनन के पश्चात, रामस्वरूप ने लौकी को अपनाने का निश्चय किया। यह निर्णय स्वयं लौकी की भाँति था—सरल, परंतु संभावनाओं से परिपूर्ण। इस सब्ज़ी का एक बड़ा गुण था—इसका तीव्र परिपक्वता चक्र। बुआई के मात्र साठ से सत्तर दिनों में फसल तैयार हो जाती थी, जिससे एक ही मौसम में एक से अधिक चक्रों की संभावना उत्पन्न हो जाती थी। इसमें निवेश कम था, जोखिम सीमित, और भारतीय रसोइयों में इसकी खपत व्यापक। पर इन सबके परे, लौकी का चयन उसके दिल से उपजा था—यह उसकी प्रिय सब्ज़ी थी, बाल्यकाल की थाली का स्थायी सदस्य, और घर की रसोई की वह सौंधी महक जो उसे मातृ-स्नेह की याद दिलाती थी।

डिजिटल संसार उसका गुरु बन चुका था। किसान हेल्पलाइनों और प्रगतिशील कृषकों के वीडियो के माध्यम से उसे पता चला कि उसकी मिट्टी और जलवायु के अनुसार कौन-सी लौकी की किस्में सर्वोत्तम रहेंगी। प्रमाणित बीज कहाँ मिलेंगे, खेत की तैयारी कैसे होगी—गहरी जुताई, जैविक खाद का समुचित प्रयोग, और बेलों को फैलने के लिए निर्धारित दूरी पर कतारों की बुआई—ये सब वह अब विज्ञान की तरह समझ चुका था। सिंचाई की विधि भी अब अनुमान का विषय नहीं रही। वीडियो में दिखाया गया कि सिंचाई नियमित हो, परंतु मृदु हो—इतनी कि जड़ों को जीवनदायिनी नमी मिले, पर जलभराव न हो।

पोषक तत्त्वों का प्रबंधन अब किसी अनुभवी की रहस्यमयी सलाह पर आधारित न था, बल्कि विज्ञानसिद्ध ज्ञान पर। रामस्वरूप को यह भलीभाँति ज्ञात हो गया कि आरंभिक अवस्था में नाइट्रोजन का महत्व कितना है, और फूल तथा फल की अवस्था में पोटाश व फॉस्फोरस का समयानुकूल उपयोग कितना आवश्यक। चार्ट, चित्र, और प्रदर्शन वीडियो के माध्यम से वह पाउडरी मिल्ड्यू या फ्रूट फ्लाई जैसे संक्रमणों की पहचान प्रारंभिक अवस्था में ही कर सकता था—और सबसे महत्वपूर्ण, अब उसे मालूम था कि इनका सामना कैसे करना है।

उसके लिए सबसे आकर्षक खोज थी 'मचान प्रणाली'। बाँसों से बनी ऊँची संरचना, जिस पर लौकी की बेलें ऊपर की ओर चढ़ती थीं—मानो आकाश की ओर बढ़ती आशाएँ। यह न केवल फलों को मिट्टी की नमी और सड़न से बचाती थी, बल्कि उन्हें सीधा आकार, उत्तम धूप और सुंदरता भी प्रदान करती थी। उसने सीखा कि आदर्श तोड़ाई वज़न पाँच से सात सौ ग्राम प्रति फल है—बाज़ार के लिए पर्याप्त बड़ा, फिर भी कोमलता और स्वाद से भरपूर।

सितंबर की दस्तक के साथ, जब धूप में पके धान के खेत सुनहरी और हरी चादर ओढ़ लेते हैं, रामस्वरूप ने गाँव वालों के बीच एक नए विचार का बीज बोने शुरू किया। इस बार वह सरपंच और पड़ोस के किसानों से फसल या बारिश की चर्चा नहीं, बल्कि एक अनजाने विकल्प, धान की पराली के बेलिंग करने की बात करने लगा।

उसने समझाया कि कैसे यह साधारण-सी पहल खेतों को आग के अनिष्टता से बचा सकती है, कैसे यह हर वर्ष कटाई के बाद उनके घरों के ऊपर तैरती दमघोंटू हवा को कुछ राहत दे सकती है। उसने दूरगामी लाभों की बात की—मिट्टी का स्वास्थ्य बेहतर होगा, बीमारी का खतरा घटेगा, आसमान फिर से नीला दिखेगा।

लेकिन पर्यावरणीय असर की बातें किसानों के मन पर कुछ ख़ास असर न छोड़ सकीं। पीढ़ियों से मिट्टी में हाथ रंगने वालों को ये बातें कुछ दूर की कौड़ी सी लगीं— विचार जो महज किताबी से लगे।

लेकिन जब रामस्वरूप ने उसी पराली से कमाई की संभावना का जिक्र किया, तो जैसे सूखी लकड़ी में चिंगारी पड़ गई। जो पराली कल तक बोझ थी, आग थी, धुआँ थी—अब वह पैसा भी बन सकती है? राख से रुपया भी कमाया जा सकता है? इस कल्पना ने उन्हें चौंकाया भी, लुभाया भी।

फिर भी, मन में संशय था। क्या यह संभव है? क्या सचमुच कोई इन सूखी, बेजान पराली की गठरियों के पैसे देगा?

"एक बार आज़मा कर तो देखते हैं," उन्होंने कहा — पूरी तरह आश्वस्त नहीं थे, पर इच्छुक अवश्य थे। इस संकोचपूर्ण स्वीकृति से उत्साहित होकर रामस्वरूप ने कोई समय नहीं गंवाया। उन्होंने तुरंत बैलर मशीन ऑपरेटर से संपर्क किया और एक संभावित तिथि तय कर दी।

किसानों में उत्सुकता और रोमांच स्पष्ट था। निर्धारित तिथि पर बैलर मशीन आ पहुँची। खेतों की धूल उड़ाती एक ट्रैक्टर मशीन आई, जिसकी पीठ पर गठरी बनाने वाली बैलर मशीन जुड़ी थी। ऑपरेटर ने सबको समझाया कि यह बैलर मशीन तीन-बिंदु हिच प्रणाली से ट्रैक्टर से जोड़ी जाती है और ट्रैक्टर के पॉवर टेक-ऑफ से इसे शक्ति मिलती है।

रामस्वरूप की इच्छा थी कि पहला प्रयोग उनके पड़ोसी जगदीश के खेत से शुरू हो, पर ऑपरेटर ने मिट्टी को छूकर बताया कि वहाँ की पराली अब भी नम है। उसने सुझाव दिया कि किसी ऐसे खेत से शुरू करें जहाँ कटाई पहले हो चुकी हो और पराली अपेक्षाकृत सूखी हो।

उपयुक्त खेत ग्राम प्रधान का निकला। उसकी पराली बिल्कुल वैसी ही थी जैसी बैलर को चाहिए थी।

अब पूरा गाँव एकत्र हो गया ग्राम प्रधान के खेत में, सिर्फ़ एक मशीन को देखने के लिए नहीं, बल्कि शायद एक नए युग की शुरुआत के साक्षी बनने के लिए।

ऑपरेटर ने बैलर को खेत के किनारे सावधानीपूर्वक खड़ा किया और उसकी पिकअप प्रणाली को नीचे किया। जैसे ही ट्रैक्टर आगे बढ़ा, मशीन की घूमती हुई पिकअप प्रणाली ने ज़ोरदार आवाज़ के साथ खेत में बिखरी ढीली पराली को समेटना शुरू किया। ट्रैक्टर के आगे बढ़ने के साथ पराली करीने से कटती गई और धीरे-धीरे बैलर के फ़ीड चैम्बर में पहुँचती गई। जैसे-जैसे फीड चैंबर पराली से भरता गया, बैलर का हाइड्रोलिक तंत्र सक्रिय हुआ और उसने उस पराली को एक ठोस गठरी में संपीड़ित कर दिया।

जैसे ही एक निर्धारित मात्रा में पराली संपीड़ित हो गई, बाँधने की प्रक्रिया अपने आप सक्रिय हो गई। बाँधने वाले तंत्र ने सुतली या जाल के सहारे उस संकुचित पराली के ढेर को कसकर बाँध दिया, और फिर वह गठ्ठर मशीन के पीछे से निकलकर धरती पर आ गिरा—एक ठोस, सुव्यवस्थित गठ्ठर के रूप में।

किसानों की आँखें उस बेलनाकार गठ्ठर को देखकर आश्चर्य से भर उठीं—करीब दो फूट व्यास, तीन से चार फूट लंबाई और बीस से पच्चीस किलो वजन वाला वह गठ्ठर, बड़े ही सलीके से बँधा हुआ था, मानो किसी कुशल दस्तकार की कारीगरी हो।

ट्रैक्टर चालक बैलर के साथ खेत में आगे बढ़ता रहा, और वही प्रक्रिया दोहराते हुए खेत के आर-पार गठ्ठरों की एक श्रृंखला बनाता चला गया। एक घंटे के भीतर ही पूरे खेत की पराली काट दी गई, और खेत पर

रह गईं तो केवल वे सुंदर, सुव्यवस्थित गठ्ठरों की पंक्तियाँ —जैसे किसी कलाकार ने पराली से सजावटी मूर्तियाँ गढ़ दी हों।

अगले तीन दिनों में, ऑपरेटर ने रामस्वरूप के गाँव और उसके समीपवर्ती गाँवों के सभी खेतों की पराली को अत्यंत कुशलता से बेल कर दिया। यह दृश्य न केवल नया था, बल्कि अद्‌भुत भी। यह खबर जंगल की आग की तरह फैल गई। आस-पास के गाँवों के और भी किसान रामस्वरूप और ऑपरेटर से संपर्क करने लगे। उनमें उत्सुकता थी, आश्चर्य था, और एक नई संभावना की चमक भी। किन्तु वह समय बैलर ऑपरेटर के लिए अत्यधिक व्यस्तता का था। उसने पहले से ही पंजाब के एक अन्य ज़िले में काम का वादा कर रखा था, और अब रुक पाना उसके लिए संभव नहीं था।

इस बैलर ऑपरेटर का एक एग्रीगेटर से समझौता था, जो तैयार हुए गठ्ठरों की संख्या के अनुसार परिवहन की व्यवस्था करता था। ये गठ्ठर ट्रक में लादकर एक संग्रह केंद्र तक पहुँचाए जाते, जहाँ से उन्हें जैव-ईंधन बनाने वाली फैक्ट्रियों तक भेजा जाता।

गाँववाले इस पूरी प्रक्रिया की गति, सुचारुता और परिणाम देखकर चकित थे। और सबसे बड़ी बात—जिस पराली को वे अब तक समस्या समझते थे, वही अब उनके लिए अतिरिक्त आमदनी का स्रोत बन गई थी।

बेलर मशीन की विदाई और दूसरी लौकी की फ़सल की कटाई के साथ ही—जिसके फीके हरे फल अब बस बीते गर्मियों की सुखद याद बनकर रह गए थे—रामस्वरूप एक बार फिर उस परिचित मोड़ पर खड़ा था, जहाँ हर किसान हर मौसम के बदलते समय पर आ खड़ा होता है। धरती, जो अभी-अभी जोती गई थी और विश्राम कर रही थी, अपने अगले मेहमान की प्रतीक्षा कर रही थी। रबी के मौसम में कौन सी सब्ज़ी उसके खेतों की शोभा बनेगी, यह तय करने का समय आ गया था।

मोबाइल फ़ोन के द्वारा रामस्वरूप ने फिर संभव फ़सलों पर नज़र दौड़ाई—गाजर की मिट्टी सी सोंधी मिठास, मूली की चटख़दार धार, फूल गोभी और पत्ता गोभी के गूदेदार सिर, प्याज़ और लहसुन की भरोसेमंद पैदावार, पालक और मेथी की गहरी हरी आशाएं, और शलगम की भोली-भाली सरलता। हर फसल अपने-अपने स्वाद, दाम और संभावनाओं का मोहक आमंत्रण दे रही थी।

एक बार फिर, उसके गहन शोध ने उसे एक भरोसेमंद दावेदार तक पहुँचाया—मटर। तर्क अत्यंत ठोस था। हरियाणा की ठंडी सर्दियाँ और उसकी दोमट, जलनिकासी वाली मिट्टी मटर की खेती के लिए मानो प्रकृति की तरफ़ से कोई विशेष उपहार थीं। यह फसल मात्र 60 से 80 दिनों में पककर तैयार हो जाती, जिससे न केवल समय रहते कटाई संभव थी, बल्कि मौसम बदलने से पहले दूसरी फसल की भी गुंजाइश निकल आती।

और सबसे महत्वपूर्ण बात—ताज़े हरे मटर सर्दियों में देहात की रसोइयों से लेकर शहर की मंडियों तक, सबकी पसंद बन जाते थे। यदि समय का गणित ठीक बैठ जाए, तो यह फसल अच्छा मुनाफ़ा दिला सकती थी। फूलगोभी जैसी नाज़ुक या प्याज़ जैसी रोगग्रस्त फसलों के उलट, मटर बिना किसी नखरे के पनपती थी। न अधिक उर्वरक माँगती, न कीटों का विशेष भय। लागत भी अपेक्षाकृत कम थी, और लाभ—कई गुना ज़्यादा।

बेलिंग मशीन की उस परिवर्तनकारी यात्रा के चार महीने बाद भी, रामस्वरूप का मन उसके विचार से मुक्त नहीं हो पा रहा था। उसे एक अवसर दिखाई दे रहा था—पंजाब में फल-फूल रहा यह समाधान, अजीबोगरीब तरीके से उसके अपने हरियाणा राज्य में अनुपस्थित क्यों था?

इस खाई को पाटने का संकल्प लिए रामस्वरूप ने ठान लिया कि अब वह दूसरों के भरोसे नहीं बैठेगा। पिछले ऑपरेटर से मिले संपर्क सूत्रों का उपयोग करते हुए, रामस्वरूप ने एक विक्रेता की पहचान की और बैलिंग मशीन की कीमत का अनुमान प्राप्त किया।

स्वच्छ हवा और अपने बेटे के उज्जवल भविष्य की कल्पना से प्रेरित होकर, रामस्वरूप ग्रामीण बैंक की ओर बढ़ा—ऋण के लिए। लेकिन अनुमोदन की प्रक्रिया धीमी, थकाऊ और विलंब से भरी हुई थी। लगभग दो महीने तक दस्तावेज़ों और स्वीकृतियों की भूलभुलैया में भटकते हुए भी रामस्वरूप अडिग रहा। अंततः, जब ऋण स्वीकृत हुआ, तो उसने मशीन खरीद ली। विक्रेता कंपनी ने मशीन के संचालन का प्रशिक्षण भी दिया, जिससे रामस्वरूप इस जटिल यंत्र को चलाने में पूरी तरह सक्षम हो सका।

मगर वह जानता था कि केवल मशीन से बात नहीं बनेगी। पराली के गठ्ठरों को ख़रीदने, भंडारित करने और जैव-ईंधन कंपनियों तक पहुँचाने के लिए एक एग्रीगेटर की भूमिका अनिवार्य थी। उसने सक्रियता से प्रयास किए और एक उपयुक्त एग्रीगेटर से साझेदारी स्थापित की।

फिर आया पहला मौसम—और रामस्वरूप ने इस चुनौती को दोनों हाथों से थाम लिया।

अगले चालीस दिनों तक वे एक सिपाही की तरह मैदान में डटा रहा — हर दिन दस से बारह घंटे मशीन चलाते हुए, ज़िले भर के खेतों में घूम-घूमकर।

परिश्रम रंग लाया। ऋण की किश्तें, डीज़ल के ख़र्च और मरम्मत का हिसाब लगाने के बाद भी जो कमाई हुई, वह पारंपरिक खेती से पूरे वर्ष की आमदनी से अधिक थी।

लेकिन यह सफलता केवल आर्थिक नहीं थी। उन्होंने सिर्फ़ खेतों की पराली नहीं समेटी थी, बल्कि धुएँ को भी गट्ठरों में बाँधकर, अपने गाँव को एक स्वच्छ, स्वस्थ और हरित भविष्य की राह पर अग्रसर कर दिया था।

उस सुनहरी शाम को, रामस्वरूप के घर के खुले आँगन में, जहाँ धरती अभी भी सूरज की गर्मी समेटे हुए थी, उनकी दोनों बेटियाँ धूल में नंगे पाँव थुप्पा खेल रही थीं—उनकी किलकारियाँ गोधूलि में पक्षियों की तरह बिखर जाती थीं। अनिल, जिसने हाल ही में डगमगाते हुए भी दृढ़ता से चलना सीखा था, पुराने जंग-खाए लाल ट्रैक्टर पर गर्व से बैठा था। उसकी नन्हीं उंगलियाँ गर्म हुए स्टीयरिंग व्हील को घुमाने में जूझ रही थीं— अपने पिता की तरह।

कमला, जिसने यह काम कन्यावस्था से ही साध रखा था, चुपचाप दक्षता के साथ खेत से तोड़ी गई ताज़ा मटर की फलियों के ढेर के पास पालथी मारकर बैठी थी। उसकी फुर्तीली उंगलियाँ फलियों को चीरतीं और भीतर से झरते कोमल हरे मोतियों को रात के भोजन के लिए स्टील की कटोरी में एकत्र कर रही थी। पास नीम के पेड़ की छाया में रामस्वरूप अपनी चारपाई पर लेटा था—एक बाँह सिर के नीचे टिकाए, दूसरी मोबाइल की उजली स्क्रीन पर उंगलियाँ फेरती हुई। उसके चारों ओर गाँव की ज़िंदगी अपने धीमे सुरों में गुनगुना रही थी—लौटती हुई गायों की मद्धिम रंभाहट, दूर कहीं रसोइयों से आती बर्तनों की खनखनाहट, आँगनों में झाड़ू लगाती साड़ियों की सरसराहट, धुँधले द्वारों से उठती धूप-सी मद्धिम प्रार्थनाएँ, और दिन से साँझ में ढलती धरती की मौन साँस।

******

10. धरती का ऋण

ऋण। राजीव इस शब्द से उतनी ही घृणा करता था, जितनी एक पक्षी को पिंजरे से, एक छात्र को परीक्षा से, एक जंगल की आग को वर्षा से, एक नाविक को उग्र सागर से, एक बिल्ली को पानी से, एक किसान को सूखे से, चींटियों को निष्क्रियता से, और एक कैदी को अपनी बेड़ियों से। राजीव के जीवन का एक ही अटल सिद्धांत था: "ऋण यथा दीन", न कोई ऋण, न कोई बंधन। यह केवल एक सूत्रवाक्य नहीं था, बल्कि एक जुनून था, उसकी व्यक्तिगत आचार संहिता, उसकी समूची आत्मा में रचा-बसा, उसकी हर श्वास में घुला हुआ।

आज कार्यालय में, एक प्रशिक्षक राजीव और उसके सहकर्मियों को वैश्विक ऊष्मीकरण (ग्लोबल वार्मिंग) के गंभीर विषय पर व्याख्यान दे रहा था। उसने समझाया कि कार्बन डाइऑक्साइड और मीथेन जैसी गैसें ग्रीनहाउस गैसें हैं, जिनमें सूर्य के प्रकाश को पृथ्वी की सतह से परावर्तित होने के बाद ऊष्मा को रोकने की अद्‌भुत क्षमता होती है। यह प्रक्रिया, जिसे ग्रीनहाउस प्रभाव कहा जाता है, पृथ्वी पर संतुलित तापमान बनाए रखने में अत्यंत महत्वपूर्ण भूमिका निभाती है, जिससे जीवन का अस्तित्व संभव हो पाता है। किन्तु, मानव गतिविधियाँ—परिवहन, विद्‌युत उत्पादन और विनिर्माण—इस संवेदनशील संतुलन को गंभीर रूप से बाधित कर रही हैं। पेट्रोल, डीजल और प्राकृतिक गैस जैसे जीवाश्म ईंधनों के निरंतर और असीमित दोहन से कार्बन डाइऑक्साइड और मीथेन वायुमंडल में प्रचुर मात्रा में उत्सर्जित हो रही हैं। जैसे-जैसे ये गैसें इकट्ठी होती हैं, वे पृथ्वी को अदृश्य आवरण से ढक लेती हैं, जिससे इसका औसत तापमान धीरे-धीरे बढ़ने लगता है—इसी प्रक्रिया को वैश्विक ऊष्मीकरण (ग्लोबल वार्मिंग) कहा जाता है। इसके प्रभाव भयावह हैं, जो जलवायु परिवर्तन को

गति देते हैं और परिणामस्वरूप बाढ़, चक्रवात, लू और समुद्र तल के बढ़ने जैसी विनाशकारी घटनाओं को जन्म देते हैं।

आज से करीब बावन साल पहले, जब राजीव केवल चार या पाँच वर्ष का था, पड़ोसी के लड़के की, एक आयातित खिलौना कार ने उसका मन मोह लिया। एक दिन, अपने मन को रोक न पाने के कारण, वह उस कार से खेलने के लिए पड़ोसी के घर चला गया। दुर्भाग्यवश, उत्साह में उससे वह कार टूट गई। उसी शाम, पड़ोसी के पिता शिकायत लेकर आए, और गुस्से व शर्म से तिलमिलाए राजीव के पिता ने पड़ोसी के सामने ही उसे ज़ोर से थप्पड़ मार दिया। इस घटना ने राजीव के मन-मस्तिष्क पर गहरा निशान छोड़ दिया। उस दिन के बाद से, उसने किसी और के खिलौनों के साथ खेलने से इनकार कर दिया। दूसरों के प्रति ऋणी या बाध्य होने का डर उसकी मनोभूमि में जड़ पकड़ गया। चाहे कैसी भी परिस्थिति हो, वह किसी से कुछ उधार नहीं लेता था। बचपन में, वह सहपाठियों से पेंसिल या रबर तक मांगने से इनकार कर देता, क्योंकि उसे एहसान चुकाने की बाध्यता असहनीय लगती। उसके माता-पिता उसके व्यवहार से हैरान थे और उन्होंने उसे लेन-देन के सामाजिक मानदंडों को समझाने की कोशिश की, लेकिन राजीव अटल था। उसके लिए, किसी भी प्रकार का ऋण, चाहे कितना ही नगण्य क्यों न हो, असह्य बोझ बन गया था। उसने कभी होमवर्क पूरा करने या परीक्षा की तैयारी के लिए मित्रों से कॉपी तक नहीं मांगी। इसका परिणाम यह हुआ कि कई बार उसे अधूरे कार्यों के लिए दंडित किया गया या परीक्षा में कम अंक आए, मगर उसने अपने सिद्धांत से समझौता नहीं किया।

प्रशिक्षण के दौरान, इस विषय को और अधिक स्पष्ट करने के लिए, प्रशिक्षक ने प्रत्येक प्रतिभागी से उनके मासिक कार्बन पदचिह्न (कार्बन फुटप्रिंट) की गणना करने के लिए कहा। एक एमएस एक्सेल टेम्पलेट प्रदान किया गया, और राजीव ने अपने आँकड़ों को ध्यानपूर्वक भरते हुए अपने पूरे परिवार के कार्बन फुटप्रिंट का आकलन किया।

ग्रीनहाउस गैस का स्रोत	मापन की इकाई (UOM)	खपत	उत्सर्जन कारक (किग्रा CO_2/UOM)	ग्रीनहाउस गैस उत्सर्जन (किग्रा CO_2)
घर के लिए बिजली	KWH	750	0.71	532.5
खाना पकाने के लिए LPG	किग्रा	10	2.6	26
कार के लिए पेट्रोल	लीटर	125	2.3	287.5
	कुल			846

इसके पश्चात, प्रशिक्षक ने एक महत्वपूर्ण, किंतु प्रायः उपेक्षित सत्य उजागर किया—हम जो कुछ भी उपभोग करते हैं, उसमें कार्बन उत्सर्जन निहित होता है। हमारी पहनने की पोशाक से लेकर खाने के प्रत्येक कण तक, प्रत्येक वस्तु अपने उत्पादन और आपूर्ति श्रृंखला के कारण पर्यावरण पर प्रभाव डालती है। यह प्रभाव केवल औद्योगिक उत्पादों तक सीमित नहीं है, बल्कि दूध जैसे सामान्य खाद्य पदार्थ भी इससे अछूते नहीं हैं। भारत में गाय और भैंस मीथेन उत्सर्जन के सबसे बड़े स्रोतों में से एक हैं, क्योंकि ये पशु अपने पाचन तंत्र की प्राकृतिक प्रक्रिया में इस शक्तिशाली ग्रीनहाउस गैस का उत्सर्जन करते हैं। एक गंभीर स्वर में प्रशिक्षक ने एक विचारोत्तेजक आकलन प्रस्तुत किया—भारत में मध्य वर्गीय प्रत्येक व्यक्ति प्रति माह लगभग आधा टन कार्बन डाइऑक्साइड वायुमंडल में उत्सर्जित करता है और इस हद तक, हम सभी धरती माँ के प्रति ऋणी हैं। जैसे ही राजीव ने 'ऋण' शब्द सुना, उसकी प्रवृत्तियाँ ऐसे जाग उठीं जैसे कोई योद्धा युद्धघोष सुन ले।

अपने विवाह के समय, राजीव अपने सिद्धांतों पर अडिग रहा। उसने स्पष्ट रूप से कह दिया कि जब तक उसका परिवार इस शर्त को स्वीकार नहीं करता कि न तो कोई दहेज लिया जाएगा और न ही विवाह के समस्त खर्चे केवल एक पक्ष द्वारा वहन किए जाएंगे, तब तक वह विवाह नहीं करेगा। परिणामस्वरूप, प्रिया के साथ उसका विवाह एक साधारण और मितव्ययी आयोजन था। विवाह के उपरांत भी, राजीव ने अपने मूल्यों से कोई समझौता नहीं किया। उसने ससुराल पक्ष से कोई उपहार या आर्थिक सहयोग स्वीकार करने से इनकार कर दिया। प्रत्येक मुलाकात के अंत में होने वाली अवश्यंभावी, किंचित असहज चर्चाओं से बचने के लिए, उसने अपने ससुर से पहले ही एक शर्त रख दी—न कोई उपहार, न कोई आर्थिक सहायता। जब भी वह ससुराल जाता, अपने प्रवास को यथासंभव न्यूनतम रखने का प्रयास करता। वह केवल प्रिया को छोड़ने या लेने के लिए आवश्यक समय ही वहाँ रुकता। हालांकि उसके ससुराल वाले सदैव स्नेह और सम्मान के साथ उसका स्वागत करते, फिर भी राजीव को वहाँ एक अजीब-सी असहजता और दायित्वबोध महसूस होता, मानो वह अनायास ही उन पर कोई बोझ डाल रहा हो।

प्रशिक्षण के दौरान यह जानकर कि वह प्रति महीने लगभग आधा टन कार्बन डाइऑक्साइड उत्सर्जित करता है, राजीव के मन में एक गहरी चिंता घर कर गई। अपने कार्बन पदचिह्न को कम करने के संकल्प के साथ, उसने अपने उत्सर्जन को न्यूनतम करने के उपाय खोजने शुरू किए। उसने कई प्रभावी उपायों की पहचान की, जैसे—घर में बिजली की खपत को सीमित करना, सार्वजनिक परिवहन का उपयोग करना, कार के बजाय पैदल चलना या साइकिल चलाना, सौर पैनल लगाकर नवीकरणीय ऊर्जा की ओर रुख करना, दुग्ध उत्पादों का सेवन कम करना, कम से कम खरीदारी कर अपशिष्ट को घटाना, वस्तुओं का पुनः उपयोग व पुनर्चक्रण करना, सतत उत्पादों को चुनना, और जैविक कचरे को खाद में बदलना। परंतु जल्द ही उसे यह एहसास हुआ कि इन

सभी प्रयासों के बावजूद शून्य उत्सर्जन प्राप्त कर पाना लगभग असंभव है। साथ ही, वह इस बात को लेकर भी चिंतित था कि अब तक वह और उसका परिवार जितना कार्बन उत्सर्जित कर चुके थे और प्रकृति के प्रति जो ऋण वह वहन कर रहा था, और वह इसे कैसे चुका पाएगा?

अपने परिवार द्वारा उत्सर्जित कार्बन की चिंता ने राजीव को वायुमंडल से कार्बन को अवशोषित करने के उपायों की तलाश करने के लिए प्रेरित किया। पेड़ लगाना, वनों का पुनरुद्धार करना, पुनर्योजी कृषि को अपनाना, बायोचार का उपयोग करना, समुद्री शैवाल की खेती को बढ़ावा देना, मिट्टी में कार्बन भंडारण को प्रोत्साहित करना, कार्बन कैप्चर और भंडारण तकनीकों को लागू करना, तथा आर्द्रभूमियों का संरक्षण और पुनर्जीवन ऐसे कुछ तरीके थे जिन्हें उसने कार्बन अवशोषण के लिए उपयुक्त पाया। इन सभी उपायों में से, उसे लगा कि वृक्षारोपण और छोटे-छोटे जंगलों का निर्माण ही वे व्यावहारिक विकल्प हैं, जिन्हें वह अपनी क्षमता के भीतर रहकर प्रभावी रूप से लागू कर सकता है।

एक बार पर्यटन के उद्देश्य से सिंगापुर की यात्रा के दौरान, राजीव और प्रिया को राजीव के बचपन के सबसे प्रिय मित्र प्रभात से फिर मिलने का अवसर मिला, जो अब वहीं बस चुके थे। लगभग एक वर्ष पूर्व, जब प्रभात अपनी पत्नी के साथ भारत आए और उन्होंने राजस्थान की यात्रा की, तो वे कुछ दिनों के लिए राजीव और प्रिया के जयपुर स्थित घर पर ही ठहरे थे। राजीव ने प्रसन्नता से उनकी मेजबानी की और यह सुनिश्चित किया कि उनका प्रवास आरामदायक रहे। जब राजीव और प्रिया सिंगापुर पहुँच रहे थे, तो प्रभात और उनकी पत्नी ने अत्यंत उत्साह के साथ उन्हें अपने घर ठहरने का निमंत्रण दिया। किंतु राजीव को यह विचार सहज नहीं लगा। प्रभात और उनकी पत्नी ने बार-बार आग्रह किया, कई बार फोन किए, आश्वस्त करने का हर संभव प्रयास किया, फिर भी राजीव टस से मस नहीं हुए। राजीव को किसी के घर ठहरना असहज लगा और उन्होंने स्वयं के लिए एक होटल बुक कर लिया। प्रभात के बार-

बार आग्रह करने पर, उसने केवल एक रात उनके घर पर भोजन करने की सहमति दी।

राजीव को एहसास हुआ कि पेड़ लगाना और एक छोटे से वन का पोषण करना केवल पर्यावरणीय उत्तरदायित्व नहीं था—यह एक ऐसी विरासत थी, जिसे वह अपने हाथों से गढ़ सकता था। प्रकृति के प्रति अपनी भूमिका को समझने की इच्छा से प्रेरित होकर, उसने अपने परिवार के कार्बन उत्सर्जन की गणना करने का निश्चय किया। उसने अपने परिवार द्वारा अब तक उत्सर्जित कार्बन की मात्रा का आकलन करना शुरू किया। इसके लिए उसने अपनी और अपने परिवार के प्रत्येक सदस्य की आयु को बारह महीनों और प्रत्येक माह लगभग आधा टन कार्बन डाइऑक्साइड उत्सर्जन से गुणा किया। चौंकाने वाली संख्याएँ उसके सामने आई—उसके परिवार ने अब तक वातावरण में भारी मात्रा में कार्बन उत्सर्जन किया था।

	आयु	**CO_2 उत्सर्जन (टन में)**
राजीव	57	342
पत्नी	54	324
पुत्र	30	180
पुत्री	27	162
		1008

इस जागरूकता ने उसे एक नए प्रश्न की ओर मोड़ा—इस भार को संतुलित करने के लिए कितने पेड़ लगाने होंगे? उसने जाना कि भिन्न-भिन्न वृक्ष अपने जीवनकाल में अलग-अलग मात्रा में कार्बन अवशोषित करते हैं, जो आधा टन से लेकर चार टन तक हो सकता है। एक औसत

अनुमान के आधार पर, उसने प्रत्येक वृक्ष द्वारा अपने संपूर्ण जीवन में लगभग एक टन कार्बन अवशोषित करने की धारणा बनाई। यह गणना ने उसे बताया कि अपने परिवार के ऐतिहासिक और शेष जीवन के उत्सर्जन को संतुलित करने के लिए उसे लगभग दो हज़ार पेड़ लगाने होंगे।

क्रेडिट कार्ड राजीव के लिए बेड़ियों के समान था, और बैंक ऋण किसी कैद के समान। लेन-देन के लिए वह केवल डेबिट कार्ड या नकद का उपयोग करता, और क्रेडिट कार्ड के आकर्षण से पूरी तरह दूर रहता। विवाह के बाद भी, जब उसके अधिकांश मित्र बैंक ऋण और ईएमआई के सहारे गर्व से घर और कार खरीद रहे थे, राजीव अपने सिद्धांतों पर अटल रहा। उसने दो पहिया चलाना पसंद किया, लेकिन कर्ज लेने की बात को सिरे से नकार दिया। "मैं कार तभी खरीदूंगा जब मेरे पास उसे पूरा चुकाने के लिए पर्याप्त बचत होगी," उसने ऐलान किया। और इस तरह, वर्ष बीतते गए। उसकी यह अटल प्रतिबद्धता देखकर उसके पिता को लगा कि अब उन्हें हस्तक्षेप करना होगा। उन्होंने धैर्यपूर्वक समझाया कि बैंक कोई अहसान नहीं करता — यह एक व्यवसाय है, और वो पैसा उधार देकर ही मुनाफा कमाता है। "बैंक तुम्हें कर्ज देकर कोई दया नहीं कर रहा, राजीव। यह भी एक व्यापारिक सौदा है।" उन्होंने यह कठोर सच्चाई भी सामने रखी कि कार और संपत्ति की कीमतें हर वर्ष बढ़ती ही जा रही हैं। "अगर तुम इसी तरह पैसे जोड़ने की प्रतीक्षा करते रहोगे, तो यह लक्ष्य हमेशा दूर ही खिसकता रहेगा, ठीक किसी क्षितिज की तरह। तुम शायद कभी इसे प्राप्त ही न कर पाओ।" अंततः, अपने पिता और प्रिया के बार-बार समझाने के बाद, राजीव ने अनमने भाव से ऋण लेकर कार खरीदने की सहमति दे दी—लेकिन अपनी शर्तों पर। उसने स्वयं से एक दृढ़ प्रतिज्ञा की कि वह जल्द से जल्द हर एक पैसा चुका देगा और इस कर्ज के बोझ से मुक्त हो जाएगा। उसके लिए यह एक उपलब्धि कम,

और एक बोझ अधिक था, जिसे वह जल्द से जल्द उतार फेंकना चाहता था।

अब जब राजीव ने यह तय कर लिया कि उसे कितने पेड़ लगाने हैं, तो अगली बड़ी चुनौती उसके सामने थी—सही वृक्ष प्रजातियों का चयन। उसने अपने छोटे वन को जयपुर से पचास से सौ किलोमीटर के भीतर बसाने की कल्पना की, ताकि वह अपने जन्मस्थान से जुड़ा रह सके। परंतु सही वृक्षों का चुनाव करना कोई सरल कार्य नहीं था। चुनी गई प्रजातियों को राजस्थान की अर्ध-शुष्क जलवायु के अनुकूल होना आवश्यक था—ऐसे वृक्ष, जो भीषण गर्मी और सूखे को सह सकें, न्यूनतम जल में पनप सकें, और रेतीली या पथरीली मिट्टी में भी अपने अस्तित्व को मजबूती से स्थापित कर सकें।

राजीव ने विभिन्न प्रकार के वृक्षों का अन्वेषण किया। कुछ वृक्ष पूरे भारत में प्रचलित थे—नीम, पीपल, बरगद, जामुन, महोगनी, आम, सागौन, बांस और अर्जुन, जबकि कुछ राजस्थान के प्राकृतिक पर्यावरण के अनुरूप थे, जैसे खेजड़ी, बबूल, जाल, बेर, रोहिड़ा और खैर। हर वृक्ष प्रजाति की अपनी विशिष्ट विशेषताएँ और सीमाएँ थीं, और राजीव ने अपने चयन को लेकर बहुत सोच-विचार किया।

राजीव ने कुछ वृक्ष प्रजातियों को अस्वीकार कर दिया। बरगद – यद्यपि भव्य, इसे विशाल स्थान की आवश्यकता थी, यह धीमी गति से बढ़ने वाला था, और प्रारंभिक वर्षों में काफ़ी पानी की आवश्यकता होती थी। जामुन और आम – दोनों प्रजातियाँ धीमी गति से बढ़ने वाली, पानी की अधिक आवश्यकता वाली, और कीटों और जानवरों से सुरक्षा की मांग करने वाली थीं। पीपल – पूजनीय होने के बावजूद, इसकी फैली हुई जड़ प्रणाली, मध्यम जल आवश्यकताएँ, और धीमी वृद्धि थी। महोगनी – राजस्थान का मूल निवासी नहीं था और सिंचाई की आवश्यकता थी। बबूल और बेर – ये वृक्ष सख्त परिस्थितियों में भी जीवित रह सकते थे,

लेकिन इनके जीवनकाल में कार्बन अवशोषण क्षमता बहुत कम थी, जो राजीव के उद्देश्यों के अनुकूल नहीं था।

सूक्ष्म मूल्यांकन के पश्चात, राजीव ने अपने विकल्पों को चार प्रजातियों तक सीमित कर दिया, जिनमें से प्रत्येक सहनशक्ति, सतत विकास और कार्बन अवशोषण क्षमता का सही संतुलन प्रदान करती थी:

नीम – तेजी से बढ़ने वाला, सूखा-सहिष्णु वृक्ष, जिसकी कार्बन अवशोषण क्षमता उत्कृष्ट है। इसे कम देखभाल की आवश्यकता होती है, और यह प्राकृतिक रूप से कीटों को दूर रखता है। साथ ही, इसकी औषधीय एवं आर्थिक महत्ता ने इसे एक सशक्त विकल्प बना दिया।

खेजड़ी – राजस्थान का राज्य वृक्ष, जो अत्यंत सूखा-सहिष्णु है, मृदा की उर्वरता बढ़ाने वाला जैव-विविधता को बढ़ावा देने वाला, और कम स्थान में भी विकसित होने में सक्षम है। इसकी कार्बन अवशोषण क्षमता मध्यम होने के बावजूद, यह पर्यावरण के लिए अत्यंत उपयोगी था।

बांस – कार्बन संग्रहण के लिए सर्वोत्तम वृक्षों में से एक, सबसे तेज़ी से बढ़ने वाला, मिट्टी के संरक्षण के लिए उत्कृष्ट, और उच्च आर्थिक बहुमुखी प्रतिभा प्रदान करने वाला। साथ ही, यह प्राकृतिक वायु अवरोधक के रूप में भी कार्य करेगा।

रोहिड़ा (रेगिस्तानी सागौन) – राजस्थान की शुष्क जलवायु में संपूर्ण रूप से अनुकूलित, उच्च-मूल्यवान लकड़ी प्रदान करने वाला, और अच्छी कार्बन अवशोषण क्षमता वाला वृक्ष।

राजीव ने लगभग दो हज़ार से इक्कीस सौ पेड़ लगाने का निर्णय लिया और सुनियोजित तरीके से उनका रोपण एवं रखरखाव सुनिश्चित किया। छह सौ नीम, छह सौ खेजड़ी – वैकल्पिक पंक्तियों में रोपण, जिससे स्थान और विविधता का संतुलन बना रहे। छः सौ बांस – सीमाओं पर रोपण, जिससे यह वायु अवरोधक के रूप में कार्य कर अन्य वृक्षों को

राजस्थान की तेज़ हवाओं से बचाए। तीन सौ रोहिड़ा – संपूर्ण क्षेत्र में समान रूप से वितरित, जिससे पर्यावरणीय संतुलन और लकड़ी उत्पादन में वृद्धि हो। रखरखाव हेतु पथ और जल आपूर्ति व्यवस्था को रणनीतिक रूप से शामिल किया गए थे। विभिन्न वृक्षों की आवश्यक दूरी को ध्यान में रखते हुए, राजीव ने अनुमान लगाया कि अपने इस सपनों के वन को बसाने के लिए उसे लगभग छह से सात एकड़ भूमि की आवश्यकता होगी।

नौकरी लगने और शादी हो जाने के बाद, राजीव के मन पर एक और ऋण का बोझ था — शिक्षा का ऋण। यह कोई ऐसा कर्ज़ नहीं था, जिसे धन से चुकाया जा सके, बल्कि यह उन ज्ञान और कौशलों का ऋण था, जो उसने वर्षों की शिक्षा से अर्जित किए थे। यह ऋण केवल उसकी औपचारिक पढ़ाई तक सीमित नहीं था, बल्कि उन गुरुओं, मार्गदर्शकों और शिक्षकों का भी था, जिन्होंने उसे अपनी विद्या और अनुभव से समृद्ध किया, उसके बौद्धिक और नैतिक चरित्र को आकार दिया।

राजीव अक्सर सोचता कि इस ऋण को कैसे चुकाए। क्या उसे किसी विद्यालय को दान देना चाहिए? क्या उसे किसी वंचित बच्चों के स्कूल में स्वयंसेवा करनी चाहिए? या फिर वह स्थानीय इंजीनियरिंग कॉलेज में अतिथि व्याख्यान (गेस्ट लेक्चर) दे सकता है? ये सभी विचार निश्चित रूप से प्रशंसनीय थे, लेकिन उसे ये बहुत औपचारिक और दूर के लगते थे—बिना किसी व्यक्तिगत जुड़ाव के। वह कुछ ऐसा करना चाहता था, जिससे उसके प्रयासों का एक ठोस और सार्थक प्रभाव हो।

और वह मौका राजीव के जीवन में सबसे अप्रत्याशित तरीके से आया — उनकी घरेलू नौकरानी के माध्यम से। वह एक मेहनती महिला थी, जो अपने परिवार का पेट पालने के लिए संघर्ष कर रही थी, और उसकी चिंताओं में से एक उसकी चार साल की बेटी का भविष्य था। राजीव ने उसे एक प्रस्ताव दिया — वह बच्ची की पूरी शिक्षा का खर्च

उठाएगा, स्कूल से लेकर जहाँ तक उसकी आकांक्षाएँ पहुँचें। राजीव ने समय व्यर्थ नहीं किया। जल्द ही, वह छोटी बच्ची एक नजदीकी अंग्रेज़ी-माध्यम स्कूल में दाखिल हो गई। उसकी फ़ीस, किताबें, वर्दी, स्टेशनरी—हर चीज़ का खर्च राजीव ने स्वयं उठाया। लेकिन राजीव केवल आर्थिक सहायता तक सीमित नहीं रहना चाहता था। जब भी अभिभावक-शिक्षक बैठक होती, वह स्वयं उस बैठक में जाता—केवल एक दानदाता के रूप में नहीं, बल्कि उस बच्ची के भविष्य को गढ़ने वाले एक सच्चे अभिभावक के रूप में।

लेकिन वह जानता था कि केवल आर्थिक सहायता पर्याप्त नहीं होगी। उसकी माँ, अपने अटूट प्यार के बावजूद, उसे होमवर्क, परीक्षाओं और शैक्षिक संघर्षों में मार्गदर्शन देने में असमर्थ थी। तभी राजीव ने एक और जिम्मेदारी लेने का निर्णय लिया — उसे स्वयं पढ़ाने का। हर सप्ताहांत, बिना चूके, वह डेढ़ घंटे उसे अंग्रेजी और गणित पढ़ाने में देता — वे विषय जिन्हें वह उसके भविष्य की नींव मानता था। उसने सीखने को रोचक बनाया, धैर्य से अवधारणाओं को समझाया, उसकी समझ में आए अंतराल को भरा, और धीरे-धीरे उसका आत्मविश्वास बढ़ाया। सप्ताह दर सप्ताह, महीना दर महीना, साल दर साल, वह न केवल उसका संरक्षक बना, बल्कि उसका सच्चा गुरु भी बन गया।

राजीव के प्रयास व्यर्थ नहीं गए। उस बच्ची की माँ, जो शुरुआत में केवल आभार से भरी थी, अब उनके परिवार का एक अभिन्न हिस्सा बन गई। वह सिर्फ़ एक घरेलू सहायिका नहीं रही, बल्कि प्रिय का सबसे बड़ा सहारा बन गई। वह अन्य घरों में छुट्टियाँ लेती, लेकिन राजीव के घर से कभी गैरहाजिर नहीं होती।

समय बीतता गया, और वह छोटी बच्ची एक संघर्षशील, लेकिन आत्मनिर्भर युवती में बदल गई। उसने न केवल स्नातक की पढ़ाई पूरी की, बल्कि शिक्षा में स्नातक (B.Ed.) भी किया—वही डिग्री जिसने उसे

एक दिन कक्षा के सामने खड़े होकर बच्चों को शिक्षित करने का अधिकार दिया, ठीक वैसे ही जैसे एक समय राजीव ने उसे पढ़ाया था। फिर वह दिन आया जब उसे एक स्कूल में अध्यापिका की नौकरी मिली।उस दिन राजीव ने एक अदृश्य संतोष, एक मौन आभार और ब्रह्मांड के प्रति एक अनकही कृतज्ञता महसूस की।

राजीव की सेवानिवृत्ति में केवल तीन वर्ष शेष थे, और समय तेजी से फिसल रहा था। अपने सपनों के लघु वन को साकार करने के लिए उन्हें शीघ्र ही सात एकड़ भूमि का अधिग्रहण करना था। यह कार्य न केवल सूझबूझ और धैर्य की मांग करता था, बल्कि आर्थिक समझदारी भी आवश्यक थी।

जयपुर से पचास किलोमीटर के दायरे में ही उपयुक्त स्थान ढूँढने का उसका संकल्प दृढ़ था, क्योंकि वह चाहता था कि स्थल सुगम्य हो ताकि बिना किसी कठिनाई के वह नियमित रूप से वहाँ जा सके। किंतु शहर के निकट या मुख्य मार्गों के किनारे की भूमि के मूल्य आसमान छू रहे थे, जो उसकी पहुँच से बाहर थे। सेवानिवृत्ति की उसकी बचत सीमित थी, अतः उसने अडिग निर्णय लिया कि इस परियोजना के लिए वह अपने कोष का अधिकतम पचास प्रतिशत ही व्यय करेगा।

इस उद्देश्य को पूरा करने के लिए राजीव ने अपने व्यापक संपर्कों को सक्रिय किया और साथ ही अपने पिता के पुराने संबंधों से भी सहायता प्राप्त की। कई विकल्पों का सावधानीपूर्वक निरीक्षण करने के बाद अंततः उन्होंने एक विशिष्ट भूखंड चुना, जो उनके घर से लगभग पैंतालीस किलोमीटर दूर था। यह ज़मीन मुख्य सड़क से दस किलोमीटर अंदर थी, और चूँकि यह लगभग बंजर थी, इसलिए बेहद सस्ती दर पर उपलब्ध थी।

भूमि के समीप एक छोटा सा गाँव अवश्य था, लेकिन वहाँ कृषि कार्य नगण्य था, जिससे यह स्पष्ट हो गया कि इस स्थान में अविकसित

संभावनाएँ छिपी हुई हैं। राजीव जानते थे कि जल की अनुपलब्धता एक बड़ी चुनौती हो सकती है, और इसलिए उन्होंने निर्णय लिया— भूमि की खरीद में बचत की गई राशि वह एक बोरवेल खनन में निवेश करेंगे, ताकि उसके भावी वन के लिए जल का स्थायी स्रोत सुनिश्चित हो सके। सेवानिवृत्ति से छह माह पूर्व, राजीव ने भूमि अधिग्रहण की सभी औपचारिकताएँ पूरी कर लीं।

राजीव के लिए, माता-पिता के ऋण से बढ़कर कोई दायित्व नहीं था— जिसे वह बोझ नहीं, बल्कि एक गंभीर प्रतिज्ञा मानता था। उनके पिता, राजस्थान सरकार में एक समर्पित अधिकारी, जयपुर में स्थायी थे, नौकरशाही के अटल नियमों से बँधे हुए। स्थानांतरण या तबादले की कोई संभावना नहीं थी, और इसलिए, उनका जीवन सदैव गुलाबी नगर की सीमाओं में सिमटा रहा। और राजीव का भी।

जयपुर की सीमाओं से बाहर उन्होंने केवल इंजीनियरिंग की पढ़ाई के उन चार वर्षों में कदम रखा। पर तब भी, उनका मन वास्तव में घर से दूर नहीं हुआ। जब उनके सहपाठी महानगरों और विदेशों में करियर की भागदौड़ में लगे थे, सफलता की तलाश में नौकरियाँ शहर और देश बदलते हुए, राजीव ने अपनी जड़ों को छोड़ने से इनकार कर दिया। पढ़ाई पूरी करने के बाद, उन्होंने जयपुर की एक बड़ी निजी फैक्ट्री में नौकरी की और वहीं अंत तक बने रहे, करियर के नए अवसरों या विदेशों के लालच से अछूते। उनके लिए, माता-पिता के निकट रहना कोई विकल्प नहीं था; यह जीवन का तरीका था।

जब प्रिया उनके घर बहू बनकर आईं, तो उन्होंने शुरू से ही अपनी प्राथमिकताएँ स्पष्ट कर दीं। शांत लेकिन दृढ़ स्वर में उन्होंने कहा, "ऐसी कोई स्थिति मत लाना जहाँ मुझे तुम्हारे और मेरे माता-पिता के बीच किसी एक को चुनना पड़े, क्योंकि मेरा चुनाव सदैव मेरे माता-पिता ही रहेंगे।" यह उपेक्षा का नहीं, बल्कि उन मूल्यों का उद्‌घोष था, जिन्होंने

उनके जीवन को परिभाषित किया। प्रिया ने उनकी भावनाओं को समझा और कभी ऐसा अवसर ही नहीं आने दिया।

राजीव का हर दिन छोटे-छोटे लेकिन स्नेहमयी कर्तव्यों से भरा रहता। माँ को कीर्तन और सत्संग तक छोड़ना, धैर्य से उनके लौटने का इंतज़ार करना, दिन भर की कहानियाँ सुनना—ये दायित्व नहीं, बल्कि उनके प्रिय कर्म थे। सेवानिवृत्ति के बाद उनके पिता ने कॉलोनी और समाज सेवा में अपना उद्देश्य ढूँढ़ लिया था, और राजीव हमेशा उनके साथ खड़े रहे, हर पहल को मौन गर्व से सहयोग दिया।

वर्ष बीतते गए, उनके बाल सफेद हो गए, पर राजीव कभी डगमगाए नहीं। वह बीमारियों और उत्सवों में, शांत दोपहरों और पारिवारिक चहल-पहल में हमेशा साथ रहा। और जब उनके माता-पिता ने अंतिम विदा ली, तो राजीव जानते थे कि उन्होंने उन्हें वह सब कुछ दे दिया था जो वे दे सकते थे। कोई अपराधबोध नहीं। कोई पछतावा नहीं। केवल एक पुत्र की वह गहरी, अडिग शांति जिसने अपना कर्तव्य पूरा करने का यथासंभव प्रयास किया था।

राजीव को सेवानिवृत्त हुए लगभग दो माह बीत चुके थे। निर्दयी ग्रीष्म सूर्य राजीव की पीठ पर अपनी किरणें बरसा रहा था। राजीव उस बंजर भूखंड के सामने खड़ा था —उसकी उस आशा का प्रतीक था—एक दिन वन बन जाएगा। कागज़ पर संख्याएँ और गणनाएँ तो सरल भाग थे। अब, राजस्थानी मिट्टी के सात एकड़ अनमनीय क्षेत्र के सामने खड़े होकर, राजीव का वास्तविक चुनौती से सामना हो रहा था।

राजीव की पहली समस्या तब सामने आई जब उसने अपने चयनित पौधों को जुटाने की कोशिश की। जयपुर के राज्य नर्सरी से उसे केवल दो सौ नीम और डेढ़ सौ खेजड़ी के पौधे ही मिल सके—जो उसकी आवश्यकताओं से बहुत कम थे।

"दो हजार पेड़?" नर्सरी प्रबंधक हँसते हुए बोला। "आपको यह ऑॅर्डर एक साल पहले देना चाहिए था, और तब भी..."

राजीव हतोत्साहित नहीं हुआ। उसने राजस्थान के कोने-कोने की यात्रा शुरू की, सरकारी नर्सरियों, कृषि विश्वविद्यालयों और निजी पौधों के उत्पादकों से संपर्क किया। जोधपुर में, उसे एक प्रोफेसर मिले जो रेगिस्तानी वनीकरण के विशेषज्ञ थे।

"आपकी योजना बहुत महत्वाकांक्षी है," डॉ. शर्मा ने राजीव के बारीकी से तैयार किए गए नक्शों को देखते हुए कहा।

डॉ. शर्मा के संपर्कों के माध्यम से, राजीव को चार सौ और खेजड़ी तथा तीन सौ नीम के पौधे प्राप्त हुए। शेष पौधों के लिए, उसे या तो अगले मौसम तक प्रतीक्षा करनी थी या कोई वैकल्पिक उपाय ढूंढना था।

बांस ने अपनी खुद की चुनौतियां प्रस्तुत कीं। अधिकांश नर्सरियों में सजावटी किस्में थीं जो राजीव के उद्देश्यों के लिए अनुपयुक्त थीं। हफ्तों की खोज के बाद, उन्होंने उदयपुर के पास एक बांस अनुसंधान केंद्र की खोज की जहाँ मजबूत, सूखा-प्रतिरोधी किस्मों की खेती की जाती थी। वहाँ के विशेषज्ञों ने दो सौ पौधे तत्काल देने की सहमति दी, जबकि शेष चार सौ पौधे चरणबद्ध तरीके से भेजे जाने थे।

रोहिड़ा के पौधे सबसे अधिक दुर्लभ साबित हुए। यह धीमी गति से बढ़ने वाला मरुस्थलीय सागौन व्यावसायिक मात्रा में आम तौर पर उपलब्ध नहीं था। राजीव ने अंततः दक्षिणी राजस्थान में एक आदिवासी समुदाय को खोज निकाला जो रोहिड़ा के पेड़ों का वन बनाए रखते थे। कई बार यात्रा करके उनका विश्वास अर्जित करने के बाद, वे उसे सौ पौधे प्रदान करने पर सहमत हुए, और उसे कटिंग से अधिक उगाने का तरीका सिखाया।

पहली खेप के पौधे प्राप्त करने के बाद—जो कि उसके लक्ष्य का केवल एक तिहाई थे—राजीव ने भूमि तैयार करने के कठिन परिश्रम में स्वयं को झोंक दिया। वर्षों की सूखे की मार झेल चुकी कठोर मिट्टी ने सबसे तेज़ औज़ारों का भी विरोध किया। उसने स्थानीय मजदूरों को काम पर रखा, लेकिन कई तो कुछ ही दिनों में काम छोड़ गए। उनका कहना था कि यह ज़मीन "श्रापित" है और यह परियोजना असफलता के लिए अभिशप्त है।

पानी की उपलब्धता, जो योजनाओं में सहज प्रतीत हो रही थी, अब एक विशाल चुनौती बनकर सामने आई। जिस बोरवेल की उसने खुदाई करवाई थी, वह अपेक्षा से कहीं अधिक गहराई— आठ सौ फीट— पर जाकर पानी तक पहुँचा। इसके लिए उसे अधिक शक्तिशाली पंप में अतिरिक्त निवेश करना पड़ा। फिर भी, निकला हुआ पानी खनिजों से भरपूर था, जिसे फ़िल्टर करना आवश्यक था ताकि वह नवजात पौधों को नुकसान न पहुँचाए।

जब राजीव ने अपनी पहली रोपण योजना के लिए भूखंडों को चिह्नित किया, तो अकस्मात आई बेमौसम बारिश ने उसकी बारीकी से बनाई गई सभी निशानियों को बहा दिया, जिससे उसे पूरा नक्शा दोबारा तैयार करना पड़ा। मौसम साफ़ हुआ, तो एक नई समस्या खड़ी हो गई—आसपास के गाँवों से आवारा नीलगाय और मवेशी उसकी ज़मीन पर आकर घूमने लगे, जिससे उसकी की गई सारी तैयारियाँ रौंद दी गईं।

"तुम्हें बाड़ लगानी पड़ेगी," एक स्थानीय किसान ने उसे सलाह दी। "और मज़बूत बाड़। साथ ही, रात में पहरेदारी की भी जरूरत पड़ेगी।"

राजीव की इस परियोजना का बजट, जो पहले से ही सीमित था, अब पुनः विचार और संशोधन की माँग करने लगा।

अपने बच्चों के प्रति राजीव का दर्शन उनके माता-पितृ-धर्म के विचारों से एकदम भिन्न था। वे मानते थे कि माता-पिता का बच्चों के प्रति अवश्यंभावी दायित्व होता है कि वे अपने बच्चों को उत्तम शिक्षा दें, उन्हें नैतिकता व जीवन-मूल्यों से समृद्ध करें, और उन्हें आत्मनिर्भर बनने के लिए तैयार करें—परंतु बदले में बच्चों का माता-पिता के प्रति कोई ऋण नहीं होता। उनकी सफलता और सुख ही पर्याप्त हैं।

राजीव कभी भी अपने बच्चों से कोई सहायता नहीं लेते थे। जबकि प्रिया कभी-कभी उनसे छोटी-मोटी सहायता मांग लेती थीं, परंतु राजीव ने कभी अपने बच्चों से पानी का एक गिलास लाने तक के लिए नहीं कहा। उनका एकमात्र स्वप्न यह था कि उनके बच्चे उनके लिए गर्व का स्रोत बनें—सेवा करके नहीं, बल्कि स्वावलंबी बनकर।

वे मानते थे कि आत्मनिर्भरता ही सबसे बड़ा उपहार है जो माता-पिता अपने बच्चों को दे सकते हैं। उन्होंने अपने बच्चों को इस तरह पाला कि वे जीवन के हर पहलू में सक्षम हों, चाहे वह शिक्षा हो या घरेलू कार्य। जब भी घर में मेहमान आते, उनका बेटा बैठक कक्ष को व्यवस्थित करने, प्लेटें और कटलरी सजाने की ज़िम्मेदारी निभाता। दोनों बच्चों को घर के काम सौंपे जाते—न दंडस्वरूप, बल्कि जीवन के लिए तैयार करने के उद्देश्य से।

हालाँकि प्रिया को इसकी विशेष आवश्यकता महसूस नहीं होती थी, परंतु राजीव इस बात पर अडिग थे कि बेटा हो या बेटी, दोनों को रसोई के काम अवश्य आने चाहिए। "मेरा कोई भी बच्चा," वे कहते, "कभी भोजन के लिए दूसरों का मुँह नहीं ताकेगा।" गर्मियों की छुट्टियों में, प्रिया शिक्षक की भूमिका निभातीं और दोनों बच्चों को खाना बनाना सिखातीं। जब तक उनका बेटा इंजीनियरिंग की पढ़ाई के लिए घर छोड़कर गया, तब तक वह आटा गूँथना, रोटियाँ बनाना, दाल उबालना, दाल में छोंक लगाना, फर्श झाड़ना-पोछना, वाशिंग मशीन

लगाना और रोज़मर्रा की सब्ज़ियाँ पकाना सीख चुका था— ऐसे कौशल जिन्हें उसके अधिकांश साथियों ने कभी सीखने की जहमत नहीं उठाई।

परंतु राजीव की सबसे बड़ी ज़िद उनकी बेटी की शिक्षा और स्वावलंबन पर थी। वे चाहते थे कि वह अपने पैरों पर खड़ी हो, कभी किसी पर निर्भर न रहे। जब उसने एमबीबीएस में प्रवेश पाया और बाद में एमडी की पढ़ाई की, तो राजीव का सीना गर्व से चौड़ा हो गया। उनका बेटा भी, इंजीनियरिंग के बाद एमबीए पूरी कर, मुंबई की एक प्रतिष्ठित कंपनी में नौकरी करने लगा।

राजीव कभी नहीं चाहते थे कि बेटा उनके बुढ़ापे में उनकी सेवा करे। राजीव के लिए, ऋण-चुकौती बच्चों द्वारा शारीरिक रूप से माता-पिता की सेवा करने में नहीं थी—बल्कि उस चक्र को आगे बढ़ाने में थी, जहाँ वे अपने बच्चों को उन्हीं मूल्यों, प्रेम और दायित्वबोध के साथ पालें। राजीव के अनुसार, जीवन की सार्थकता इसी में थी—कर्तव्य को पूर्ण निष्ठा से निभाना, बदले में कुछ न मांगना, और अपने बच्चों को निर्बाध आकाश में उड़ते देखने का सुख प्राप्त करना।

जुलाई की एक शुभ तिथि पर, जब मॉनसून की पहली अच्छी बारिश से मिट्टी नम हो गई थी, राजीव और उनके समर्पित श्रमिकों की एक छोटी टीम ने पहले आठ सौ पौधे रोपने का कार्य प्रारंभ किया— दो सौ नीम, दो सौ खेजड़ी, सौ रोहिड़ा और तीन सौ बांस। वे विधिपूर्वक कार्य कर रहे थे, उसी पैटर्न का पालन करते हुए जिसे राजीव ने डिज़ाइन किया था: केंद्रीय क्षेत्र में नीम और खेजड़ी की वैकल्पिक पंक्तियाँ, परिधि पर बांस, और पूरे क्षेत्र में समान रूप से फैले हुए रोहिड़ा के पौधे।

सूर्यास्त तक, वे दिनभर का लक्ष्य पूरा करने से एक चौथेई रास्ते पर ही थे। सेंकडो पेड़ हाथ से लगाने की वास्तविकता अब पूरी तरह स्पष्ट हो चुकी थी—यह कार्य राजीव की गणनाओं से कहीं अधिक समय लेने वाला था।

उस वर्ष का मॉनसून अनिश्चित साबित हुआ, जिसमें तेज़, अचानक होने वाली बारिश के बीच लंबे शुष्क अंतराल थे। राजीव ने एक सिंचाई कार्यक्रम तैयार किया, लेकिन सीमित जनशक्ति और जल संसाधनों के कारण, वे एक समय में केवल कुछ पौधों को ही पर्याप्त पानी दे सकते थे। उन्होंने सबसे कमजोर प्रजातियों को प्राथमिकता दी और चिंतित नज़रों से बाकी पौधों को सूखते हुए देखा।

मई में, जब एक धूल भरी आंधी असामान्य रूप से जल्दी आई, तो इसने उनकी नवरोपित बांस की सीमा की अपर्याप्तता उजागर कर दी। युवा बांस के पौधे, जो अभी तक पर्याप्त रूप से स्थापित नहीं हुए थे, हवा के तेज़ झोंकों से खतरनाक रूप से झुक गए। कई पूरी तरह टूट गए, और उड़ते हुए मलबे से अनगिनत अन्य पौधे क्षतिग्रस्त हो गए।

पहली मांनसून के अंत तक, राजीव को अपने परियोजना की कठोर वास्तविकता का सामना करना पड़ा। लगाए गए आठ सौ पौधों में से केवल पाँच सौ ही जीवित बच सके— तीस प्रतिशत से ज्यादा की क्षति। नीम ने सबसे अच्छा प्रदर्शन किया, जिसमें लगभग अस्सी प्रतिशत पौधे जीवित रहे। खेजड़ी और रोहिड़ा के परिणाम मिश्रित थे, जबकि बांस को सबसे अधिक नुकसान हुआ।

"इन परिस्थितियों में पहली बार वृक्षारोपण के लिए यह बुरा नहीं है," डॉ. शर्मा ने एक साइट विज़िट के दौरान राजीव को आश्वस्त किया। "आपने समय, दूरी और सुरक्षा के बारे में महत्वपूर्ण सबक सीखे हैं। अगला मौसम बेहतर होगा।"

शुष्क मौसम के दौरान, राजीव ने अपने सिंचाई तंत्र को मजबूत किया, उचित बाड़ लगाई और प्रत्येक जीवित पौधे के चारों ओर जल संचयन के लिए माइक्रो-कैचमेंट बनाए। उन्होंने दो स्थानीय युवाओं को पूर्णकालिक संरक्षक के रूप में नियुक्त किया, उन्हें विभिन्न प्रजातियों में तनाव के संकेतों की पहचान करना सिखाया।

उन्होंने अपनी वृक्षारोपण रणनीति में भी बदलाव किया। अपनी मूल योजना का कठोरता से पालन करने के बजाय, उन्हें अपनी भूमि की वास्तविकताओं के अनुसार समायोजन करना पड़ा—विशेष रूप से चुनौतीपूर्ण क्षेत्रों में अधिक सूखा-प्रतिरोधी प्रजातियाँ लगानी होंगी और अधिक नमी पसंद करने वाली प्रजातियों को जल संचयन बिंदुओं के पास केंद्रित करना होगा।

पहले वर्ष के अनुभव और एक संशोधित योजना के साथ, राजीव ने अपने दूसरे वृक्षारोपण सत्र की तैयारी अधिक धैर्य और समझदारी के साथ की। इस बार, उन्होंने नौ सौ अतिरिक्त पौधे जुटा लिए थे— तीन सौ नीम, दो सौ पचास खेजड़ी, सौ रोहिड़ा और दो सौ पचास बांस।

उन्होंने रोपण का समय सावधानीपूर्वक सबसे विश्वसनीय मानसूनी वर्षा के अनुरूप निर्धारित किया और पिछले वर्ष की सफलताओं और असफलताओं से मिली सीख को लागू किया। गड्ढे गहरे खोदे गए और मिट्टी में आवश्यक पोषक तत्व मिलाए गए, जिससे पौधों की जड़ें अधिक मज़बूती से फैल सकें। इस बार, सफलता दर पचहत्तर प्रतिशत तक पहुँच गई—एक उल्लेखनीय सुधार। दूसरे वर्ष के अंत तक, राजीव अपनी भूमि पर लगभग बारह सौ पेड़ स्थापित कर चुके थे। लक्ष्य अभी भी दूर था, लेकिन उनकी मेहनत रंग लाने लगी थी, और छोटे-से वन का सपना अब धीरे-धीरे साकार हो रहा था।

तीसरे वर्ष ने अप्रत्याशित सहयोगियों को राजीव के प्रयासों से जोड़ दिया। बढ़ते हुए बांस और ऊँचे होते नीम के वृक्षों ने पक्षियों को घोंसला बनाने के लिए आमंत्रित किया, जो दूर-दराज़ से बीज लाकर फैला रहे थे। छोटे स्तनधारी जीव इस उभरते वन में शरण लेने लगे, और उनकी खोदाई से मिट्टी में स्वाभाविक रूप से हवा का संचार होने लगा। यहाँ तक कि कीट-पतंगे भी अपने ढंग से योगदान देने लगे—स्थानीय परागणकर्ताओं की वापसी ने क्षेत्र में एक नया जीवन संचारित किया।

लेकिन सबसे बड़ा आश्चर्य तब हुआ जब वे ही गाँववाले, जिन्होंने कभी राजीव के "मूर्खतापूर्ण प्रयास" पर हँसी उड़ाई थी, अब खुद उनके पास पौधे माँगने आने लगे। उन्होंने अपनी आँखों से देखा था कि किस प्रकार बंजर भूमि अब हरियाली के छोटे-छोटे टुकड़ों में बदल रही थी—और यह हरियाली शुष्क ऋतु में भी बनी रही।

रोहिड़ा के पेड़, भले ही अभी छोटे थे, लेकिन उनकी जड़ें गहरी पैठ बना चुकी थीं, जिससे वे बिना अधिक देखभाल के भी जीवित रह सकते थे। खेजड़ी, जिसे मरुभूमि की जीवनरेखा कहा जाता है, अपनी असाधारण सहनशक्ति का परिचय दे रही थी। नीम के पेड़ अब पर्याप्त छाया देने लगे थे, जहाँ दूसरी छोटी वनस्पतियाँ अपने आप उगने लगीं।

परंतु, सबसे संतोषजनक दृश्य वह था जब बांस की सीमारेखा अब इतनी ऊँची हो चुकी थी कि वह अपनी असली भूमिका निभाने लगी—मौसमी आँधियों में लचकते हुए भी मजबूती से खड़ी रहती, भीतर के पेड़ों को धूल भरी आंधियों से बचाते हुए। राजीव का सपना अब केवल कल्पना नहीं था, बल्कि धरती पर साकार होता एक सजीव परिदृश्य बन चुका था।

पाँचवें वर्ष तक राजीव ने अठारह सौ से अधिक पेड़ रोप दिए थे—अपने प्रारंभिक लक्ष्य दो हजार से थोड़ा कम, लेकिन उस समय की कल्पना से कहीं अधिक, जब उन्होंने यह यात्रा शुरू की थी। सबसे महत्वपूर्ण यह था कि उसका लगाया हुआ वन अब एक निर्णायक मोड़ पर पहुँच चुका था—यह स्वयं का एक सूक्ष्म जलवायु निर्मित करने लगा था, जहाँ तापमान थोड़ा ठंडा, आर्द्रता थोड़ी अधिक, और संपूर्ण वातावरण जीवन के लिए कहीं अधिक अनुकूल हो गया था।

जो पगडंडियाँ कभी सूखी झाड़ियों और बंजर भूमि के बीच से गुज़रती थीं, वे अब एक युवा वन के भीतर से होकर जाती थीं। जल-प्रबंधन प्रणाली, जो पहले लगातार रखरखाव मांगती थी, अब प्राकृतिक रूप से

संतुलित होने लगी थी—पेड़ों की जड़ों ने मिट्टी को स्थिर कर दिया था और इसकी जल-धारण क्षमता में सुधार हुआ था। वृक्षों के बीच अब स्थानीय घासों ने अपना स्थान बना लिया था, जिससे मिट्टी के कटाव में और कमी आई।

प्रत्येक भोर, जब राजीव अपने इस सजीव सपने के बीच से गुज़रता, तो अक्सर ठहरकर पक्षियों के मधुर कलरव को सुनता—वे पक्षी, जो तब कहीं नहीं थे जब उसने यह प्रयास शुरू किया था। दरारों से भरी सूखी धरती पर जो तेज़ धूप कभी बेरहम ढंग से पड़ती थी, वहाँ अब पत्तों के बीच से छनकर आती कोमल धूप खेलती थी।

राजीव का वन अभी नवजात था, जिसे अपनी पूर्ण कार्बन-संग्रहण क्षमता तक पहुँचने में अभी दशकों का सफर तय करना था। किंतु वह पहले ही एक जीवंत प्रमाण बन चुका था - कि दृढ़ संकल्प शाब्दिक रूप से धरती में जड़ें जमा सकता है, कागजों पर बनाई गई गणनाएँ पत्तों की सरसराहट और डालियों के झूमने में बदल सकती हैं, और कि एक व्यक्ति की दूरदृष्टि वीरान मरुभूमि को साँस लेते हुए वन में बदल सकती है। ये दो हज़ार पेड़ केवल कार्बन गणनाओं पर आधारित एक लक्ष्य थे। किंतु जो वन उभरा—संवेदनशील, सजीव, और आत्मनिर्भर—वह किसी भी गणना से कहीं परे था।

******

www.ingramcontent.com/pod-product-compliance
Lightning Source LLC
LaVergne TN
LVHW060446051026
849518LV00002B/633
* 9 7 8 9 3 4 9 9 8 8 3 5 4 *